Preußischer Kalender

Peter K. Stumpf

JANUAR

1. Januar 1865   Postanweisung in Preußen

Am 1. Januar 1865 wurde in Preußen das Postanweisungsverfahren eingeführt. Zwar gab es schon vorher die Möglichkeit, Geldbeträge nicht nur in einem Wertbrief, sondern auch als auf einen Brief eingezahlten Betrag zu versenden. Durch die Einführung des Verfahrens der Postanweisung aber wurde die Versendung von kleineren Geldbeträgen sowohl für die preußische Post als auch für die Kunden deutlich vereinfacht.

2. Januar 1861   Tod König Friedrich Wilhelms IV. in Potsdam

Der König war bereits seit längerer Zeit krank gewesen und hatte auf die Politik Preußens keinen Einfluss mehr genommen. Das Scheitern seiner einst hochgesteckten Erwartungen und Absichten, die

Revolution von 1848/49 und auch der Konflikt um seine Herrschaftsrechte im Schweizer Kanton Neuenburg (1856) hatten ihn depressiv gemacht, mehrere Schlaganfälle taten ein übriges. Königin Elisabeth pflegte den Schwerkranken in Schloss Sanssouci, wo er auch starb. Seinen bei Potsdam gelegenen Alterssitz Schloss Lindstedt, den er selbst mit entworfen hatte, konnte er nicht mehr nutzen. Mit seinem Tod wird der Prinzregent als Wilhelm I. König.

3. Januar 1571   Kurfürst Joachim II. Hektor gestorben

Als Kurfürst Joachim II. Hektor in Cöpenick starb, hinterließ er Brandenburg in mehrerer Hinsicht anders, als er es vorgefunden hatte. Er führte die Reformation in Brandenburg ein, indem er 1539 das Abendmahl in „beiderlei Gestalt" (Brot und Wein), also nach evangelischem Ritus, nahm und später die kirchlichen Verhältnisse seines Landes der neuen Lehre entsprechend ordnete. Unter ihm wurde Berlin-Kölln zur ständigen Residenz des kurfürstlichen Hofes, während noch sein Vater, Joachim I., auch Tangermünde als solche benutzt hatte. Und er hatte die Finanzen des Landes durch eine bemerkenswerte Verschwendungssucht ruiniert.

4. Januar 1913   Generalfeldmarschall Alfred Graf Schlieffen   in Berlin gestorben

Der „Alpdruck der Koalitionen" (Bismarck) hatte mit dem ausgehenden 19. Jahrhundert dazu geführt, dass an einen Krieg zwischen einzelnen Mächten wie 1866 oder 1870 nicht mehr zu denken war. Vielmehr machte die glücklose Politik Wilhelm II. einen Zweifrontenkrieg gegen Frankreich und Russland wahrscheinlich. Das damit verbundene Problem sollte durch den Aufmarschplan des Generalfeldmarschalls für die deutsche Armee gelöst werden, in dem ein schneller Bewegungskrieg mit gewaltiger Vernichtungsschlacht im Westen bei hinhaltender Kriegführung im Osten vorgesehen war. Das Scheitern seines Planes zu erleben, blieb ihm erspart. Nachfolger Moltke d.J. änderte wesentliche Details in Konzept und Durchführung, so dass im Nachhinein schwer zu sagen ist, ob mit diesem Plan eine reale Siegeschance gegeben war.

5. Januar 1762   Der Tod der russischen Zarin Elisabeth II.

Die Zarin, eine Tochter Peter des Großen, war durch berechtigte, aber sehr undiplomatische Bemerkungen Friedrich II. – er nannte sie eine gekrönte Hure – zu dessen erbitterter Gegnerin geworden. Ihr Tod wird zur Rettung für Friedrich II. im Siebenjährigen Krieg. Zar Peter III., ihr Nachfolger, beendet die russische Kriegführung gegen

Preußen, nachdem sein Einfluss bereits zuvor die Kriegsanstrengungen der russischen Generale gedämpft hatte – es war indirekt ihm zu verdanken, dass diese nach Kunersdorf Friedrich nicht vollends vernichtet haben („Miracel des Hauses Brandenburg"). Das Bündnis, welches er mit Friedrich abschloss, wurde nach seiner baldigen Ermordung zwar von Zarin Katharina (der Großen) annulliert, beim Frieden jedoch blieb es.

6. Januar 1776   Major Ferdinand von Schill geboren

Major Ferdinand von Schill war nach 1807 Kommandeur des 2. Brandenburgischen Husarenregiments geworden. Ermutigt durch die antinapoleonischen Aufstände in Spanien und Tirol, verließ er mit seinen Truppen am 28. April 1809 Berlin und nahm danach auf eigene Faust den Krieg gegen die Franzosen auf. Doch trotz begeisterter Zustimmung der Bevölkerung, z.B. in Dessau, erhielt er kaum wirkliche Unterstützung. Alleingelassen, schlug er sich in der Meinung auf britische Hilfe nach Stralsund durch. Dänische Truppen, die auf Seiten der Franzosen standen, fielen in die Stadt ein. Im folgenden Straßenkampf fand Schill den Tod.

7. Januar 1724   Generalfeldmarschall (1793) Wichard Joachim Heinrich von Möllendorf geboren

v. Möllendorf, im nördlich von Berlin gelegenen Lindenberg geboren, erwarb sich unter Friedrich d. Großen die ersten Meriten im Siebenjährigen Krieg (vor allem in den Schlachten bei Leuthen und Burkersdorf) und wurde bereits mit 38 Jahren General. 1794 übernahm er den Oberbefehl über die preußischen Truppen im Krieg gegen des revolutionäre Frankreich, dessen Armeen er im gleichen Jahr zweimal bei Kaiserslautern schlug. Am unglücklichen Feldzug von 1806 nahm er infolge seines hohen Alters teil, ohne ein

Kommando innezuhaben. Er starb im hohen Alter von 92 Jahren am 28. Januar 1816 in Havelberg.

8. Januar 1598   Kurfürst Johann Georg gestorben

Im Jahre 1571 starb nicht nur Johann Georgs Vater, Kurfürst Joachim II. (Hektor), sondern auch sein Onkel, Hans von Küstrin. Dadurch kam das erneute Zusammenfallen aller brandenburgischen Besitzungen in der Hand des Kurfürsten Johann Georg zustande; dem Land blieb dauerhafte Teilung erspart. Der Kurfürst sanierte die Finanzen und konnte eine allgemeine Stabilität herstellen.

9. Januar 1499   Kurfürst Johann Cicero gestorben

Mit dem römischen Beinamen hat man wohl die klassische Bildung, die Kurfürst Johann so sehr am Herzen lag, ehren wollen – sicher eine Parallele zu seinem Vater Albrecht, dem sein kriegerisches Wesen den Beinamen „Achilles" eingetragen hatte. Die von seinem Sohn ausgeführte Universitätsgründung in Frankfurt an der Oder hatte ursprünglich er mit Hingabe betrieben. Dennoch war auch Johann nicht willens, sich etwas von seinen fürstlichen Ansprüchen abhandeln zu lassen: Der Stadt Stendal, die sich weigerte, eine Biersteuer zu zahlen – die so genannte Bierziese, sie betrug 12 Pfennig von der Tonne – zwang er mit harter Hand die doppelte Steuer auf, die Anführer der Aufständischen ließ er hinrichten.

10. Januar 1920   Der Versailler Vertrag tritt in Kraft

Der Friedensvertrag bringt bedeutende Gebietsverluste – direkt oder infolge von Abstimmungen – für den preußischen Staat mit sich: Westpreußen, Danzig, Oberschlesien und das Memelgebiet sowie das Hultschiner Ländchen im Osten, das Saarland und Eupen-Malmedy im Westen. Das bedeutete, dass nicht nur Deutschland, sondern auch Preußen wieder in zwei Teile zerschlagen war. Durch den so genannten polnischen Korridor, den Zugang des neu gegründeten Polen zur Ostsee, wurde Ostpreußen zu einer Exklave, wie es das vor der 1. polnischen Teilung (1772) gewesen war. Der Ort für die Unterzeichnung des Vertrages war nicht zufällig gewählt worden: es handelte sich um eine bewusste Demütigung Deutschlands, um die französische Antwort auf die Kaiserproklamation von 1871. Das Versailler Diktat, das von allen deutschen Parteien abgelehnt wurde, trug wesentlich dazu bei, dass der Nationalsozialismus in Deutschland erfolgreich werden konnte.

11. Januar 1793   Johanna Stegen geboren

Zu einer preußischen Heldin wurde die gebürtige Lüneburgerin, als es am 2.4.1813 bei ihrer Heimatstadt zu einem Gefecht des 1. Pommerschen Infanterie-Regimentes mit napoleonischen Truppen kam. Den Preußen drohte die Munition auszugehen. Da trug die zwanzigjährige Johanna Stegen in ihrer Schürze Patronen herbei, was entscheidend dazu beitrug, das Gefecht zu einem Sieg zu machen. Ihre Tat trug ihr den Namen „das Heldenmädchen von Lüneburg" ein. Johanna Stegen heiratete später den preußischen Unteroffizier Wilhelm Hindersin, der nach den Befreiungskriegen als Drucker im preußischen Kriegsministerium arbeitete. Sie starb am 12.1.1842 in Berlin, einen Tag nach ihrem 49. Geburtstag.

12. Januar 1721   Generalfeldmarschall (1758) Herzog Ferdinand v. Braunschweig-Wolfenbüttel geboren

Ferdinand von Braunschweig gehört zweifellos zu den großen Feldherren der friderizianischen Epoche. Er nahm an allen Kriegen dieser Zeit teil und zeichnete sich mit seiner Brigade bei Soor durch große Selbständigkeit aus. Am 16. November 1757 übernahm er den Oberbefehl über die verbündeten Truppen auf dem nordwestdeutschen Kriegsschauplatz, wo es ihm gelang, die französischen Armeen zu binden und damit dem Preußenkönig den Rücken freizuhalten. Er agierte dabei sehr erfolgreich, wenngleich gesagt werden muss, dass er die meisten seiner Pläne seinem Sekretär Christian Westphalen verdankte. Am 23. Juni 1758 errang er den Sieg bei Krefeld.

13. Januar 1505   Kurfürst Joachim II. Hektor geboren

Joachim II. wurde 1535 mit dem Tod seines Vaters, Joachim I. Nestor, Kurfürst von Brandenburg. Mit seinem Namen verbindet sich die Einführung der Reformation 1539. Er gab dem Lande im folgenden Jahr eine entsprechende Kirchenordnung. Politisch orientierte er sich jedoch an Habsburg; im Schmalkaldischen Krieg 1546 – 1547 unterstützte er Kaiser Karl V. gegen die anderen protestantischen Reichsfürsten und war damit auf der Siegerseite. Er schloss 1537 einen Erbvertrag mit den schlesischen Herzögen von Brieg, Liegnitz und Wohlau aus dem Haus der Piasten ab, den die Habsburger als Landesherren aber niemals anerkannt haben. Auf diesen Vertrag geht ein Teil der Ansprüche auf Schlesien zurück, die Friedrich II. 1740 einlöste. Joachim II. war ein wohlwollender, freundlicher und großzügiger Mann, der zur Bequemlichkeit neigte und die Üppigkeit prunkvoller Feste liebte – was seinen Finanzen nicht gut tat.

14. Januar 1742   König Friedrich II. exerziert persönlich die Garde du Corps im Tiergarten

Das von ihm gegründete Regiment, welches zu seiner Zeit als 13. Kürassier-Rgt. zählte, wurde für Friedrich zum Modellfall der Verbesserung seiner Kavallerie, welche sich im Ersten Schlesischen Krieg gegenüber den österreichischen Reitern als durchaus unzulänglich erwiesen hatte. Das Regiment galt später als das vornehmste Kavallerie-Regiment der preußischen Armee, es bestand bis zum Ende des 1. Weltkrieges.

15. Januar 1711   Die von Friedrich I. gegründete „Societät der Wissenschaft" hält ihre erste Sitzung ab

Leibniz hatte die Gründung angeregt; er hatte das Ideal, zum Glück der Menschheit arbeitende unabhängige Wissenschaftsinstitute überall in Europa zu etablieren. Indessen nur im neugegründeten Preußen, wo ihn Königin Sophie Charlotte unterstützte, war er mit seinem Entwurf erfolgreich. Die Societät lebte später, nach einer Umgestaltung im Zuge der Reformen, als Preußische Akademie der Wissenschaften weiter.

16. Januar 1756   Abschluss der Konvention von Westminster zwischen England und Preußen

Sich mit England zu einem Zeitpunkt zu verbinden, der weltweit vom kolonialen Konkurrenzkampf zwischen diesem und Frankreich geprägt war, musste letzteres dem Habsburgerreich in die Arme führen, das die Anspruch auf die Wiedergewinnung Schlesiens niemals aufgegeben hatte. Was Friedrich damit zu verhindern wollte, brachte dieser Vertrag erst zustande: ein festes, gegen ihn gerichtetes Bündnis. Der frankophile Preußenkönig selbst hat die Konstellation als „unnatürlich" empfunden. Nach der Schlacht bei Roßbach sagte er gefangenen französischen Offizieren, er könne sich nicht daran gewöhnen, sie als seine Feinde anzusehen.

17. Januar 1701 Am Vorabend seiner Krönung zum „König in Preußen" stiftet Kurfürst Friedrich III. den Hohen Orden vom Schwarzen Adler

Vormittag 11.00 Uhr investiert der Noch-Kurfürst Friedrich III. im Königsberger Schloss 17 Herren mit dem neugestifteten Hohen Orden vom Schwarzen Adler. Er blieb bis 1918 der höchste preußische Orden. Sein Bild erhielt er vom Wappentier des Herzogtums Preußen, welches seinerseits auf den vereinfachten Reichsadler-Schild zurückgeht, der dem schwarzen Kreuz des Deutschen Ritterordens aufgelegt wurde, als Kaiser Friedrich 1226 dem Orden dieses Land verlieh. Mit der Ordensdevise „Suum cuique" (Jedem das Seine) wollte der neue König die Berechtigung seines Ranges unterstreichen. Das Orange der Ordensschärpe, mit dem auch der schwarze Adler des Bruststerns unterlegt ist, huldigt dem Haus Oranien.

18. Januar 1701 Gründung des Königreichs Preußen in Königsberg (Ostpreußen)

Nachdem sich der Große Kurfürst vergeblich um eine Königskrone bemüht hatte, gelang es erst seinem Sohn, mit der Zusage militärischer Unterstützung der österreichischen Politik im Spanischen Erbfolgekrieg (1701 – 1714) die Zustimmung des Wiener Hofes zu einem außerhalb des Reiches, im souveränen Herzogtum Preußen situierten Königtum zu erkaufen – sozusagen eine Krönung zweiter Klasse, die nach dem Willen des Kaisers und der meisten anderen Reichsstände für die Stellung des Kurfürsten von Brandenburg innerhalb des Reiches keine Konsequenz haben sollte. Doch es kam anders: „Preußen entstand und wuchs empor als ein Wille seiner Könige zur Macht." (Christian Graf von Krockow)

18. Januar 1871 Kaiserproklamation im Spiegelsaal zu Versailles

Nicht zu Unrecht wird auch dieser Tag als einer der vielen gesehen, die man als das Ende Preußens bezeichnen könnte. König Friedrich Wilhelm IV. hatte 1848 programmatisch verkündet, fortan werde Preußen in Deutschland aufgehen. Das geschah; wenn auch anders, als er es wollte: Als sein Bruder Deutscher Kaiser wurde, machte schon die Wahl des Datums klar, dass vielmehr Deutschland im Begriffe stand, verpreußt zu werden. Dennoch war es mit dem alten Preußen an diesem Tag vorbei: König Wilhelm ahnte dies mit sicherem Instinkt; er war tief unglücklich, weil der für ihn erhabene Titel eines Königs von Preußen durch einen anderen überhöht werden sollte, und weil dieser – wenn überhaupt – nur „Deutscher Kaiser" und nicht „Kaiser von Deutschland" lautete – für Wilhelm ein leerer Titel, ein „Charaktermajor".

19. Januar 1723 König Friedrich Wilhelm I. weist das Generaloberfinanzkriegs- und Domänendirektorium feierlich in sein Amt ein

In zehn Jahren intensiver Arbeit hatte der Soldatenkönig den geerbten Staat umgestaltet und versucht, ihm effiziente Einrichtungen zu geben. Klarer als sein Vater sah er, dass nicht Diplomatie, Rechtstitel oder glänzende Repräsentation das heterogene Staatengebilde zusammenhalten würden, sondern einzig ein starkes Heer, als dessen Grundlage er eine funktionierende Wirtschaft und solide Finanzen schaffen wollte. Friedrich Wilhelm schrieb: „Ich bin Finanzminister und Feldmarschall des Königs von Preußen, das wird den König von Preußen aufrecht erhalten." Das Generaloberfinanzkriegs- und Domänendirektorium war ein Gesamtministerium, welches sämtliche Staatsaufgaben koordinieren sollte.

20. Januar 1746   Per Kabinettsorder werden Berlin, Magdeburg, Breslau und Stettin von Rekrutenaushebungen befreit

Der König von Preußen befand sich in einem fortgesetzten Dilemma: einerseits betrachtete er die Armee aufgrund der territorialen Gegebenheiten Preußens zurecht als das wichtigste Machtinstrument des Staates. Das Problem, Soldaten zu gewinnen, war ein zentrales, weil es die Vorstellung einer allgemeinen Wehrpflicht aller männlichen Bürger zu diesem Zeitpunkt noch nicht gab – man behalf sich teilweise mit gewaltsamen Aushebungen. Andererseits war für die Ausrüstung und Verpflegung ebendieser Armee eine funktionierende Landwirtschaft sowie vor allem die ungestörte Entwicklung der städtischen Ökonomie vonnöten. Die Kabinettsorder stellt einen der Kompromisse dar, mit denen Friedrich dem letzteren Ziel gerecht zu werden versucht.

21. Januar 1883   Prinz Karl von Preußen gestorben

Am 29.6.1801 als Sohn Friedrich Wilhelm III. und der Königin Luise geboren, mithin ein Bruder König Friedrich Wilhelms IV. und Kaiser Wilhelms I., war Prinz Karl mit der Prinzessin Marie von Sachsen-Weimar, einer Schwester der nachmaligen Kaiserin Augusta, verheiratet. Seine künstlerischen Interessen waren ausgeprägt und machten ihn zu einem großen Sammler. 1824 erwarb er das seit Fürst Hardenbergs Tod 1822 leerstehende Gut Glienicke und gestaltete es nach dem Rat der ersten Architekten und Gartenkünstler seiner Zeit – Schinkel, Persius, Peter Joseph Lenné und Fürst Pückler-Muskau – zu einem Ensemble von einzigartiger Schönheit. Dabei wurden rund 25 000 Bäume umgesetzt. Er selbst hat bei den Arbeiten Ideen und Initiative eingebracht, und so nimmt es nicht wunder, dass Fürst Pückler sein berühmtes Gartenbuch dem Prinzen widmete. In Glienicke versammelte seine gebildete und schöne Frau einen Kreis geistvoller Persönlichkeiten, u.a. Alexander von Humboldt, um sich.

Trotz erfolgreicher militärischer Karriere brachte Prinz Karl es nicht zu Popularität oder gar Ruhm. Statt dessen kommt ihm das eher zweifelhafte Verdienst zu, die Parforcejagden in Preußen eingeführt und gepflegt zu haben. Zudem war Prinz Karl Herrenmeister des preußischen Johanniter-Ordens, und – was mehr zählt – der Vater des berühmten Prinzen Friedrich Karl.

22. Januar 1758   Der russische Feldmarschall Fermor zieht in Königsberg (Ostpr.) ein und lässt der russischen Zarin Elisabeth II. huldigen

Die Zarin hatte durchaus die Absicht, Ostpreußen dauerhaft zu annektieren. Friedrich der Große verzieh der Provinz diese Huldigung der ostpreußischen Stände niemals; nach dem Siebenjährigen Krieg hat er Ostpreußen nicht wieder besucht, während die anderen Gebiete seines Reiches sich seiner allgegenwärtigen Fürsorge und Bevormundung erfreuten.

23. Januar 1793   Der Vertrag über die 2. Teilung Polens wird zwischen Russland und Preußen unterzeichnet

Es ist eine Ironie der Geschichte, dass Friedrich des Großen vergleichsweise bedeutungsloser Nachfolger Friedrich Wilhelm II. dem Land weit größere Gebietsgewinne hinzufügen konnte, als es sein Vorgänger in härtesten Kämpfen vermocht hat. Er gewinnt in der 3. polnischen Teilung selbst Warschau als preußische Stadt. Doch die Gewinne sind nicht von Dauer, sie haben Preußen mehr destabilisiert als gefestigt. Den Weg zur Bereicherung am schwachen gemeinsamen Nachbarn Polen hatte bereits Friedrich vorgezeichnet; der über mehrere Stufen vollzogene gemeinsame Raub hat denn auch Preußen und Russland über lange Zeit zu natürlichen Verbündeten gemacht.

24. Januar 1712　　König Friedrich II., der Große, geboren

Friedrich war der dritte Sohn des Soldatenkönigs und seiner Gattin Sophie Dorothea. Seine älteren Brüder waren unmittelbar nach der Geburt gestorben. Die familiär freudlose Kindheit und Jugend unter dem despotischen Vater ist bekannt. Sie kulminierte 1730 in einem Fluchtversuch und der Hinrichtung des Helfers und Freundes Katte. Damit hatte Friedrich Wilhelm I. den Kronprinzen gebrochen; allmählich versuchte Friedrich, zunächst eine Lockerung seines Arrestes zu erreichen, später das Vertrauen des Vaters wiederzugewinnen. Der honorierte die Bemühungen, indem er dem Sohn bestimmte Freiheiten zugestand. Diese Erziehung zeigte Wirkung: Langsam veränderte sich Friedrich, unmerklich wuchs er in die ihm zugedachte Rolle hinein und übertraf später seinen Vorgänger an Energie, Despotismus und soldatischer Gesinnung.

25. Januar 1858　　Prinz Friedrich Wilhelm (der nachmalige Kaiser Friedrich III.) heiratet Princess Royal Victoria im St. James Palace zu London

Zweck der von beiden Häusern gewünschten Verbindung war eine stabile Beziehung Britanniens zu Preußen. Nach Jahrzehnten enger dynastischer Bindungen Preußens an Russland bedeutete diese Ehe so etwas wie eine Änderung der Familienpolitik. Die gleichnamige Tochter der englischen Königin Victoria übte auf ihren Gatten erheblichen Einfluss aus, so dass dieser zur Politik seines Vaters und Bismarcks gelegentlich in Widerspruch geriet. Der Reichskanzler hatte Grund, die Kronprinzessin als eine politische Gegnerin von einigem Format anzusehen; für den Fall der Thronbesteigung des Kronprinzen rechnete er mit erheblichen Schwierigkeiten. Das hatte Folgen: es bewog ihn, im Lande eine gewisse antibritische Spannung aufrecht zu erhalten (die jedoch einen kritischen Punkt nie erreichen sollte). Er stellte aus diesem Grunde die von ihm ursprünglich ohne Interesse beobachteten kolonialen Gewinne deutscher Kaufleute und Abenteurer in Afrika unter den Schutz des Reiches und begann damit eine gemäßigte Kolonialpolitik.

26. Januar 1786   General der Kavallerie Hans Joachim von Zieten
gestorben

Zieten war der bei weitem populärste General der friderizianischen Zeit – nicht zuletzt durch das berühmte Gedicht Fontanes. Kein wirklicher Stratege, aber ein hervorragender Taktiker von echter Husarenmentalität, kein brillanter Geist, wohl aber anständig, gerade und voll Zuversicht, war er für Friedrich den Großen eine Art Vaterfigur, dem er Verehrung und Liebe entgegenbrachte. Berühmt wurde die Szene, in der der König insistierte, dass der alte Herr nicht aufstehen müsse in seiner Gegenwart, weil er ihm keine Unbequemlichkeit verursachen wollte.

27. Januar 1850   Johann Gottfried Schadow gestorben

Schadow ist der wichtigste deutsche klassizistische Bildhauer. Die Jahre 1785 – 87 brachte er in Rom zu, um die Bildhauerei zu erlernen. Nach dem Tode seines Lehrers Taesserts wird er 1788 Hofbildhauer und Direktor der Akademie der Künste in Berlin. Schadow schuf viele Reliefs und Standbilder, so das römisch geprägte Blücherdenkmal der Stadt Rostock, in dem sich etwas von der Dynamik des Feldmarschalls wieder findet, und jene anmutige Doppelgruppe der Kronprinzessin Luise mit ihrer Schwester, Prinzessin Friederike. Das Lutherdenkmal der Stadt Wittenberg stammt von ihm, wie auch die bekannte, sehr vornehme kleine Statue Friedrich des Großen mit seinen Windspielen, die für das Schloss Sanssouci angefertigt wurde.

Unsterblich aber wurde er durch die Quadriga für das Brandenburger Tor (1794). Er schuf ein Gipsmodell, wonach die Kupferüberzogenen Holzfiguren entstanden.

27. Januar 1859   Der nachmalige Kaiser Wilhelm II. geboren

Die Kindheit des gebürtigen Berliners und künftigen Thronerben war hart. Da er den ehrgeizigen Ansprüchen seiner Mutter Victoria nicht zu entsprechen vermochte, empfing er wenig Liebe von ihr. Sein körperliches Gebrechen, ein verkürzter linker Arm, führte zu schmerzhaften und quälenden Behandlungen. Viele unstete, effekthaschende Züge im Wesen Wilhelms haben hier ihre Ursache. Zu seiner Volljährigkeit gratulierte neben anderen Berliner Honoratioren auch ein bekannter Nervenarzt dem Vater, Kronprinz Friedrich Wilhelm. Dieser soll erwidert haben: „Sie gratulieren mir? Sie als Psychiater?"

28. Januar 1800   Friedrich August Stüler geboren

Der Direktor der Bauakademie Stüler – gebürtig aus Mühlhausen in Thüringen – war wie sein Lehrer Karl Friedrich Schinkel imstande, in klassizistischem und gotischem Stil zu bauen. Die auf italienischen Vorbildern beruhenden Jacobi- und Matthäikirche in Berlin, erste Pläne für einen Neubau des Berliner Domes im Stil einer antiken Basilika, (später zugunsten eines Kuppelbaues nach Ideen von Raschdorf verworfen) sowie die romantischen Burgen Hohenzollern und Stolzenfels am Rhein belegen dies. Auch die Kuppel über dem Eosanderportal des Berliner Stadtschlosses stammt von ihm. Er entwarf die Pläne für das Gebäude der Akademie der Wissenschaften in Budapest, das Nationalmuseum in Stockholm und das Wallraff-Richartz-Museum in Köln. Am 18. März 1865 verstarb er in Berlin.

28. Januar 1871   Kapitulation von Paris und allgemeiner Waffenstillstand

Ende September 1870 hatten die deutschen Armeen die nach der Niederlage von Sedan republikanisch gewordene französische Hauptstadt eingeschlossen, die sich unter ihrem Gouverneur General Trochu verteidigte. In der preußischen Führung entstand ein Konflikt über das weitere Vorgehen. Während Bismarck und Roon aus politischen Gründen auf eine rasche Beschießung der Stadt drängten, waren Feldmarschall Moltke, der Kronprinz und verschiedene andere Generale vor allem aus logistischen Gründen gegen das Bombardement. Schließlich begann die Beschießung am 27. Dezember. Es waren aber vor allem die Siege der deutschen Feldarmeen bei Le Mans und St. Quentin, welche die Lage der Stadt aussichtslos machten, so dass die Kapitulation von Paris mit dem allgemeinen Waffenstillstand am folgenden Tag in Kraft treten konnte.

29. Januar 1814   Johann Gottlieb Fichte in Berlin gestorben

Die Frau des Philosophen, die in der Krankenpflege tätig war, hatte sich bei ihrer Arbeit eine Infektionskrankeit zugezogen, an der ihr Mann im Alter von erst 52 Jahren in Berlin starb. Die Wirkung, die von seiner Persönlichkeit ausgegangen ist, muss gerade in der explosiven Stimmung vor den Befreiungskriegen enorm gewesen sein.

30. Januar 1781   Adelbert von Chamisso geboren

Der auf Schloss Boncourt in der Champagne geborene Chamisso war Dichter und Wissenschaftler. Seine Familie flüchtete 1790 vor der Französischen Revolution nach Preußen. 1804 – 1806 gab er mit Karl August Varnhagen von Ense und W. Neumann den „Musenalmanach" heraus. 1814 erschien seine phantastische Novelle „Peter Schlemihl's wundersame Geschichte". 1815 – 18 nahm er in wissenschaftlicher Mission an einer Weltumseglung teil und arbeitete später im Berliner Botanischen Garten. Seine teils von der Klassik, teils von der Romantik beeinflussten Lieder, Balladen und Gedichte verschafften ihm nach 1830 eine geachtete Stellung in Berlin. Er schuf Nachdichtungen der Lyrik Hans Christian Andersens. 1835 wurde er Mitglied der Berliner Akademie der Wissenschaften.

31. Januar 1850   Die Nationalversammlung verabschiedet die revidierte Verfassung von 1848

Die Verfassung sicherte formal einige Grundrechte: die Gleichheit aller Bürger vor dem Gesetz, die Gewährleistung der persönlichen Freiheit, das Recht der freien Meinungsäußerung, die Versammlungsfreiheit, das Dreiklassenwahlrecht. Die Stellung des Königs und seine Befugnisse wurden präzise festgeschrieben und eingeschränkt. Durch Notverordnungen und Verhängung des Ausnahmezustandes waren diese Restriktionen indessen – wenn nötig – zu umgehen. Die Position des Monarchen war immer noch dominierend, aber nicht mehr absolut. Das Recht der Gesetzgebung hatte er sich in Zukunft mit den Kammern zu teilen – wie überhaupt diese erste preußische Verfassung das Prinzip der Gewaltenteilung zur Grundlage hat. Nahezu ungebrochen aber blieb seine Autorität über die Armee.

FEBRUAR

1. Februar 1705 Königin Sophie Charlotte von Preußen gestorben

Die kluge und gebildete Sophie Charlotte war ein Glücksfall für Friedrich I., und er wusste, was er an ihr hatte. Sie verlieh Friedrichs Herrschaft eine Aura von Geist und Kultur. So nahm sie an Leibniz' Akademieprojekt lebhaften, fördernden Anteil. Für sie hatte der König das nach dem nahegelegenen Dorf Lietzow benannte Schloss Lietzenburg bauen lassen, das nach 1705 in Charlottenburg umbenannt wurde. Als die Königin im Sterben lag, tröstete sie ihren Gemahl, dessen Vorliebe für glanzvolle Inszenierungen bekannt war, mit dem spöttischen Hinweis, dass ihr Tod ihm eine hervorragende Gelegenheit zu einer prachtvollen Trauerfeier gäbe. Die hat er denn auch weidlich genutzt. Friedrich II. konnte seine Großmutter nicht mehr kennenlernen, denn sie starb sieben Jahre vor seiner Geburt. Aber er hat sie sehr geschätzt. Und in der Tat scheint in ihm vieles von ihr wieder lebendig geworden zu sein.

1. Februar 1814   Schlacht bei La Rothière

Feldmarschall Blücher weist Napoleons kühnen Angriff mit überlegener Truppenstärke souverän zurück und besiegt ihn unter den Augen seines Königs und des russischen Zaren in offener Feldschlacht. Damit scheinen der Zusammenbruch des Kaiserreiches und ein baldiger Frieden in greifbare Nähe gerückt. Die Untätigkeit der übrigen Verbündeten aber gewährt Napoleon eine Atempause, die er zu neuen Angriffen nutzt.

2. Februar 1813   Generaloberst Alexander August Wilhelm von Pape geboren

Über den 10jährigen Alexander von Pape soll ein Dorfschullehrer gesagt haben: „Der wird mal Räuberhauptmann oder General." Der letztere Fall trat ein, 1866 kommandierte er die 2. Garde-Infanterie-Brigade, 1870/71 die 1. Garde-Infanterie-Division, mit der er an den Schlachten bei St. Privat und bei Sedan teilhatte. In beiden Fällen gelang es seiner beispielgebenden Führung, Krisen zu meistern und wesentlich zum Sieg beizutragen. 1880 erhielt er das V. Armeekorps, 1882 das III. (Berlin); im gleichen Jahr wurde er Oberbefehlshaber in den Marken. Er blieb auch weiterhin mit Berlin, seiner Garnison und der Bürgerschaft eng verbunden, denn 1884 übernahm er das ebenfalls in der Hauptstadt stehende Garde-Korps und wurde 1888 außerdem Gouverneur der Stadt. Er galt als vornehmer Charakter und guter General, der großen Wert auf das erstklassige Erscheinungsbild der Truppe legte. General v. Pape starb am 7.5.1895. Noch heute erinnert die Berliner Papestraße an ihn.

3. Februar 1721   General der Kavallerie Friedrich Wilhelm Freiherr von Seydlitz-Kurzbach in Kalkar geboren

Seydlitz' Karriere begann mit dem Gefecht von Kranowitz am 20. 5. 1742, wo er sich mit dreißig Kürassieren unerwartet lange gegen eine überwältigende Übermacht von Panduren gehalten hatte. Nachdem er ihn ausgetauscht hatte, befragte König Friedrich II. ihn über die Umstände seiner endlichen Gefangennahme. Kornett v. Seydlitz erwiderte hochfahrend, das habe nur geschehen können, weil sein Pferd erschossen worden sei – auf einem lebendigen Pferd finge ihn niemand. Beim siegreichen Einzug in Berlin befahl der König Seydlitz zu sich, ließ die Sperrtore der Spreebrücke, auf der man sich gerade befand, hochziehen und meinte: „Nun sitzt Er auf seinem lebendigen Pferd und ist doch gefangen." Seydlitz gab keine Antwort, sondern die Sporen und setzte mit einem Sprung über das Brückengeländer in die Spree, wo er an Land schwamm, um sich beim König zu melden. Der beförderte ihn auf der Stelle zum Rittmeister.

4. Februrar 1695 Generalfeldmarschall Georg Reichsfreiherr von Derfflinger in Gusow gestorben

Derfflinger stammte aus bescheidenen Verhältnissen, sein Vater soll Schneidermeister gewesen sein, er selbst dieses Handwerk gelernt und ausgeübt haben, bevor er sich dem Soldatenstand anschloss. Um ihn dieser Herkunft wegen zu ärgern, setzten die Rathenower, als er sie belagerte, eine Fahne mit einer Schere auf ihre Stadttürme. Der „Alte Derfflinger" war die zentrale militärische Gestalt Brandenburgs im 17. Jahrhundert; der Sieg bei Fehrbellin geht wesentlich auf seine Führungsqualitäten zurück.

5. Februar 1813   Die ostpreußischen Landstände genehmigen das Landwehrgesetz ohne Billigung des Königs

Friedrich Engels hat einmal die Feldzüge von 1813 – 15 als „halbe Insurrektionskriege" bezeichnet. In der Tat wirkte sich die persönliche Skepsis, Zögerlichkeit und Unentschlossenheit König Friedrich Wilhelms III. dahingehend aus, dass vieles Notwendige gegen seinen Willen, ohne sein Wissen und ganz sicher nicht auf seine Anregung hin entstehen musste – wenngleich ihm Scharnhorst gerade dies zu suggerieren versuchte, um ihn mitzureißen. Die Landwehr, eine allgemeine Volksbewaffnung also, widersprach in so starkem Maße der bisherigen preußischen Rekrutierungspraxis, dass das königliche Misstrauen gegen diese Maßnahme kaum zu überwinden war. Auch später, nachdem die so beargwöhnte Landwehr im Kampf Hervorragendes geleistet hatte, vermochten sich die Konservativen für sie nicht zu erwärmen, und in der Heeresreorganisation von 1860 reduzierte man ihre Bedeutung vollends.

6. Februar 1850   Friedrich Wilhelm IV. beschwört feierlich die preußische Verfassung

Niemals hatte König Friedrich Wilhelm IV. zulassen wollen, „dass sich zwischen unsern Herrgott im Himmel und dieses Land ein beschriebenes Blatt Papier gleichsam als eine zweite Vorsehung eindränge". Nun war, wenn auch mit einigen Korrekturen, die der veränderten politischen Situation entsprachen, die preußische Verfassung Realität geworden. Der König hatte sie beschwören müssen und fühlte sich aus religiösen Gründen damit an sie gebunden. Es ist bezeichnend für ihn, dass er sie – formal – aus freien Stücken gewährte, nachdem der Druck der Revolution beseitigt und Berlin wieder in seiner Hand war. In einem geheimen Testament aber, das er seinen Nachfolgern hinterließ, forderte er sie auf, die Verfassung außer Kraft zu setzen, bevor sie den Eid auf dieselbe abgelegt hätten.

7. Februar 1807   Schlacht bei Preußisch Eylau

Nach den schweren und zum Teil auch einfach peinlichen Niederlagen und Waffenstreckungen des Jahres 1806 offenbarte der tapfere Kampf der Russen, unterstützt von Teilen der alten preußischen Armee unter General L'Estocq und seinem Stabschef Scharnhorst bei Preußisch Eylau, dass diese auch vor den Reformen bei entsprechender Führung durchaus leistungsfähig war und den Franzosen nicht hoffnungslos unterlegen sein musste. Die Schlacht endete unentschieden.

8. Februar 1863   Abschluss der Konvention Alvensleben

Als Russland mit einem polnischen Aufstand Schwierigkeiten hatte, schickte Ministerpräsident v. Bismarck den Generaladjutanten König Wilhelms, Gustav v. Alvensleben, nach St. Petersburg, um ein Abkommen zu schließen, das es russischem Militär erlaubte, ohne gesonderte Formalitäten polnische Insurgenten auf preußischem Territorium zu verfolgen. Von der liberalen Opposition übel gescholten, nicht lange gültig und wenig genutzt, half diese freundliche Geste die wohlwollende Neutralität Russlands während der Einigungskriege zu sichern – ohne die, wie Kaiser Wilhelm I. in einem Brief an Zar Alexander II. anerkannte, die großen Erfolge nicht möglich gewesen wären.

9. Februar 1813   Beschluss der Berliner Studenten, dem freiwilligen Jägerkorps beizutreten

Im Zuge der Stein-Hardenbergschen Reformen war 1810 eine Berliner Universität gegründet worden. Die Studenten fühlten sich der zunehmenden nationalen Begeisterung und der Idee des Kampfes gegen die französische Fremdherrschaft verbunden. 250 von ihnen, dazu 134 Schüler der höheren Jahrgänge des Grauen Klosters – jener Berliner Schule, die wenig später auch Otto von Bismarck besuchen sollte – eilten zu den freiwilligen Einheiten, die sich selbst ausrüsten und bewaffnen mussten, dafür aber auch das Recht der freien Wahl ihrer Offiziere hatten.

10. Februar 1414   Das Quitzow-Schloss Friesack fällt

Burggraf Friedrich von Nürnberg, 1411 zunächst mit der stellvertretenden Wahrnehmung der Herrschaft in Brandenburg beauftragt, hatte einen unter den wechselnden Verhältnissen in der

Mark selbstbewusst gewordenen und aufsässigen Adel gegen sich. Er lieh sich vom Thüringer Landgrafen ein Geschütz, die „Faule Grethe", und brach nacheinander die festen Burgen und Plätze der altadligen Familien der Quitzow, Schulenburg, Bredow, Gans zu Putlitz und Saldern, die ihm Widerstand leisteten. Damit setzte er sich als Herr in der Mark Brandenburg durch, was ihm die formelle Bestätigung als Markgraf und Kurfürst durch König Sigismund brachte. In den folgenden Jahrhunderten gelang es seinen Nachfolgern, auch den entmachteten Adel mit ihrer Herrschaft zu versöhnen und ihn zum Dienst am Staat zu erziehen.

10. Februar 1471   Tod des Kurfürsten Friedrich II.

Der erste Hohenzoller in der Mark, Friedrichs Vater, musste sich gegen den Adel durchsetzen und bediente sich dabei teilweise der Unterstützung der Städte. Doch auch diese zeigten, vom Willen zu autonomer Ökonomieentwicklung getrieben, wenig Neigung, sich dem neuen Landesherrn zu unterwerfen. Berlin stand an der Spitze des 1431 begründeten mittelmärkischen Städtebundes, der die Interessen seiner Gliedstädte nachdrücklich gegen den Markgrafen zu vertreten suchte. Die längeren Auseinandersetzungen eskalierten im „Berliner Unwillen" von 1447/48. Friedrich brach den Widerstand und setzte u.a. die Abtretung eines Gebietes innerhalb der Schwesterstadt Kölln durch, auf dem er eine Burg errichten wollte – das Areal des späteren Stadtschlosses.

11. Februar 1907   Helmuth James Graf von Moltke geboren

Der Urgroßneffe Feldmarschall Moltkes arbeitete im 2. Weltkrieg als Experte für Völkerrecht beim Oberkommando der Wehrmacht. Rasch stießen ihn, den Aristokraten und hochintelligenten Weltmann, die offensichtlichen Unrechtstaten des Naziregimes ab. Er gründete mit seinem Verwandten und Freund Peter Graf Yorck von Wartenburg eine Diskussionsgruppe, die nach dem schlesischen Familiengut der Moltkes den Namen „Kreisauer Kreis" erhielt. Dieser Gruppe, der katholische und evangelische Geistliche, Gewerkschafter, Pädagogen, Wirtschafts- und Verwaltungsfachleute angehörten, ging es nicht um die Planung eines Attentats auf Hitler, das sie aus religiösen Gründen ablehnten, sondern um Konzepte für ein auch ethisch erneuertes Deutschlands für die Zeit nach der Naziherrschaft. Dabei wurden, vor allem unter Moltkes Einfluss, Ideen von großer sozialer Weitsicht entwickelt. Obwohl die Gruppe wenig Kontakt zu den Männern des 20. Juli hatte, wurde er im Zusammenhang mit dem Attentat auf Hitler am 23.1.1945 hingerichtet. „Wir werden gehängt, weil wir zusammen gedacht haben", schrieb er an seine Frau, stolz auf die so sichtbar werdende Kraft des reinen Geistes.

12. Februar 1804   Immanuel Kant in Königsberg verstorben

Kant muss und kann als einer der größten Philosophen angesehen werden, die in Preußen gelebt haben. Er gelangte in seinen Anschauungen allmählich zum Standpunkt des Kritizismus, der auch als Transzendentalphilosophie bezeichnet wird. Es ging ihm um die Sicherung der Gültigkeit von Erkenntnis innerhalb bestimmter Grenzen, um eine Prüfung der Vernunft. Die ihn bewegende Frage war, was man wissen könne, und wie man leben solle. Die Kritik der theoretischen und praktischen Vernunft sowie der Urteilskraft sind als seine eigentlichen Leistungen anzusehen. Es ist nicht auszuschließen, dass der komplizierte, nahezu unlesbare Stil Kants zu seinem Ruhm beigetragen hat – denn wer wollte schon zugeben, dass er nicht verstand, was er da las! Goethe immerhin tat es.

13. Februar 1884   General der Kavallerie von Tümpling gestorben

Der am 30.12.1809 geborene Ludwig Karl Kurt Friedrich Wilhelm Georg von Tümpling gehörte zu den Kommandierenden Generalen der Einigungskriege. 1866 führte er die 5. Infanterie-Division unter anderem in der Schlacht bei Gitschin, wo er schwer verwundet wurde, zum Sieg. Nach dem Feldzug gegen Österreich übernahm er Ende 1866 das Kommando über das VI. Armeekorps, welches 1870/71 im Verband der III. Armee an der Einschließung von Paris mitwirkte. Tümpling gehörte zu denjenigen, welche am 1.3.1871 in die Stadt einmarschierten. Privat waren er und seine Frau mit Hellmuth von Moltke und dessen Gattin befreundet, was ein Privileg darstellte, dessen sich wenige erfreuten.

14. Februar 1880   Verstaatlichung   der   Berlin-Potsdamer Eisenbahngesellschaft

1836 fand die erste Hauptversammlung der neu gegründeten Berlin-Potsdamer Eisenbahngesellschaft statt. Endpunkte der neuen Eisenbahnlinie waren in Potsdam die Lange Brücke und in Berlin das Potsdamer Tor, vier englische „Musterwagen" von Stephenson wurden durch die Berliner Firma Borsig preisgünstig kopiert und kamen am 22. 9. 1838 erstmals zum Einsatz. „Kann mir keine besondere Glückseligkeit dabei vorstellen, eine Stunde eher in Potsdam zu sein", räsonierte der missmutige König Friedrich Wilhelm III. – skeptisch, wie anfangs auch die Bevölkerung. Später jedoch gewöhnte sich jedoch wenigstens letztere an die Neuerung. Mit dem Gesetz vom 14. 2. 1880 übernahm der preußische Staat die Kontrolle über das bisherige Privatunternehmen. Der Potsdamer Bahnhof kostete seinerzeit knapp 49 000 Taler – er wurde zweimal zerstört, 1945 durch alliiertes Bombardement und in den 90er Jahren durch das „Potsdam-Center", welches durch den architektonischen Charme eines Zuchthauses besticht. Potsdam riskierte durch den Neubau seinen Platz in der UNESCO-Liste des Weltkulturerbes.

15. Februar 1763   Der Frieden von Hubertusburg beendet den Siebenjährigen Krieg

Nach sieben, zunehmend harten Kriegsjahren, die Friedrich an den Rand des Abgrundes gebracht hatten, wurde beim Friedensschluss lediglich der Status quo, also die Grenzen von 1756, bestätigt: Preußen behielt Schlesien und stieg endgültig in den Rang einer europäischen Großmacht auf. Diesmal war mit eiserner Energie, der Bereitschaft zu politischem und militärischem Hasardieren und einem Gutteil Glück – Russlands Ausscheiden aus der Koalition der Feinde! – eine aussichtslose Lage gemeistert worden. Das hatte fatale Folgen für das militärpolitische Denken des ausgehenden 19. und der ersten Hälfte des 20. Jahrhunderts: Nachdem Bismarck Politik vergleichsweise seriös betrieben hatte, schien Friedrichs Erfolg ein spätes, verhängnisvolles Abenteurertum zu legitimieren, das sich in der Vorbereitung des 1. Weltkrieges oder 1939 mit dem Überfall auf Polen ausdrückte.

15. Februar 1803   Ludwig Persius geboren

Persius war königlicher Hofarchitekt und ein Schüler Karl Friedrich Schinkels. Wie dieser verstand er es meisterlich, die Erfahrungen kunstgeschichtlicher Studien kreativ auf zeitgenössische Aufgaben anzuwenden. Die Heilandskirche in Sacrow und die Potsdamer Friedenskirche entstanden nach seinen Plänen, die er nach Entwürfen König Friedrich Wilhelms IV. ausrichtete. Auch dessen Potsdamer Kronprinzenschloss Charlottenhof gestaltete er. Persius starb, mit gerade 42 Jahren, am 12. Juli 1845. Sein Grab befindet sich auf dem romantischen kleinen Friedhof der Dorfkirche von Bornstedt bei Potsdam.

16. Februar 1620   Friedrich Wilhelm, der spätere Große Kurfürst, geboren

Kindheit und Jugend des Kurprinzen waren von zwei Erfahrungen geprägt: von der Ohnmacht Brandenburgs in den Wirren des Dreißigjährigen Krieges und von seinem Besuch 1635 – 1638 in den Niederlanden, die damals eine bürgerliche Musternation waren, wie auch ein halbes Jahrhundert später für Zar Peter den Großen noch. Hier wurde Friedrich Wilhelms politisches Denken in den Kategorien der militärischen und maritimen Macht geboren, sein skrupelloser Sinn für Realitäten, die sein späteres Handeln als Kurfürst bestimmten. Diesen bewies er im Innern sowohl bei der Unterwerfung des widerspenstigen Magdeburg, welches seit 1666 tatsächlich, seit 1680 auch nominell zu Brandenburg gehörte, und außenpolitisch durch seine scharf kalkulierten Frontwechsel in mehreren Kriegen, mit denen er seine eigene Machtstellung ausbaute.

16. Februar 1755   General Graf Bülow v. Dennewitz geboren

Bülow ist von den Heerführern von 1813 der vielleicht am wenigsten bekannte, aber neben den Denkmälern von Blücher, Scharnhorst, Gneisenau und Yorck war es seines, das Unter den Linden stand. Er war ein Mann von hohen Qualitäten und persönlichem Schneid. Sein selbst ständiges Handeln bei Großbeeren rettete Berlin im Frühjahr 1813 vor erneuter französischer Beset-zung: „Unsere Gebeine sollen diesseits von Berlin bleichen, nicht jenseits!" Als ihn General Graf Tauentzien zum Duell forderte, weil er den Sieg bei Dennewitz für sich in Anspruch nahm, während er allgemein Bülows Eingreifen zugeschrieben wurde, sagte dieser kühl zu – woraufhin Tauentzien seine Forderung zurückzog.

17. Februar 1699   Georg Wenceslaus von Knobelsdorff geboren

Knobelsdorff verließ mit 30 Jahren im Range eines Hauptmanns mit Kriegserfahrung die Armee, um bei dem preußischen Hofmaler Antoine Pesne Malerei zu studieren. Reisen nach Italien und Frankreich, wo er den fortgeschrittenen Stand der Baukunst zur Kenntnis nahm, waren wichtiger Teil seiner Ausbildung als Baumeister und Gartenarchitekt. Er gehörte zum Rheinsberger Hofkreis um den Kronprinzen Friedrich und konnte beim Bau des dortigen Apollotempels und am Schloss selbst erste Proben seines Könnens geben. Bis zu seinem frühen Tod 1753 war er Friedrichs II. bevorzugter Architekt, etwa bei der gesamten Anlage von Sanssouci. Knobelsdorff vereinte Stilelemente des Spätbarock mit denen des Rokoko und des frühen Klassizismus. Das, was in der Kunst als „friederizianisches Rokoko" bezeichnet wird, ist der charakteristische Zug seines Schaffens. Vielen seiner Gestaltungen eignet eine heitere, aber vornehme Leichtigkeit.

18. Februar 1813   v. Lützow erhält Erlaubnis zur Aufstellung seines berühmt gewordenen Freikorps

Die deutschen Staaten hatte Napoleon durch den Rheinbund und seinen unmittelbaren Einfluss auf die Regierungen ziemlich gut im Griff. So waren es die halboffiziellen oder völlig selbständigen Aktivitäten von Männern wie dem „Schwarzen Herzog" von Braunschweig-Oels, dem Tiroler Andreas Hofer oder Major von Schill, die – ohne militärisch viel zu bewirken – die explosive Stimmung erkennen ließen, welche sich in Europa gegen die napoleonische Diktatur gebildet hatte. Im Zuge der allgemeinen Erhebung von 1813 wurde nach ihrem Vorbild die Freischar Lützow aufgebaut. Das Freikorps bestand endlich aus 900 Mann Infanterie und 260 Reitern. Ihm gehörten u.a. Theodor Körner, der Maler Friedrich Kersting, Turnvater Jahn und Friedrich Friesen an. Es führte bis zum Waffenstillstand einen erfolgreichen Guerillakrieg in der

Altmark, wurde dann aber verräterisch angegriffen und weitgehend zerschlagen. Daher gliederte es sich später den regulären verbündeten Armeen an.

19. Februar 1780   Friedrich Heinrich von der Hagen in Schmiedeberg in der Uckermark geboren

Von der Hagen war der Inhaber der ersten (außerordentlichen) „Professur der deutschen Sprache" (nach Benecke in Göttingen) an der neugegründeten Berliner Universität im Wintersemester 1810/11. Ein wissenschaftlicher Romantiker, sah er im lange vergessenen, 1755 wiederentdeckten Nibelungenlied ein deutsches Nationalepos, das geeignet sei, der gegen die französische Fremdherrschaft gerichteten Bewegung eine national-mythische Dimension und zusätzliche Stärke zu verleihen. Die tatsächliche Wirkung des Textes war eher gering, seine Vorlesung zu diesem Gegenstand hatte ganze sechs Hörer.

20. Februar 1733   Generalfeldmarschall (1807) Wilhelm René de l'Homme de Courbière geboren

Courbiere wurde mit einem Satz berühmt. Als er 1806/7 die Festung Graudenz gegen die Franzosen verteidigte, versuchten feindliche Unterhändler ihn mit der Nachricht von der Absetzung des Königs von Preußen zur Aufgabe zu bringen, was er mit den Worten gekontert haben soll: „Nun, so bin ich König von Graudenz!" Anderen Angaben zufolge hat er – viel bescheidener – erwidert: „In Graudenz ist er noch König." – Wie auch immer, in einer Zeit, da Truppen und Festungen in Serie ohne militärische Notwendigkeit kapitulierten und alles zusammenbrach, konnten Graudenz, Danzig und Kolberg als Beispiele rühmenswerter Courage angesehen werden.

21. Februar 1484   Kurfürst Joachim I. Nestor geboren

Kurfürst seit 1499, erlangte auch Joachim I. eine Erweiterung des brandenburgischen Besitzstandes: 1524 erbte er die Grafschaft Ruppin. Darüber hinaus sicherte er die Anerkennung des Erbrechts der Hohenzollern auf Pommern. Die testamentarische Aufteilung des Territoriums unter seinen Söhnen jedoch – in der Sache ein Verstoß gegen das Hausgesetz, die Dispositia Achillae – hätte sich leicht als verhängnisvoll für die Mark erweisen können, was indessen nicht geschah. 1506 gründete er in Frankfurt/O. eine Universität, ein Projekt, das noch auf seinen Vater Johann Cicero zurückgeht.

22. Februar 1906   Feierliche Enthüllung der Reliefgestaltung der Gedächtnishalle in der Kaiser-Wilhelm-Ged ächtniskirche

Die nach dem Entwurf des Architekten Schwechten von 1891 an gebaute und am 1.9.1895 eingeweihte Kirche ist ein besonders deutliches Beispiel einer von Kaiser Wilhelm II. betriebenen Sakralisierung seines Großvaters, den er gern Wilhelm den Großen nennen ließ. Man hat wiederholt auf den in der wilhelminischen Ära einreißenden Byzantinismus hingewiesen. Bezeichnenderweise wurde die Technik byzantinischer Mosaiken in dieser Zeit gern benutzt, sie prägt die Innengestaltung der Kaiser-Wilhelm-Gedächtniskirche. Mit der Fertigstellung der Reliefs wie auch der Gedächtnishalle ist sie endgültig vollendet.

23. Februar 1879   Generalfeldmarschall Albrecht Graf Roon in Berlin gestorben

Mit Beginn der Einigungskriege war der entscheidende militärische Einfluss in Preußen zunehmend vom Kriegsministerium auf Moltkes Generalstab übergegangen, was de facto einer Kaltstellung des Ministers Grafen Roon gleichkam. Zudem war Roons Gesundheit angeschlagen. Dennoch gilt er mit Ministerpräsident Bismarck und dem Stabschef als einer der Architekten der militärischen Siege von 1864, 1866 und 1870/71. Auf der erhaltenen Fassung des berühmten Gemäldes der Kaiserproklamation zu Versailles von Anton von Werner ist daher auch er zu sehen, obwohl er dem Ereignis nicht in Person beiwohnte. Für eine kurze Zeit, von 1872 bis Ende 1873, war Roon auch preußischer Ministerpräsident.

24. Februar 1809   Generalfeldmarschall (1873) Edwin v. Manteuffel in Dresden geboren

Manteuffel übte als Generaladjutant und Chef des Militärkabinetts zeitweilig einen beachtlichen Einfluss in Preußen aus, zumeist in einem hochkonservativen Sinne. 1866 kommandierte er als Nachfolger Vogels von Falckenstein die Mainarmee und 1870 das 1. (Ostpreußische) Armeekorps, im weiteren Verlauf des Krieges gegen Frankreich kurze Zeit die neugebildete Nord-, später die Südarmee. Die bei diesen Kommandos bewiesene Selbstständigkeit und Energie führte dazu, dass seine Karriere weiter ging als die der anderen Korpskommandeure der Einigungskriege: 1873 wurde er zum Feldmarschall ernannt. Auch auf diplomatischem Gebiet hat er sich mehrfach erfolgreich betätigt. Manteuffel war ein aufrechter und gerader Charakter: 1864 beispielsweise half er dem Prinzen Friedrich Karl durch seine schonungslos ehrliche Kritik, an seinen Schwächen als Feldherr zu arbeiten.

25. Februar 1713   König Friedrich I. gestorben, Regierungsantritt Friedrich Wilhelms I.

König Friedrich I. liebte Glanz und Repräsentation der Macht ebenso wie diese selbst. Unter ihm wurde Berlin zum deutschen Athen, unter seinem Sohn zum deutschen Sparta. Er zog neben anderen den begabten Bildhauer und Architekten Andreas Schlüter an die Spree, wo er das Stadtschloss neu gestaltete und das Zeughaus baute. Sein wichtigstes Verdienst um Preußen bleibt der Erwerb der Königskrone, ein Titel, dem indessen die Nachfolger weiteren Inhalt geben mussten, wenn er kein leerer Schmuck bleiben sollte. Eine der ersten Regierungshandlungen des neuen Königs ist es denn auch, aus den Geldern und Wertsachen im Berliner Schloss und den anderen Besitzungen der Krone den Grundstock eines Staatsschatzes zu bilden, indem vieles davon eingeschmolzen und zu Barren verarbeitet wurde. Durch sparsames Wirtschaften vermehrte der Soldatenkönig diesen Schatz in der Folge immer weiter, bei gleichzeitiger enormer Aufrüstung der Armee von 40 000 auf 85 000 Mann.

25. Februar 1816   General Bülow v. Dennewitz in Königsberg (Ostpr.) gestorben

Anders als die erste Reihe der preußischen Militärs der Befreiungskriege – vor allem Scharnhorst und Gneisenau, Boyen und Grolman, sogar Blücher – stand Bülow den Reformen und dem Wirken der Militärreorganisationskommission ohne echtes Interesse gegenüber. Charakteristisch für den nichtsdestotrotz immer loyalen Offizier, der niemals ein Frondeur und Querkopf wie etwa Yorck oder v.d. Marwitz war, ist eine Briefstelle, die er nach der Schlacht bei Dennewitz an seine Frau schrieb: „Es sind wieder die alten Preußen von Prag und Leuthen!" Indem er zweier Schlachten des Siebenjährigen Krieges gedachte, bekundete er, dass jenseits aller

Neuerungen für ihn nur zählte, dass die Schlagkraft und Siegesfähigkeit der preußischen Armee wiederhergestellt wurden.

26. Februar 1844   General und Staatsminister Victor von Podbielski in Frankfurt/O. geboren

Bereits Podbielskis Vater hatte sich in den Einigungskriegen einen Namen gemacht. Er war als „General-Quartiermeister der Armee" Moltkes engster Mitarbeiter gewesen und hatte in dieser Eigenschaft die durch ihre nüchterne Sachlichkeit berühmt gewordenen Depeschen vom Kriegsschauplatz verfasst. Sein Sohn machte als Offizier ebenfalls die Einigungskriege mit und stieg in den folgenden Jahren bis zum Generalleutnant und Brigadekommandeur auf. Bemerkenswert wurde seine Karriere durch etwas anderes. 1893 ließ er sich in den Reichstag wählen und wurde zunächst Staatssekretär im Reichspostamt (1897 – 1901), dann bis 1906 preußischer Landwirtschaftsminister. Danach widmete er seine Aufmerksamkeit dem Sport. 1912 war er der Leiter der deutschen Olympiamannschaft bei den Spielen in Stockholm. Auf seine Initiative ging auch der Bau des ersten deutschen Stadions in Berlin-Grunewald zurück (1913). General von Podbielski starb am 21.1. 1916.

27. Februar 1881   Prinz Wilhelm heiratet Prinzessin Auguste Viktoria von Schleswig-Holstein-Augustenburg

Die zum Teil recht rabiate innerdeutsche Eroberungspolitik Bismarcks und Wilhelms I. im Zuge der Einigungskriege hatte nach der Logik der legitimen Dynastien zwei große Vergehen auf sich geladen: die Erledigung des Hannoverschen Thrones 1866 und die Abweisung der berechtigten Ansprüche des Herzogs Friedrich von Augustenburg auf Schleswig-Holstein. Es bestand Wiedergutmachungs-Bedarf, und durch die Ehe des Prinzen und späteren Kaisers Wilhelm (II.) mit einer Tochter des Herzogs sollte die Schuld beglichen werden. Mit dieser Auffassung setzte sich das Kronprinzenpaar gegen die anfängliche Ablehnung Kaiser Wilhelm I. durch, da auch Bismarck ihrer Auffassung zustimmte. Der Ehe entstammten sieben Söhne und eine Tochter, die 1913 den Herzog von Braunschweig heiratete, womit auch die Welfen versöhnt werden sollten.

28. Februar 1833   Generalfeldmarschall   (1911)   Alfred   Graf Schlieffen in Berlin geboren

Schlieffen entwickelte sich zum klassischen Repräsentanten der adligen Offizierskaste des späten Preußens. In seiner Jugend „der tolle Schlieffen" genannt, verstand er es zeitlebens nicht recht, ein bürgerliches Verhältnis zum Geld zu entwickeln, sondern war oft hoch verschuldet. Prägend für den Generalstab des angehenden 20. Jahrhunderts, unterscheidet ihn vom älteren Moltke, dass er dessen Züge universeller Bildung und nichtmilitärischer Kultur nicht aufwies. Als verhängnisvoll erwies sich auch seine unauffällige, nichtsdestotrotz vollkommene Devotion gegenüber den Launen und Unberechenbarkeiten Kaiser Wilhelms II. Über die mit seinem, dem „Schlieffenplan", verbundene Schwierigkeit (die Verletzung der belgischen Neutralität) hatte er die politisch Verantwortlichen beizeiten informiert. Bezeichnenderweise hatten die mit der Schulter gezuckt und gemeint, wenn der Stabschef das für notwendig halte, müsse es eben sein. Derlei Unterwerfung der Politik unters Militär wäre zu Bismarcks Zeiten niemals möglich gewesen.

29. Februar 1896   Admiral und Gen. d. Infanterie Albrecht von Stosch in Oestrich gestorben

Nach dem Feldzug von 1870/71 wurde Stosch Stabschef des in Frankreich verbleibenden Besatzungsheeres, bis er sich Ende 1871 in Marinefragen einzuarbeiten hatte. Bis 1872 war die Marine dem Kriegsministerium unterstellt, danach wurde eine Kaiserliche Admiralität geschaffen, die aber immer noch unter dem Kommando von Heeresgeneralen stand. Die 1875 erfolgte Ernennung Stoschs zum General der Infanterie mit gleichzeitigem Status eines Admirals macht – wie im Falle des Prinzen Adalbert v. Preußen – die Problematik der neuen deutschen Marine deutlich: Stosch war Staatsminister und Chef der Admiralität, er hatte diese Funktion bis 1883 inne. Sein Nachfolger wurde der spätere Reichskanzler Leo von Caprivi, auch er ein Heeres-General. 1873 wurde ein Flottengründungsplan verabschiedet, den Stosch mit Energie in die Tat umsetzte. Er übertrug aber die erfolgreich bewährten Bestimmungen und Erfahrungen des Landheeres zu schematisch und unreflektiert auf die Marine, was letztlich der Spezifik dieser Waffe nicht gerecht wurde.

MÄRZ

1. März 1871   Preußische und bayerische Truppen marschieren in Paris ein

Vor allem aus politischen Gründen begnügte sich die deutsche Führung mit einer symbolischen Besetzung der französischen Hauptstadt, die die Pariser nicht zum Äußersten reizen konnte. Man befürchtete den negativen Widerhall in Europa, wenn die inoffizielle Kulturhauptstadt des Kontinents ernsthaft angetastet worden wäre. Kaiser Wilhelm veranstaltete daher eine große Truppenparade auf den damals außerhalb der Stadt gelegenen Longchamps. Etwa 30 000 Mann des VI. und des XI. sowie des 2. bayerischen Armeekorps marschierten in Paris ein, der Kronprinz und einige andere Prominente besuchten die Stadt. Das genügte, um die französische Nationalversammlung am 2. März zur Bestätigung des

Präliminarfriedens zu bewegen. Bereits am folgenden Tag rückten die deutschen Truppen wieder ab. Objektiv, wenn schon nicht gewollt, schuf diese Zurückhaltung die Möglichkeit für das politische Experiment der sog. Pariser Commune.

2. März 1848   General von Pfuel wird von König Friedrich Wilhelm IV. zum Gouverneur von Berlin berufen

General Ernst von Pfuel war eine bemerkenswerte Persönlichkeit. In seiner Jugend eng mit dem Dichter Heinrich von Kleist befreundet, kämpfte er in österreichischen und russischen Diensten gegen Napoleon. Er gründete später in mehreren Städten öffentliche Schwimmanstalten, so in Berlin 1817. Seine Beliebtheit und Besonnenheit schien ihn in den aufgeregten Märztagen zum Gouverneur von Berlin zu prädestinieren. Trotz guten Willens konnte er jedoch die Ausschreitungen des 18. März nicht verhindern. Wegen mangelnder Härte wurde er am 24. durch General von Prittwitz ersetzt. Im Mai und Juni 1848 warf er den Posener Aufstand nieder. Vom September bis Ende Oktober des Jahres war er preußischer Ministerpräsident, agierte aber als solcher nicht sehr erfolgreich. Die Nationalversammlung beschloss zunehmend radikale Schritte wie die Abschaffung des adligen Jagdrechtes, der Orden und des Adels überhaupt. Pfuel stand den revolutionären Neuerungen weitgehend aufgeschlossen gegenüber – aber irgendwann kam auch für ihn der Punkt, wo er nicht mehr mitgehen konnte und seine Kraft zur Vermittlung erschöpft war. Der König bekundete ihm seinen massiven Unwillen, und Pfuel resignierte.

3. März 1918   Deutschland und Russland unterzeichnen den Frieden von Brest-Litowsk

Die deutsche Kriegsführung im ersten Weltkrieg war nach Tannenberg im Osten ziemlich erfolgreich. Die gezielte Infiltration des Zarenreiches (der im Exil lebende Lenin war mit Zustimmung der OHL nach Russland gelangt) zeigte zudem Wirkung: das kriegsmüde, revolutionäre Russland war bereit zu Verhandlungen. Doch statt die einmalig günstige Gelegenheit zu nutzen und entweder einen fairen Frieden zu schließen, der Truppen für die Westfront freisetzte, damit dort ein einigermaßen günstiger Waffenstillstand zustande kommen konnte, oder den Kampf im Westen gegen die ebenfalls erschöpften Alliierten abzubrechen, diktierte das kaiserliche Deutschland dem östlichen Nachbarn einen maßlosen Frieden, zu dessen Aufrechterhaltung nahezu ebenso viele Truppen benötigt wurden, wie zur Fortführung des Krieges, und der knapp ein Jahr später bei Ausbruch der Revolution in Deutschland ohnehin von Russland annulliert wurde. Es wäre nach Brest-Litowsk notwendig gewesen, sich politisch auf eine Ost- oder Weststrategie festzulegen – beides ließ sich mit den ermatteten Kräften des Reiches nicht durchhalten.

4. März 1784 Generalfeldmarschall (1856) Friedrich Karl Emil Graf zu Dohna-Schlobitten geboren

Graf Dohna ist, obschon Feldmarschall gewesen, heute ziemlich unbekannt. Ähnlich wie Wrangel in einer Zeit lebend, die relativ friedlich war, als er das Alter für die hohen Ränge erreicht hatte, dabei aber – anders als dieser – kein Original, das durch Anekdoten und unkonventionellen Umgang mit der deutschen Sprache auf sich aufmerksam machte, fiel er der Vergessenheit anheim. Dohna war in der Zeit der preußischen Reformen ein Mitarbeiter des Generals von Scharnhorst, dessen Tochter er 1809 heiratete. Er spielte beim Zustandekommen der Konvention von Tauroggen eine Rolle und kommandierte in den Befreiungskriegen ein Husarenregiment der Russisch-deutschen Legion. In preußischen Diensten war sein Name mit den Ulanen verbunden. So wurde denn auch das ostpreußische

8. Ulanenregiment 1889 mit seinem Namen geehrt. Als Kommandierender General in Ostpreußen schlug er 1848/49 revolutionäre Ansätze rasch und entschlossen nieder. Feldmarschall Graf Dohna starb am 21.2. 1859.

5. März 1718   Jacob Paul Freiherr von Gundling wird Präsident der Akademie der Wissenschaften

An nichts anderem kann man den Unterschied zwischen dem ersten preußischen Monarchen und seinem Nachfolger, dem Soldatenkönig, deutlicher erkennen als an der Behandlung der Akademie: Gegründet nach Plänen und geleitet von Leibniz, stand ihr mit ihm eine Persönlichkeit von europäischem Format vor, den Friedrich der Große einst treffend „eine ganze Akademie für sich alleine" genannt hatte. Friedrich Wilhelm I. wählte mit Gundling einen Mann als Nachfolger, der nicht unbegabt, aber leider dem Trunke ergeben war. Er bezeichnete ihn als seinen „Lustigen Rat". Indem er ihn zum Akademiepräsidenten machte, wollte er damit sowohl den Mann als auch die Institution verhöhnen. Wenn Wissenschaften auf des Königs Protektion oder Duldung rechnen konnten, dann allein die praktischen Fächer wie Chemie, Medizin oder Ökonomie.

6. März 1856   Versuch zur Revision der staatsbürgerlichen Rechte ungeachtet der Religionszugehörigkeit

Es hat in den Jahren nach 1849 nicht an Versuchen gemangelt, die bescheidenen Fortschritte, welche die Revolution gebracht hatte, rückgängig zu machen. Einer davon wurde am 6. 3. 1856 im preußischen Abgeordnetenhaus verhandelt. Es lag ein Antrag auf Streichung des Artikels 12 der preußischen Verfassung vor. Dieser Artikel bestimmte: „[...] der Genuss der bürgerlichen und staatsbürgerlichen Rechte ist unabhängig von dem religiösen

Bekenntnisse." Die aus ultrakonservativer Ecke (v. Gerlach) vorgeschlagene Änderung, die ein Abgeordneter Wagner eingebracht hatte, hätte eine Zurücknahme der Judenemanzipation hinter das 1812 Erreichte bedeutet, zudem einer widerlichen Klerikalherrschaft Tür und Tor öffnen können. Es gereicht dem Abgeordnetenhaus zur Ehre, daß diese Zumutung mit temperamentvollen Reden der Abgeordneten Graf Schwerin und Reichensberger vom Tisch gefegt wurde. Letzterer bestritt – interessanterweise aus forciert katholischer Sicht – dem protestantischen Staat das Recht, derlei Kriterien an seine Bürger zu legen und sprach sich nachdrücklich für die Judenemanzipation aus. Nicht einmal die Debatte über den Antrag wurde akzeptiert. Damit bekannte sich Preußen ein weiteres Mal zu einer maßvollen Pluralität der Lebensmöglichkeiten in seinen Ländern. Der Vorgang war aber auch ein erstes Wetterleuchten des in der Ferne heraufziehenden Kulturkampfes.

7. März 1715   Ewald von Kleist in Zeblin / Pommern geboren

Es ist nicht mit letzter Sicherheit auszumachen, ob dieser Tag wirklich der Geburtstag des späteren Offiziers und Dichters ist. Kleist – nicht zu verwechseln mit dem Dichter des „Zerbrochenen Kruges" und des „Michael Kohlhaas" – verfasste ein 1759 erschienenes Kurzepos „Cißides und Pachos", eine „Ode an die preußische Armee" (1757) sowie eine Reihe von Gedichten, die sich kritisch mit seiner Zeit und deren Zivilisation auseinandersetzten. In ihnen ist eine starke Sehnsucht nach der Natur als einem Gegenpol zur verderbten Kultur ausgedrückt. Seine Vorstellungen vom Tod fürs Vaterland blieben keine pathetischen Worthülsen; er starb 1759 an den Verwundungen, die er in der Schlacht bei Kunersdorf empfangen hatte.

8. März 1540   Hans Kohlhase verhaftet

Mit dem Tod Hans Kohlhases endete der aufsehenerregendste Rechtsfall der damaligen Zeit. Am 1.10. 1532 hatte der sächsische Junker von Zaschwitz dem durchreisenden Berliner Pferdehändler Kohlhase einige Pferde unrechtmäßig wegnehmen lassen. In der Folge ging Kohlhase mit dem Junker und seiner Familie in einen Rechtsstreit, bei dem er von den Gerichten nicht die angemessene Unterstützung erhielt. Daraufhin begann er eine Privatfehde gegen v. Zaschwitz, die sich zu einem regelrechten blutigen Kleinkrieg gegen Kursachsen ausweitete. Die brandenburgischen Behörden verhielten sich zunächst neutral. Doch Kohlhase entwickelte sich allmählich zum Terroristen, vor dessen Racheakten ganze Landstriche zitterten. Auch ein Versuch Martin Luthers, ein Einlenken des Rasenden zu bewirken, scheiterte. Schließlich dehnte er seinen Krieg auch auf Brandenburg aus. Da ließ ihn Kurfürst Joachim II. am 8.3.1540 ergreifen und am 22. desselben Monats vor dem Berliner Georgentor mit dem Rade hinrichten. Die Geschichte wurde von Heinrich v. Kleist in „Michael Kohlhaas" literarisch verarbeitet.

9. März 1814   Schlacht bei Laon

Blücher konnte in seinen Operationen im Frühjahr 1814 auf die Unterstützung der untätigen Hauptarmee unter Fürst Schwarzenberg nicht zählen. So zog er die Korps der Generale Bülow und Witzingerode an sich und besetzte mit nunmehr 110 000 Mann die Höhen bei Laon. Ein erbitterter Angriff Napoleons wurde abgewiesen. Blüchers abendlicher Gegenangriff, vorgetragen von den Korps Kleist und Yorck, führt zur fast vollkommenen Vernichtung der Truppen Marschall Marmonts und zum Abzug Napoleons, dessen Pläne zunehmend verzweifelt werden. Blüchers Sieg aber wird auch für die Hauptarmee zum Signal, sich auf den Weg nach Paris zu machen.

9. März 1888   Kaiser Wilhelm I. gestorben. Der todkranke Friedrich III. folgt ihm für 99 Tage auf den Thron.

Mit Wilhelm I. starb ein 91jähriger, das war – aller vorhandenen Wertschätzung ungeachtet – nicht tragisch. Dass jedoch der Kronprinz, ein Mann von beträchtlichen integrativen Fähigkeiten auf nationaler wie internationaler Ebene, seine Chance nicht bekam, ist für das junge Deutsche Reich durchaus eine Tragödie gewesen. Sein Vater und Bismarck hielten ihn von jedem politischen Einfluss fern, so dass er seine besten Jahre fast tatenlos verwartete, um spät und dann auch nur auf kurze Zeit auf den Thron zu kommen. In dieser kurzen Zeit hat er immerhin mit der Entlassung des erzkonservativen Innenministers v. Puttkamer ein liberales Zeichen gesetzt. Was seine Herrschaft bei längerer Dauer gebracht hätte, muss offen bleiben. Schlechter als sein Sohn hätte Kaiser Friedrich seine Sache aber kaum gemacht. Er hätte übrigens für seinen Herrschertitel gern die Nummer „IV." angenommen, um auf die Kontinuität zum alten römisch-deutschen Kaisertum hinzuweisen. Dies war ihm aber aus staatsrechtlichen Gründen verwehrt worden.

10. März 1776   Geburt der Königin Luise von Preußen

Prinzessin Luise von Mecklenburg-Strelitz galt in ihrer Zeit als eine echte Schönheit, was auch viele der von ihr existierenden Bilder ahnen lassen. Ihre überlieferten Briefe zeugen von einem warmherzigen, aufgeweckten Charakter voller Lebenslust, auch von einem guten Schuss Naivität, der aber nicht unsympathisch wirkt. Sie machte im Laufe ihres Lebens, vor allem unter dem Eindruck der Demütigungen im Gefolge der Niederlage gegen Napoleon, eine bemerkenswerte Entwicklung durch. In der Ehe mit Friedrich Wilhelm III. war es wesentlich sie, die den Entschlusslosen nach 1807 zugunsten der notwendigen anstehenden Reformen beeinflusst hat.

10. März 1813   Stiftung des Eisernen Kreuzes

Friedrich Wilhelm III. trauerte tief um die verstorbene Königin Luise; es ist kein Zufall, daß die Stiftung des Eisernen Kreuzes auf ihren Geburtstag datiert wurde. Der Orden ist dem Kleinod der Deutschordensritter, der einstigen Inhaber der namensgebenden Stammprovinz der Monarchie, nachempfunden. Er bestand aus zwei Klassen und einem Großkreuz. Das EK war kein permanenter Orden, sondern wurde für einen konkreten Krieg gestiftet und nur für Verdienste in diesem verliehen. 1870, 1914 und 1939 folgten entsprechende Neustiftungen. Zweimal wurde er auf goldenen Strahlen als Bruststern verliehen, an Blücher 1815 (für Belle Alliance; daher „Blücherstern") und an Hindenburg 1918 (für die Sommeroffensive).

11. März 1486   Kurfürst Albrecht Achill gestorben

1473 hatte Kurfürst Albrecht ein Hausgesetz, die „Dispositia Achillae" erlassen, das erste Vorsorge gegen die erbbedingte Zersplitterung Brandenburgs traf. Danach kommen die Marken ungeteilt auf den ältesten Sohn des jeweiligen Kurfürsten, wohingegen die zwei folgenden die fränkischen Fürstentümer Ansbach und Bayreuth erhalten sollten. Die Grafen von Zollern waren seit 1192 Burggrafen von Nürnberg. Einer von ihnen erbte bereits 1248 vom letzten Herzog von Meran, mit dessen Tochter er verheiratet war, Plassenburg und Bayreuth, wahrscheinlich auch Kulmbach. So kam der umfangreiche Hohenzollernbesitz im Fränkischen zustande. Dieser hat trotz dynastischer Beziehungen eine eigene Entwicklung genommen – mit Ausnahme der Jahre von 1791 bis 1806, in denen sie zu Preußen gehörten. Sie wurden danach bayerisch.

12. März 1818   Die Berufung des Heidelberger Philosophen Georg Wilhelm Friedrich Hegel zum Professor der Philosophie an die Berliner Universität wird von Friedrich Wilhelm III. genehmigt

Damit war ein weiterer hervorragender Mann für die Universität von Berlin gewonnen worden. Hegel kam mit großen Erwartungen in die Hauptstadt des deutschen Staates, in dem er nach den Umgestaltungen der letzten zehn Jahre das modernste, geistintensivste Gemeinwesen des deutschen Sprachraumes sehen konnte, den vernünftigsten Staat schlechthin. Wer mit solchen Vorstellungen kommt, ist gern gesehen. Dennoch war der Philosoph nicht allen angenehm. So verhinderten der Theologe Friedrich Schleiermacher und der Staatsrechtler Savigny mit einer ziemlich hinterhältigen Intrige, dass Hegel in die Königliche Akademie der Wissenschaften aufgenommen wurde.

13. März 1781   Karl Friedrich Schinkel in Neuruppin geboren

Der bekannteste preußische Architekt und Maler war ein Schüler beider Gillys gewesen. Reisen nach Italien prägten seinen klassizistischen Stil. Vor allem in der Zeit nach den Befreiungskriegen war er die beherrschende architektonische Autorität in Berlin und Preußen. 1817 – 1818 schuf er die Neue Wache, 1818 – 21 das meisterhafte und für damalige Begriffe hochmoderne und funktional sehr gelungene Schauspielhaus, 1822 – 28 das Alte Museum, später die Singakademie und die Friedrichwerdersche Kirche. Viele Stadtpalais' und sonstige Schlösser der Hohenzollernprinzen und anderer Angehöriger des Hochadels gingen auf seine Pläne zurück bzw. wurden von ihm erbaut oder ausgestaltet. So das Palais des Prinzen Wilhelm neben der Königlichen Bibliothek, Schloss Charlottenhof in Potsdam und das Schloss Klein-Glienicke. Sein letztes Werk, das Persius vollenden musste, war die Nikolaikirche in Potsdam.

14. März 1856   Debatte im Preußischen Herrenhaus über den Tod des Polizeipräsidenten

Das Mitglied des Herrenhauses Hans von Rochow-Plessow (1824 – 91) hatte den Polizeipräsidenten v. Hinckeldey zum Duell gefordert, weil dieser den Jockey-Club, einen Spielclub, in dem er Mitglied war, hatte schließen lassen. Das Duell fand am 10. März auf der Berliner Jungfernheide statt und endete damit, dass Herr v. Rochow den Polizeipräsidenten v. Hinckeldey erschoss.

Der Präsident des Herrenhauses, Prinz zu Hohenlohe, äußerte sich in der Folge zwar betroffen, doch mit einem gewissen Verständnis für den Vorgang unter Hinweis auf die AKO vom 27. 9. 1845, nach der Duelle unter Angehörigen des Militärstandes unter bestimmten Umständen erlaubt, auf jeden Fall straffrei seien. Diese Äußerungen riefen Widerspruch hervor, aber auch die Debatte des Hauses vom 14. 3. kam zu keinem anderen Schluss: Herrn von Rochow sei nichts vorzuwerfen, wenngleich die Geschichte an sich bedauerlich sei. Im übrigen habe auch der Polizeipräsident sich früher schon einer Amtsführung befleißigt, welche ihn mit anderen Behörden in Konflikt gebracht habe. – So geschehen in Berlin 1856.

15. März 1814   Friedrich Friesen gefallen

Der am 27.9.1785 geborene Friedrich Friesen war mit F.L.Jahn die wichtigste Gestalt der frühen Turnerbewegung. Er selbst war ein ausgezeichneter Fechter. Als Pädagoge an der Plamannschen Erziehungsanstalt folgte er den Anregungen Pestalozzis. Es ging ihm nicht darum, „Wisser, sondern Menschen zu bilden". Mit Jahn trat er 1813 der Lützowschen Freischar bei und brachte es dort bis zum Leutnant und Adjutanten. In dem Gefecht bei La Lobbe, einem Überfall irregulärer Truppen, wurde seine Einheit aufgerieben und er selbst unter Umständen erschossen, die den Franzosen nicht zur Ehre gereichten. Friesen hatte vorher den Wunsch geäußert, sollte er fallen, wolle er in deutscher Erde begraben werden. Diesen Gefallen vermochte ihm sein Freund August von Vietinghoff, nachdem er den Sarg mit Friesens Körper 29 Jahre ständig mit sich geführt hatte, zu erfüllen: König Friedrich Wilhelm IV. ermöglichte ein Begräbnis auf dem Berliner Invalidenfriedhof. Der als sehr schöner Mann beschriebene Friesen, der voll edlen Strebens war, muss zu Lebzeiten eine große Wirkung auf Menschen gehabt haben, bedeutende Geister haben ihn ihrer Freundschaft gewürdigt, Ernst Moritz Arndt schrieb ein Gedicht auf ihn.

16. März 1813   Kriegserklärung an Napoleon I.

Verschiedene Daten kommen für eine „Kriegserklärung" an Napoleon infrage. Am 16. März ist dieselbe wohl an den französischen Gesandten in Berlin übergeben worden. Der Kaiser war noch angeschlagen von der Niederlage, den seine Grande Armée im Vorjahr in Russland erlitten hatte. Mit über einer halben Million Soldaten war er aufgebrochen, das Zarenreich zu besiegen, kaum

25 000 Mann intakter Truppen brachte er aus den Weiten Russlands zurück. Friedrich Wilhelm III. äußerte zunächst auf die Vorstellungen seiner Berater, dies wäre die Gelegenheit, das Joch des Korsen abzuwerfen, es sei nicht „honett", den Kaiser jetzt anzugreifen. Schließlich aber ließ er sich überzeugen, dass der Machtmensch Napoleon die falsche Adresse für Ehrvorstellungen war, die im privaten Bereich respektabel seien, nicht aber im Rahmen der politischen Auseinandersetzung.

17. März 1813   Friedrich Wilhelms III. Aufruf „An mein Volk" wird
publiziert

König Friedrich Wilhelm III. hielt sich in Breslau auf, als der Aufruf erschien. Das war notwendig, um ihn nicht dem Zugriff der Franzosen auszusetzen. Zugleich wurde die Nachricht vom „Off- und Defensivbündnis des Königs von Preußen mit dem Zaren aller Reußen" bekannt gegeben.

Friedrich Wilhelm war noch kurze Zeit zuvor skeptisch gewesen, ob sich überhaupt Freiwillige finden würden, um den Kampf gegen Napoleon aufzunehmen. Scharnhorst und die übrigen Reformer überzeugten ihn aber, sich in dieser Form an sein Volk zu wenden, und die Resonanz war außerordentlich. Nicht nur meldeten sich sehr viele Männer und sogar Frauen zum Dienst an der Waffe, auch erbrachte die Sammelaktion „Gold gab ich für Eisen" den enormen Betrag von 6,5 Millionen Talern. Die Menschen waren der anmaßenden französischen Fremdherrschaft längst überdrüssig und hatten nur auf das Signal zur Erhebung gewartet.

18. März 1848   Barrikadenkämpfe in Berlin

Im Februar 1848 hatte die Revolution in Paris dem Königtum Louis Philippe's ein Ende gemacht. Am 13. März war in Wien der allmächtige Staatskanzler Fürst Metternich gestürzt worden, und es war nur eine Frage der Zeit, wann die revolutionäre Spannung sich auch in Preußen entlud. In den folgenden Tagen kam es zu mehreren Zusammenstößen zwischen dem Militär und den Bürgern. Um die Situation zu entschärfen, erließ König Friedrich Wilhelm IV. am späten Mittag zwei Patente über die Aufhebung der Zensur und die Einberufung des Vereinigten Landtages. Die Anwesenheit von Truppen im Schlosshof reizte die vorm Schloss versammelte Menschenmenge, die die königlichen Verlautbarungen zunächst zustimmend aufgenommen hatten. Es kam der Befehl, den Platz zu räumen, dabei wurde von der Waffe Gebrauch gemacht. Das war der Auftakt zu den rasch eskalierenden Barrikadenkämpfen, wobei vonseiten der Armee sogar Artillerie eingesetzt wurde. Die Kämpfe zogen sich bis zum nächsten Morgen hin und endeten unentschieden.

19. März 1848   König Friedrich Wilhelm IV. wird gezwungen, sich vor den Märzgefallenen, den Opfern der Barrikadenkämpfe, zu verneigen

Der 19. März brachte den Triumph der Revolution in Berlin. Als der König auf den Balkon seines Schlosses tritt, vor dem man die Gefallenen des Vortages aufgebahrt hatte, schallt ihm aus der Masse der Ruf entgegen: „Mütze ab!" Der König tut es und verbeugt sich leicht vor den Toten. Hier entsteht das Missverständnis: Der Mensch Friedrich Wilhelm hatte sich vor dem Leid verneigt, den König indessen sah man gedemütigt. Er hatte die Kämpfe tatsächlich nicht gewollt. Bis heute ist nicht zu klären, wer die Schüsse befohlen, wer den Garde-Dragonern den Einsatzbefehl gegeben hat. Insofern mischte sich bei Friedrich Wilhelm echte Trauer und Betroffenheit mit dem Bestreben, den Schaden für die Monarchie zu begrenzen.

20. März 1828   Prinz Friedrich Karl v. Preußen in Berlin geboren

Prinz Friedrich Karl ist eine der interessantesten Figuren der Hohenzollernfamilie. Neffe zweier Könige und niemals wirklich in der Nähe der Thronfolge, widmete er seine Energie und seinen brennenden Ehrgeiz früh der Armee, wo er praktisch wie auch theoretisch (er verfasste militärwissenschaftliche Schriften) zu glänzen versuchte. So war er im Badischen Krieg 1849 als schneidiger Husarenoffizier (20.6.1849 Gefecht bei Wiesenthal), in den Einigungskriegen als Heerführer dabei. Obwohl zunehmend erfolgreich, blieb die Meinung der anderen Generale über den Prinzen und seine Eignung als Feldherr geteilt. Eine gewisse

Unsicherheit und Zögerlichkeit bei strategischen Entscheidungen hat er niemals abzulegen vermocht.

Der Prinz heiratete Maria Anna von Anhalt-Dessau, die Ehe war indessen problematisch. Friedrich Karl durfte – dank des Einflusses seiner Tante, der Prinzessin Augusta – als erster preußischer Prinz studieren (1846 an der Bonner Universität).

21. März 1848   Umritt des Preußenkönigs unter schwarz-rot-goldener Fahne

Friedrich Wilhelm IV. befand sich als Romantiker in einem Zwiespalt: einerseits mußte er die schwarz-rot-goldenen Farben mögen, weil sie mittelalterlicher Herkunft waren. Ein schwarzer Adler auf goldenem Grund mit roten Abzeichen, das war das Wappen, welches die Manessische Liederhandschrift dem Barbarossa-Sohn Kaiser Heinrich VI. gab. Seit den Befreiungskriegen und dem Burschenschaften galten sie als „deutsche Farben". Andererseits verkörperten sie nun die Revolution, das Moderne. Widersprüchlich, wie der König war, veranstaltete er, sich in die Symbolik flüchtend, den Umritt durch die noch gereizte Hauptstadt, um Frieden zu stiften – immerhin hatte es 187 Tote gegeben!

22. März 1797   Der nachmalige König und Kaiser Wilhelm I. geboren

Wilhelm I. war kein Mensch von überragenden geistigen Qualitäten. Aber er hat die Größe besessen, sich mit Männern zu umgeben, die ihm überlegen waren, wie Moltke und Bismarck, und hat mit ihnen gearbeitet. Über letzteren bemerkte er einmal mit leicht resigniertem Humor: Es sei nicht leicht, unter diesem Kanzler Kaiser zu sein. Dennoch ist er niemals an den Rand geschoben worden, wie sein

Enkel im 1. Weltkrieg. Die Gewissenhaftigkeit, mit der er sich die jeweilige Materie zu eigen machte und sich eine begründete Meinung erarbeitete, hätte das gar nicht zugelassen. Sein Schloss Babelsberg bei Potsdam gibt Zeugnis davon, dass auch dieser so nüchterne, soldatische Mann eine romantische Sehnsucht in sich trug.

23. März 1871   Konstituierung des Deutschen Reichstages

Am 21. 3. 1871 hatte der neugebackene Kaiser den neuen Reichstag eröffnet, auf einem Thronsessel plaziert, den man einer Goslarer Privatsammlung verdankte und der als sächsisch oder staufisch gedachtes Relikt die große Vergangenheit mit der großen Gegenwart verbinden sollte. Diese Reichsreminiszenzen waren notwendig, denn alles andere – Reichsapfel, Reichspanier, Reichsschwert und -zepter – war natürlich preußisch. Zwei Tage später nahm der Reichstag seine eigentliche Arbeit mit der Wahl seines Präsidenten auf. Dem Berliner Magistrat war das Ereignis einen Empfang wert: Am 16. 4. 1871 lud er, um der kaiserlichen Hofeinladung seinerseits etwas entgegenzustellen, die Reichstagsabgeordneten ein, auf Kosten der Steuerzahler zu tafeln – ein „Sonderzuschlag zur städtischen Einkommenssteuer" wurde ausgelobt. Leider war die Esslust der Berliner Gäste zu gering eingeschätzt worden. Es blieb nichts übrig, zuletzt wurde sogar der florale Festschmuck geplündert. „Berlin bleibt doch Berlin."

24. März 1850   Die Nikolaikirche in Potsdam wird geweiht

Nachdem der alte Barockbau, den Friedrich Wilhelm I. in Auftrag gegeben hatte, 1795 abgebrannt war, verhinderten die Wirren der napoleonischen Kriege einen Wiederaufbau auf lange Zeit. Erst nach deren Ende kommt es in der ersten Hälfte des 19. Jahrhunderts zu neuen Initiativen. Ein Neubau nach den Plänen Schinkels und Stülers entsteht, der am 24.3.1850 eingeweiht werden kann. Dieser fällt gegen Ende des 2. Weltkrieges den Bombardements der Stadt zum Opfer. In den Jahren der DDR erfolgt eine allmähliche Restaurierung der Kirche, so daß sie am 2. Mai 1981 der Nikolaigemeinde als Gotteshaus wieder übergeben werden kann.

25. März 1848 König Friedrich Wilhelm IV. hält eine abwiegelnde Rede in Potsdam

Der König begab sich, nachdem er in Berlin die Bürgerwehr legalisiert hatte, an diesem Nachmittag nach Potsdam, um dort vor sämtlichen Offizieren der Garderegimenter eine Rede zu halten. In ihr widersprach er lebhaft der in diesen Kreisen durchaus vorhandenen Absicht, die Revolution mit militärischer Gewalt niederzuschlagen. Er betonte die völlige Freiwilligkeit seiner Entschlüsse in den vergangenen Tagen und seine Übereinstimmung mit dem Gang der Ereignisse. Sein Auditorium reagierte finster: Man legte ihm diese zur Selbstaufgabe bereitwillige Friedfertigkeit als charakterlose Schlappheit aus. Mag sein, dass es so war – Friedrich Wilhelm hat damit einmal mehr bewiesen, dass er kein Blutvergießen gewollt hat, und er hat, um den Preis seines Ansehens bei den Offizieren, dazu beigetragen, es zu verhindern.

26. März 1753 Voltaire verlässt Preußen

Der Flirt zwischen dem französischen Philosophen und Friedrich dem Großen hatte als Briefwechsel bereits in dessen Kronprinzenzeit begonnen. Nach der Thronbesteigung versuchte Friedrich, den von ihm Verehrten an seinen Hof zu ziehen, was aber erst zehn Jahre später gelang. Voltaires preußische Jahre gestalteten sich jedoch nicht so erfreulich, wie von beiden erhofft. Obwohl ihm Friedrich den Kammerherrentitel und den Orden Pour le Mérite verlieh und ihm alle Wertschätzung zuteil werden ließ, und obwohl ein reger geistiger Austausch stattfand, kam es bald zu Auseinandersetzungen. Voltaires streitsüchtiger Charakter, seine maßlosen Angriffe auf den Akademiepräsidenten Maupertuis und andere Persönlichkeiten und Friedrichs Verärgerung darüber brachten den Bruch. Dass Voltaire danach noch versuchte, sich mit anonymen Schmähschriften zu rächen, verbesserte die Situation nicht. Im März 1753 verließ er Preußen. Beide Männer haben keinen Versuch mehr gemacht, einander zu treffen, wenngleich sie die Korrespondenz einige Jahre später wieder aufnahmen.

27. März 1822   Einsetzung einer Museums-Baukommission durch König Friedrich Wilhelm III.

Die ersten zwanzig der 43 Jahre, die Friedrich Wilhelm III. Preußens König war, brachten viel Unruhe und Turbulenzen im Zusammenhang mit den napoleonischen Kriegen. Die zweite Hälfte war nicht nur von der erstarkenden Reaktion auf allen politischen Gebieten, sondern auch vom Aufbau des Landes und vor allem von reger kultureller Tätigkeit bestimmt. Mit der Französischen Revolution war es allgemein üblich geworden, fürstliche Privatsammlungen von Bildern und Kunstgegenständen der Öffentlichkeit zugänglich zu machen. Der Gedanke war den Hohenzollern nicht fremd: Bereits zu Friedrich des Großen Lebzeiten war eine Besichtigung der königlichen Schlösser möglich. Für die Präsentation der Kunstwerke entstanden nun attraktive Museumsgebäude. So baute Leo von Klenze in München 1816 – 30 die Glyptothek und 1826 – 36 die Alte Pinakothek. Auch Friedrich Wilhelm III. wollte Entsprechendes schaffen und setzte eine Kommission ein, in der sich Karl Friedrich Schinkel mit seinen klassizistischen Vorstellungen durchsetzte. 1822

– 28 entstand das so genannte Alte Museum am Berliner Lustgarten in Berlin nach seinen detaillierten Entwürfen, die bis zu Aquarellskizzen für die Innenausmalung gingen.

28. März 1849   Kaiserwahl im Frankfurter Parlament

Die politischen Signale aus Berlin waren widersprüchlich. Anfang des Jahres hatte Preußen klar gemacht, dass ein Bundesstaat unter seiner Führung Ziel seiner Politik sei. Die Frankfurter Versammlung hatte also, indem sie die kleindeutsche Lösung – Deutschland ohne Österreich – beschloss und Friedrich Wilhelm IV. den Thron anbot, von seiner Akzeptanz ausgehen können. Andererseits hatte er seine instinktive Ablehnung gegenüber demokratischen Institutionen mehr als einmal deutlich gemacht. Mit 290 Stimmen bei 248 Enthaltungen wird König Friedrich Wilhelm IV. von Preußen zum erblichen Kaiser der Deutschen gewählt.

29. März 1888   Kabinettsorder Kaiser Friedrich III. zum Umbau des Berliner Doms

Eines der Projekte, die Friedrich in seiner langen Kronprinzenzeit am Herzen gelegen hatten, war eine große protestantische Hauptkirche nicht nur für Berlin, sondern darüber hinaus für alle evangelischen Christen, die zudem eine würdige Grablege für die Hohenzollern werden sollte. Sie sollte den alten Dom aus den Zeiten Friedrich II. ersetzen, dessen schlichter Dürftigkeit auch der Umbau durch Schinkel keine dauerhafte Repräsentanz verliehen hatte.

30. März 1763   Rückkehr Friedrichs des Großen aus dem Siebenjährigen Krieg

Dem Jubelempfang, den die Berliner ihrem Monarchen bereiten wollten, entzog sich Friedrich. Er hatte auf dem Schlachtfeld von Kunersdorf haltmachen lassen und hing dort lange seinen Gedanken nach. Endlich, spät am Abend, fuhr er – kein Triumphator – in seine Hauptstadt ein, jede Huldigung meidend. Man hätte meinen können, er sei ausgelaugt gewesen und durch die Umschwünge des Krieges ermattet. Doch bereits am nächsten Morgen begann er mit den Arbeiten, die notwendig waren, um das Land wieder aufzubauen. Am folgenden Tag lässt er die brandenburgischen Landräte zu sich kommen und beauftragt sie, ihm die Bedürfnisse ihrer Kreise zu melden. Auch bei dieser Gelegenheit schneidet er alle Glückwünsche ab. Zu deutlich war ihm bewusst, wie sehr der Defensivsieg in diesem Krieg vor allem dem schicksalhaften Zufall zu danken war. „Zu jubeln ziemt nicht, kein Triumf wird sein", heißt es bei Stefan George.

31. März 1814   Einzug der Verbündeten in Paris

Nachdem die verbündeten Truppen am Vortag in blutiger Schlacht um den Montmartre die Marschälle Marmont und Mortier besiegt hatten, kapitulierte Paris noch in der Nacht; die französischen Truppen ziehen ab. Der Einmarsch der Russen, Österreicher und Preußen und ihrer Monarchen in die Hauptstadt gestaltet sich triumphal und fröhlich; die der ewigen Kriege überdrüssigen Pariser nehmen lebhaften und durchaus zustimmend Anteil an dem Ereignis. Vier Tage später dankt Napoleon auf Druck seiner eigenen Armeeführung in Fontainebleau ab.

APRIL

1. April 1815 Otto v. Bismarck geboren

Zweifellos ist Bismarck der bemerkenswerteste preußische und deutsche Politiker des 19. Jahrhunderts. Die Revolution von 1848 und ihre Infragestellung des Adels machte den bis dahin politisch wenig Hervorgetretenen zum aktiven Royalisten und bewussten Junker. Er verachtete die Schwäche König Friedrich Wilhelms IV. In der Folge hat er auf mehreren diplomatischen Posten (Frankfurter Bundestag, Petersburg und Paris) diplomatische Erfahrungen sammeln können und die europäische Kräftekonstellation studieren können. Bismarck ist in all seinen Überlegungen immer von den Realitäten ausgegangen, das machte seine Politik erfolgreich. Zudem bewies er Mut und Nerven, er kalkulierte kühl und setzte die vorhandenen Machtmittel ohne Skrupel ein. Motiv seines politischen Engagements war die persönliche Loyalität zu König Wilhelm I.

2. April 1748   Friedrich II. beendet die Arbeit an seinen „Generalprinzipien des Krieges"

Friedrich der Große faßte die Beobachtungen und Erfahrungen zweier Kriege und mehrerer gewonnener Schlachten zusammen, um seinem Thronfolger und den Generalen ein Standardwerk über die Truppenführung, die Aufrechterhaltung der Disziplin sowie die Versorgung und Ausbildung der Soldaten an die Hand zu geben. Das Werk war in Französisch verfasst; der König selbst überwachte später seine Übersetzung ins Deutsche. Es geht sehr sachverständig auch auf die politischen und ökonomischen Bedingtheiten der preußischen Kriegführung und natürlich auf die Strategie und Taktik ein.

3. April 1849 De facto Ablehnung der Kaiserkrone durch Friedrich Wilhelm IV.

Die Frankfurter Nationalversammlung schickte ihren Präsidenten Eduard Simson mit einer repräsentativen Gesandtschaft nach Berlin, um den preußischen König von der Wahl zum Kaiser der Deutschen offiziell zu unterrichten. Für diesen war das Angebot illegitim in sich selbst: nach seinem Verständnis waren einzig die deutschen Fürsten berechtigt, derartiges zu unterbreiten, keinesfalls eine Volksvertretung. Obwohl freundlich in der Form, kam die Antwort, die er in diesem Sinne formulierte, einer glatten Absage an die Deputation gleich. Das blieb konsequente preußische Staatspolitik bis 1871. Für König Wilhelm und Bismarck war es wichtig, ja unverzichtbar, dass dem preußischen Monarchen die Krone Deutschlands vom bayerischen König Ludwig namens seiner Standesgenossen angeboten wurde, daß es eben keine „Lumpenkrone" sei, „an der der Ludergeruch der Revolution hafte", wie sich Friedrich Wilhelm IV. intern über das Frankfurter Angebot äußerte. Damit war eine Chance für deutsche Einheit vertan.

Über den General von Winterfeldt wird widersprüchlich geurteilt. Militärisch galt er als ein Schüler des Alten Dessauers, dessen derbe, aber herzliche Art er ebenfalls pflegte. Von der Zeit vor dem Siebenjährigen Krieg bis zu seinem Tode nach der Schlacht bei Moys war er Friedrich des Großen engster Vertrauter. Seine Generalskollegen empfanden ihn manchmal als einen Ehrgeizling, da er mit Sondervollmachten des Königs versehen, in ihre Kommandos einzugreifen pflegte. Wenn er an der Planung für den Siebenjährigen Krieg beteiligt gewesen sein sollte, dann gereicht ihm dies nicht unbedingt zum Ruhme.

4. April 1707 Generalleutnant Hans Karl von Winterfeldt geboren

Graf Dohna ist, obschon Feldmarschall gewesen, heute ziemlich unbekannt. Ähnlich wie Wrangel in einer Zeit lebend, die relativ friedlich war, als er das Alter für die hohen Ränge erreicht hatte, dabei aber – anders als dieser – kein Original, das durch Anekdoten und unkonventionellen Umgang mit der deutschen Sprache auf sich aufmerksam machte, fiel er der Vergessenheit anheim. Dohna war in der Zeit der preußischen Reformen ein Mitarbeiter des Generals von Scharnhorst, dessen Tochter er 1809 heiratete. Er spielte beim Zustandekommen der Konvention von Tauroggen eine Rolle und kommandierte in den Befreiungskriegen ein Husarenregiment der Russisch-deutschen Legion. In preußischen Diensten war sein Name mit den Ulanen verbunden. So wurde denn auch das ostpreußische 8. Ulanenregiment 1889 mit seinem Namen geehrt. Als Kommandierender General in Ostpreußen schlug er 1848/49 revolutionäre Ansätze rasch und entschlossen nieder. Feldmarschall Graf Dohna starb am 21.2. 1859.

5. April 1768 Generalfeldmarschall (1847) Karl Friedrich von dem Knesebeck geboren

Knesebecks Geistesgegenwart verhinderte, dass König Friedrich Wilhelm III. in der Schlacht bei Auerstedt gefangengenommen wurde. Seither erfreute sich der konservative Junker der besonderen königlichen Gunst und machte die großen Feldzüge 1813 – 15 in der Umgebung des Monarchen als dessen Generaladjutant mit. Zuvor hatte er einerseits aus politischen Erwägungen einen engen Anschluss an Frankreich befürwortet, andererseits auch die Möglichkeit der Niederlage Napoleons in Russland lange vor 1812 vorhergesagt. Im Kampf gegen Napoleon war sein Einfluss auf die Kriegführung hemmend und stand oft im Gegensatz zu den offensiven Auffassungen Blüchers und Gneisenaus. Der auch literarisch interessierte und gebildete Knesebeck, der sich selbst gelegentlich als Dichter betätigte und mit Goethe bekannt und mit Gleim befreundet war, erhielt bei seinem Abschied den Charakter als Generalfeldmarschall. Er starb am 12.1.1848.

5. April 1813 Schlacht bei Möckern

Zu Beginn der Feindseligkeiten im Frühjahr 1813 versuchte der Vizekönig von Italien, Napoleons Stiefsohn Eugen Beauharnais, zu verhindern, dass sich die Generale Bülow, Borstell und Yorck mit ihren Truppen an die Schlesische Armee des Generals Blücher anlehnten. Dieser hatte, von Breslau kommend, Sachsen besetzt und stand nun bei Altenburg. Durch die Aktivität der Franzosen kam es am 5. April zum Treffen bei Möckern in der Nähe von Magdeburg. Das französische Manöver wurde energisch abgewiesen. Einen unmittelbaren Vorteil brachte das nicht, da die Hauptakteure vorerst noch gar nicht auf dem Schauplatz erschienen waren: sowohl Napoleon als auch die russische Armee unter Kutusow, später Wittgenstein, befanden sich erst im Anmarsch. Aber für die Preußen war dieses erste Gefecht der Befreiungskriege ein guter Auftakt des Krieges.

6. April 1885 General der Infanterie Vogel von Falckenstein gestorben

Der am 5 1. 1797 in Breslau geborene Friedrich Karl Ernst Eduard Vogel von Falckenstein trat 1813 als freiwilliger Jäger dem westpreußischen Grenadierbataillon bei und machte die Befreiungskriege mit Auszeichnung mit. Danach tat er weiter Dienst, nebenher betätigte er sich als Glasmaler und gab 1829 eine topographische Karte von Berlin und Umgebung heraus. Beim Feldzug von 1864 war er zunächst Wrangels Stabschef, kam aber mit dem störrischen alten Herrn nicht gut klar. Später übernahm er das VII. Armeekorps in Münster. 1866 wurde ihm die Mainarmee und damit der Krieg gegen die nördlichen deutschen Staaten, vor allem Hannover, übertragen. Dabei ignorierte er Weisungen des Generalstabes, was zur Niederlage von Langensalza führte. Sein glänzender Feldzug gegen die bayerische Armee und das VII. Korps des Bundesheeres wetzten die Scharte indessen wieder aus. 1867 wurde er Kommandierender General des 1. A.K. in Ostpreußen. 1870/71 war ihm der Schutz der deutschen Küsten und des Inlandes anvertraut; er war faktisch der Diktator Norddeutschlands. Dabei ging er gegen sozialistische Agitatoren mit solcher Härte vor, dass die Gerichte deren Schadenersatzklagen nach dem Krieg nachgaben und den General zu beträchtlichen Kosten verurteilten. 1873 schied Vogel von Falckenstein aus dem aktiven Dienst.

7. April 1721   Kabinettsorder zum Neubau der Potsdamer Nikolaikirche

Eine Geschichte der Wandlungen, die mit dem königlichen Befehl keinesweges ihren Anfang nahm: Ursprünglich hieß sie Marienkirche. 1602 wurde sie, um einer Kurfürstin zu huldigen, die der Kirche Gemälde geschenkt hatte, in Katharinenkirche umbenannt. Der Soldatenkönig verfügt den Abriss des Gebäudes, wobei der darum gelegene Friedhof vor die Tore der Stadt verlagert wird. An ihrer Stelle soll ein neues Gotteshaus erbaut werden, welches im Herbst 1724 fertig gestellt ist und auf den Namen St. Nikolai geweiht wird. Der Baumeister Philipp Gerlach entscheidet sich für einen Grundriss in Form eines griechischen Kreuzes und einen 85 m hohen Turm. Der Barockbau fällt am 3. 9. 1795 einem fahrlässig verursachten Brand zum Opfer.

8. April 1832 Generalfeldmarschall (1900) Alfred Graf Waldersee geboren

Graf Waldersee war in den späten 80er Jahren des 19. Jahrhunderts von den höchsten Erwartungen erfüllt. Seit Jahren vertrat er als Generalquartiermeister den greisen Moltke in Berlin, der im Sommer seine Amtsgeschäfte als Chef des Großen Generalstabes von seinem Gut Kreisau in Schlesien aus wahrnahm. Waldersee war mit einer amerikanischen Millionenerbin, Mary Esther Lee, verheiratet, verfügte über ausgezeichnete Beziehungen zu Prinz Wilhelm, dessen Vater, Kronprinz Friedrich Wilhelm, todkrank war, so dass an der baldigen Thronfolge des Prinzen kein Zweifel bestand. Und Fürst Bismarck war alt; so hoffte Graf Waldersee beide, ihn und Moltke, politisch zu beerben. In der Tat berief ihn Wilhelm II., als er den Thron 1888 bestieg, zum Chef des Großen Generalstabes. Das blieb er indessen nur bis 1891. Differenzen mit dem Kaiser, z.T. über den Stellenwert der Flottenpolitik, beendeten die steile Karriere.

Waldersee wurde Kommandierender General des IX. Armeekorps. Der Marschallstab und der Oberbefehl gegen den chinesischen Ihotwan-Aufstand 1900 waren nur Trostpflaster. Am 5.3.1904 verstarb Waldersee.

8. April 1866   Preußen schließt mit Italien ein Bündnis gegen Österreich

1866 (wie auch 1870) lieferte Bismarck Musterbeispiele dafür, wie ein Krieg politisch und diplomatisch gewonnen werden kann, bevor man ihn militärisch eröffnet. Durch den Vertrag von Gastein (15.8.1865) hielt er Konfliktstoff bereit. Als der Kaiser der Franzosen einen solchen Krieg der deutschen Mächte wünschte, weil er nach angemessener Zeit eine Vermittlung mit eigenem billigen Territorialgewinn am Rhein unternehmen wollte, sicherte sich Preußen mit Italien die synchrone Unterstützung der Macht, die ebenfalls noch Rechnungen mit Österreich offen hatte. In diese Konstellation eine demagogische Forderung wie die nach allgemeinen Wahlen und einer Bundesreform geworfen, die Österreich zurecht als Provokation empfinden musste, dazu die Sicherheit, eine hervorragend organisierte Armee bereit zu haben: das waren die Ausgangspositionen Bismarcks für den Krieg von 1866. Nur eines musste er sein: erfolgreich und sehr schnell, bevor Napoleon III. seine Absichten realisieren konnte.

9. April 1747 Generalfeldmarschall Fürst Leopold I. v. Anhalt-Dessau gestorben

Der Alte Dessauer, wie er im Unterschied zu seinen ebenfalls im preußischen Heer dienenden Söhnen genannt wurde, hat sich um dasselbe in hohem Maße verdient gemacht. 1695 trat er in die Dienste Brandenburgs und kämpfte später erfolgreich in mehreren Schlachten des Spanischen Erbfolgekrieges, der für die Zustimmung Wiens zur Preußische Königswürde so wichtig war. 1712 zum Feldmarschall ernannt, wurde er im Zusammenwirken mit dem Soldatenkönig zum Ausbilder der preußischen Armee, die ihm den eisernen Ladestock und den Gleichschritt verdankte. Er verfasste viele militärhistorische und – theoretische Schriften und hatte im 1. und 2. Schlesischen Krieg noch Gelegenheit, seinem Waffenruhm neue Lorbeeren hinzuzufügen (Kesselsdorf).

9. April 1762 Generalfeldmarschall (1821) Graf Kleist von Nollendorf geboren

Friedrich Heinrich von Kleist gehörte zu den Heerführern der Befreiungskriege, die weniger bekannt geworden sind. Dennoch wurde er vom König in Würdigung seines Verdienstes um die Schlacht bei Nollendorf und Culm (30. August 1813) zum Grafen Kleist von Nollendorf erhoben. Mit seinen Truppen hatte er auch wesentlichen Anteil am Sieg in der Schlacht bei Laon. Er nahm auf eigenen Wunsch 1821 seinen Abschied – unter Erhebung in den Rang eines Feldmarschalls.

10. April 1525 Das Ordensland Preußen wird Herzogtum

Kaiser Friedrich II. hatte 1226 in der Goldenen Bulle zu Rimini dem Deutschen Ritterorden Preußen zugesprochen, das bis 1283 erobert wurde. Durch die Vereinigung mit dem Schwertbrüderorden kamen 1237 weite Teile des Baltikums hinzu (Livland, Kurland). Mit der Niederlage bei Tannenberg (Grunwald, 1410) und dem 2. Thorner Frieden (1466) begann der Niedergang des Ordens. Der letzte Hochmeister, Albrecht von Brandenburg-Ansbach, traf im September 1523 Martin Luther. Angesichts enormer innerer und äußerer Schwierigkeiten entschloss er sich in der Folge, die Einführung der Reformation zu akzeptieren und das Ordensland in ein weltliches Herzogtum Preußen umzuwandeln, das er an diesem Tag gemäß einem zwei Tage zuvor geschlossenen Vertrag auf dem Marktplatz zu Krakau als erbliches Lehen von der polnischen Krone entgegennahm. Auf diesen Akt geht der Anspruch der Hohenzollern auf Preußen zurück.

10. April 1741 Schlacht bei Mollwitz

Friedrichs erste Schlacht im Ersten Schlesischen Krieg wäre beinahe ein Fiasko geworden. Die Rei-terschlacht auf dem preußischen rechten Flügel gewannen die wuchtig attackierenden Österreicher. Feldmarschall Graf Schwerin ließ zu, dass der König, der die Schlacht verloren wähnte, das Feld fluchtartig verließ, um dann in einem exerziermäßig ausgeführten Infanterieangriff das Blatt zu wenden und den Feind zu schlagen. Friedrich hat ihm diesen Sieg nie ganz verziehen. Andererseits befahl er, dass der „Mollwitzer Schimmel", jenes Pferd, auf dem er damals flüchtete, bis zu dessen Tod das Gnadenbrot bekam, um sich so stets an sein Versagen erinnern zu müssen.

11. April 1731 Freiherr von Gundling gestorben

Die Tragödie Gundlings, den König Friedrich Wilhelm I. demütigte, indem er ihn zum Oberzeremonienmeister, zum Hofrat, zum Freiherrn und zum Präsidenten der Akademie der Wissenschaften machte, vollzog sich unaufhaltsam: Trotz dieser nominellen Ehrungen machte er sich über den studierten Historiker in bösartiger Weise lustig, wo immer sich die Gelegenheit bot. Oft wurde Gundling, der längst Alkoholiker war, in das Tabakskollegium gerufen, um die derbe Gesellschaft zu erheitern, mit der sich der König dort umgab. Als Gundling starb, ließ ihn Friedrich Wilhelm in einem Weinfass auf dem Friedhof zu Bornstedt beerdigen.

12. April 1617 Aufsässige Predigt Peter Stulers

Die Konversion des Kurfürsten Johann Sigismund zum reformierten Glauben (1613) brachte erhebliche Spannungen in das religiöse Leben Brandenburgs. Als Ausdruck derselben mag eine Predigt gelten, die der lutherische Diakon der Berliner Petrikirche, Peter Stuler, hielt, deren Höhepunkt ein offener Angriff auf den Kurfürsten war: „Willst du reformieren, so reformiere in Jülich!" (Jülich war bereits calvinistisch.) Als der Prediger am folgenden Tage zum Kurfürsten zitiert wurde, bildete sich eine teilweise bewaffnete Menschenansammlung, die ihn schützen wollte. Es kam zu tumultuarischen Szenen, Johann Sigismund konnte nur mit Gewalt die Ordnung bis zum 15.4. wiederherstellen. Stuler war genötigt, nach Wittenberg zu fliehen. Derartige Vorfälle mögen zu des Kurfürsten Entscheidung beigetragen haben, auf die allgemeine Durchsetzung des Calvinismus in Brandenburg zu verzichten.

13. April 1784 Generalfeldmarschall (1856) Graf Wrangel in Stettin geboren

Wrangel machte eine typische Offizierskarriere und zeichnete sich in den Befreiungskriegen aus. Als erster Oberbefehlshaber in den Marken (1848) kam ihm die Aufgabe zu, die Revolution in Berlin zu beenden, indem er die Stadt besetzte. Dass es dabei zu keinem Blutvergießen kam, hat zu seiner niemals ernsthaft gefährdeten Popularität sicher ebenso beigetragen wie sein derber Berliner Dialekt und die zahllosen Anekdoten, die über ihn im Umlauf waren. Der Senior der preußischen Generalität war bereits 1864 für das Kommando eigentlich zu alt; er machte die Kriege von 1866 und 1870 – 71 nicht mehr aktiv mit. Wrangel war der erste lebende preußische Feldmarschall, der anlässlich seiner Erhebung in diesen Rang (1857) einen Marschallstab von seinem Souverän, König Friedrich Wil-helm IV., übersandt bekam.

14. April 1745 Grundsteinlegung für Schloss Sanssouci bei Potsdam

Die Anlagen von Sanssouci sind in anderer Reihenfolge entstanden, als man denken sollte. Seit 1744 war Potsdam für Friedrich II. die zweite Residenz, er ließ das Stadtschloss umbauen. Bei Ausritten in die Umgebung fiel ihm die landschaftlich schöne Lage des „Wüsten Berges" auf, auf dem schon der Soldatenkönig einen Nutzgarten angelegt hatte. Friedrich befahl im August 1744, den Südhang des Berges zu terrassieren und zu einem Weinberg zu machen. Die Wände der Terrassen wurden zum Teil verglast, so dass allerlei Südfrüchte dort gezogen werden konnten. Noch 1744 ließ er auf dem Berg die Gruft anlegen, in der er einst beigesetzt werden wollte. Erst zuletzt scheint ihm die Idee eines den Berg bekrönenden Schlossbaues gekommen zu sein. In Zusammenarbeit mit Knobelsdorff, der bereits Rheinsberg gestaltet hatte, entstanden die Pläne. 1747 ist es das erste Mal, dass sich der König mit „Le philosophe de Sanssouci" unterzeichnet. Wie nahezu alle Bauten der Preußenkönige in und um Potsdam ist das Som-merhaus des Philosophen auf dem Weinberg Denkmal eines Widerspruchs: Es bekundet, dass sein Bewohner gern etwas anderes gewesen wäre, als er tatsächlich war.

15. April 1846 Berliner Beratung der Deputierten der Genossenschaft für Reform im Judenthum (14. – 16. 4. 1846)

Nicht allein die politischen Gruppierungen wurden von der gärenden Atmosphäre des Vormärz ergriffen, auch verschiedene Religionsgemeinschaften versuchten, sich ein moderneres Antlitz zu geben, unter ihnen die Berliner Juden. Dabei ging es weniger darum, neue Rechte oder Freiheiten vom Staat einzufordern, als vielmehr um eine Modernisierung des Gottesdienstes und Demokratisierung der Gemeindestruktur. Innerhalb der jüdischen Gemeinschaften in Preußen wurde der „Reformstau" lebhaft empfunden. 1845 gründete sich die „Genossenschaft für Reform im Judenthum". Dem kam entgegen, daß der Staat sich – anders als vor 1840 – in die inneren Belange der jüdischen Gemeinden kaum mehr einmischte. Den großen Anspruch, einen Modernisierungsschub für das Judentum in ganz Preußen auszulösen, vermochte die Gesellschaft nicht umzusetzen – die Berliner Reformgemeinde blieb eine unter anderen jüdischen Strömungen. Aber sie leistete einen wichtigen Beitrag, die weitgehende Assimilation der Juden in das Leben des übrigen Berlin zu vollziehen, u.a. durch die Umstellung der Gebete auf die deutsche Sprache, die Verlegung des Hauptgottesdienstes auf den Sonntag (statt am Sabbat – Sonnabend) sowie die weitgehende Gleichstellung von Männern und Frauen im Gottesdienstbesuch.

16. April 1780 Generalleutnant Johann Jacob Otto August Rühle von Lilienstern geboren

Rühles Verdienste bewegen sich um die Militärhistorie, den höheren Stabsdienst und die Wehrerziehung der Bevölkerung. Neben seinen

Funktionen in der Armee machte er sich einen Namen als Militärschriftsteller. Bereits 1806 war er als Mitarbeiter Massenbachs im Korps des Fürsten Hohenlohe mit Stabsfunktionen befasst. 1813 diente er im Stabe Blüchers, war später organisatorisch für die Landesbewaffnung verantwortlich – u.a. über diesen Gegenstand hat er ein Buch verfasst. Nach den Befreiungskriegen leitete er die Kriegsgeschichtliche Abteilung des Generalstabes. Nach Grolmans Ausscheiden führte er 1819 / 21 die II. Abteilung des Kriegsministeriums, also den Generalstab – allerdings nur ad interim. Der liberale Scharnhorstschüler war nicht mehr gefragt. 1837 wurde er Direktor der Allgemeinen Kriegsschule. Rühle besaß eine breite Bildung, die ihn mit vielen bedeutenden Geistern seiner Zeit in Verbindung brachte. So war er ein Freund Caspar David Friedrichs und Heinrich von Kleists; er betätigte sich gelegentlich auch selbst als Maler. Am 1. Juli 1847 starb er.

17. April 1742   „Dislocation der Quartiere" nach Chrudim in Nordostböhmen

König Friedrich hatte während des 1. Schlesi-schen Krieges die Zeit vom 13. 3. bis 4. 4. in Seelowitz in Mähren zugebracht, wo er in Auswertung des bisherigen Geschehens die „Seelowitzer Instruktionen" für die einzelnen Waffengattungen seiner Armee verfasste. Indem er nun nach Westen vorrückte, glaubte er den mit ihm verbündeten Franzosen eine Hilfestellung zu geben. Chrudim bildete eine Atempause vor dem Sommerfeldzug von 1742. Friedrich ahnte indessen nicht, dass er sich selbst in enormer Gefahr befand, verhandelte er doch schon seit einiger Zeit mit Österreich um Frieden. Der aber scheiterte an seinen überzogenen Forderungen: die Österreicher zogen beträchtliche Truppen unter Prinz Karl v. Lothringen zusammen. Nach einem knappen Monat, am 14. Mai, brach Friedrich mit einem Teil seiner Truppen von Chrudim auf, was den Österreichern die Gelegenheit gab, sich zwischen die verstreut stehenden preußischen Truppen zu schieben, um sie einzeln zu vernichten. Das Ergebnis dieser Manöver war die Schlacht bei Chotusitz am 17. 5. 1742, die zu einem klaren preußischen Sieg wurde.

18. April 1417   Offizielle Belehnung des Burggrafen Friedrich VI. von Nürnberg mit der Markgrafschaft Brandenburg

Die Installierung der Hohenzollern in der Mark begann 1411 und zog sich über einen längeren Zeitraum hin. Am Rande des Konzils von Konstanz (1414 – 1418) wurde sie vollendet, als König Sigismund den Burggrafen von Nürnberg auf dem Marktplatz zu Kostnitz feierlich mit der Kurwürde und dem Szepter des Erzkämmerers des Heiligen Römischen Reiches belehnte. Bereits 1415 war eine entsprechende Urkunde durch den König ausgefertigt worden, damals noch unter den Vorbehalten, die luxemburgischen Erben könnten Brandenburg gegen 400 000 Gulden wieder einlösen, und Friedrich habe, sollte er zum Römischen König gewählt werden, das Land ohne Entschädigung zurückzugeben.

18. April 1864   Erstürmung der Düppeler Schanzen im Krieg gegen Dänemark

Der fehlende deutsche Zentralstaat hatte für einige deutsche Länder wunderliche Abhängigkeiten und Herrschaftsverhältnisse entstehen lassen. Seit 1460 bestand eine Personalunion Schleswig-Holsteins mit Dänemark. Dieses versuchte nun, 1863 / 64, ähnlich wie 1848, Schleswig von Holstein zu trennen und seinem Gebiet einzuverleiben. Diese Bestrebungen gaben der preußischen Politik und Armee Gelegenheit, Popularität in Deutschland zu gewinnen. Am 18. April 1864 stürmten preußische Kolonnen auf Befehl des Prinzen Friedrich Karl unter den Klängen des Yorckschen Marsches die massiven und hartnäckig verteidigten dänischen Befesti-gungen und nahmen sie. Nachdem auch die dänische Insel Alsen besetzt worden war, konnte Dänemark an keinen erfolgreichen Widerstand mehr denken und musste auf Schleswig-Holstein verzichten.

19. April 1916   Generalfeldmarschall (1911) Colmar von der Goltz-Pascha gestorben

Der am 12.8.1843 geborene Colmar von der Goltz ragt aus dem Durchschnitt der Feldmarschälle, die Wilhelm II. ernannt hatte, durch eigene Meinung und Persönlichkeit deutlich hervor. Nach seiner Teilnahme an den Einigungskriegen war er in der Kriegsgeschichtlichen Abteilung des Großen Generalstabes tätig. Sein Buch „Leon Gambetta und seine Armeen" sorgte jedoch für Wirbel und führte vorübergehend zu seiner Entfernung aus dieser Institution. In den Jahren von 1883 bis zum 1. Weltkrieg tat er mehrmals für längere Zeit Dienst in der türkischen Armee, deren Reorganisation und Modernisierung er betrieb. v.d.Goltz machte sich als Militärschriftsteller einen Namen; von ihm erschienen die vielgelesenen und kundigen Analysen „Von Roßbach bis Jena" und „Von Jena bis Preußisch Eylau". Er engagierte sich auch für die deutsche Jugendbewegung. 1905 galt er als einer der möglichen Nachfolger des Grafen Schlieffen als Chef des Großen Generalstabes. Im 1. Weltkrieg war Goltz – nach einem kurzen Intermezzo als Generalgouverneur von Belgien – bis zu seinem Tode in Bagdad Oberbefehlshaber einer türkischen Armee, mit der er Erfolge über die Briten erzielte.

20. April 1818   Admiral und General der Infanterie Albrecht von Stosch in Koblenz geboren

Stosch machte die Einigungskriege mit Auszeichnung mit. Bereits da war zu erkennen, dass seine Qualitäten mehr auf logistischorganisatorischem Felde lagen als auf dem der eigentlichen Strategie und Führung. Der schwierige und eigenwillige Rheinpreuße erwarb sich bereits Anfang der 60er Jahre die Freundschaft und das Vertrauen des Kronprinzen Friedrich Wilhelm, der ihn gern als seinen Stabschef gehabt hätte, was am Misstrauen des Militärkabinetts gegen Stosch scheiterte. 1866 war er daher Generalquartiermeister der II. Armee. Für seinen besonderen Einsatz bei Nachod erhielt er anlässlich der Rückkehr des siegreichen Heeres den Pour le Mérite. Nebenbei leistete er schriftstellerische Arbeit; der Dichter Gustav Freytag veröffentlichte einiges von ihm im „Grenzboten". Eine Arbeit von Stosch war neben entsprechenden Analysen von F. Engels die erste fundierte Auseinandersetzung mit dem amerikanischen Sezessionskrieg. Später verband sich sein Name mit dem Aufbau der jungen deutschen Marine.

21. April 1713   König Friedrich Wilhelm I. veröffentlicht ein überarbeitetes „Rangreglement"

In ihm wird erstmals in einem europäischen Staat die generelle Dominanz des militärischen auch staatlich und sozial festgeschrieben: sämtliche militärischen Ränge werden höher eingestuft als alle Zivilisten und Beamten. Friedrich Wilhelm ist auch der erste König, der ständig in Uniform erscheint. Die extreme Wertschätzung des Militärs in Preußen, später in Deutschland, und die Tatsache, dass im Europa des 19. und auch des frühen 20. Jahrhunderts kaum ein Monarch mehr in Zivil auftritt, mag hier ihren Anfang nehmen.

22. April 1724 Immanuel Kant in Königsberg geboren

Kant studierte an der Universität seiner Heimatstadt Mathematik, Naturwissenschaft und Philosophie. Ab 1755 war er als

Universitätslehrer dort tätig, ab 1770 als Professor für Logik und Metaphysik, zeitweilig (1786 und 88) sogar als Rektor. 1796 zwang ihn seine Gesundheit, die Lehrtätigkeit einzustellen. Er hat Königsberg selten verlassen, Ostpreußen niemals. Kant schien ein reiner Denker zu sein: von kleinem und schmächtigen Wuchs, lebte er ein einfaches, bedürfnisloses Leben, das ganz seiner Arbeit und der Erfüllung seiner Pflichten gewidmet war. Freundschaft war ihm wichtig, verheiratet ist er niemals gewesen. Kant akzeptierte die Kirche als staatsnotwendige Institution und hatte als solche Achtung vor ihr wie vor aller Obrigkeit, seine eigenen religiösen Auffassungen waren sehr viel freier und philosophischer. Dem Druck des Wöllnerschen Ministeriums hat er sich ohne Widerstand gebeugt, indem er Friedrich Wilhelm II. sein Schweigen in diesen Fragen zusicherte.

23. April 1730   Prinz Ferdinand geboren

Der jüngste Bruder Friedrichs des Großen ist wenig in Erscheinung getreten. Er kommandierte unter Friedrich dem Großen sein 34. Infanterie-Regiment, wurde aber niemals mit größeren militärischen Aufträgen betraut, womit er zweifellos auch überfordert gewesen wäre. Prinz Ferdinand lebte nach dem Siebenjährigen Krieg auf Schloss Friedrichsfelde, ab 1785 in dem eigens für ihn erbauten Schloss Bellevue beim Tiergarten, welches heute der Amtssitz des Bundespräsidenten ist. Sein großes Vorbild war Prinz Heinrich, dessen Rheinsberger Hof er mit seiner Haushaltung zu kopieren suchte, mit einem Unterschied: aus seinem Umkreis waren die Frauen nicht verbannt. Bekannter als er wurden seine beiden Söhne, der 1806 bei Saalfeld gefallene Prinz Louis Ferdinand, und der Inspekteur der preußischen Artil-lerie, Prinz August.

23. April 1809 General von Kirchbach geboren

Kirchbach führte im Krieg gegen Österreich von 1866 die 10. Infanterie-Division bei Skalitz, Nachod und Schweinschädel. Für seinen Einsatz in diesen Schlachten verlieh ihm der König den Pour le Merité. 1870 wurde er Kommandierender General des V. Armeekorps, mit dem er wesentlich zum preußischen Erfolg in den Schlachten bei Weißenburg und Wörth beitrug. Bei Sedan übernahm er zusätzlich den Befehl übers XI. Armeekorps, dessen Kommandeur, Generalleutnant von Gersdorff, eine schwere Verwundung erlitten hatte, an der er einige Tag später verstarb. Kirchbach wirkte auch an der Einschließung von Paris mit, indem seine Truppen am 19.9.1870 Versailles besetzte. Ihm oblag in der Folge die Deckung des Königlichen Hauptquartiers. In der Schlacht am Mont Valérien (19.1.1871) schlug er einen wütenden Ausfall der Pariser Garnison zurück. General der Infanterie Ewald von Kirchbach starb am 6. Oktober 1887 in Moholz (Lausitz).

24. April 1891 Tod des Generalfeldmarschalls Grafen Moltke

Der wahrscheinlich bedeutendste Feldherr, den Preußen hervorgebracht hatte, war von ganz anderem Zuschnitt als etwa Friedrich der Große oder Blücher. Haftete Friedrichs Führung etwas vom Hasardieren, etwas gleichsam Künstlerisches an, verkörperte Blücher durch seinen Stabschef Gneisenau gemäßigtes und ausgerichtetes Haudegentum, so kam in Moltke erstmals der Typus des Stabschefs als Feldherr zur Geltung und höchsten Anerkennung. Moltke war ein Wissenschaftler der Kriegskunst, der ein scharfes Augenmaß für das Mögliche besaß. Seine Epigonen um die Jahrhundertwende – Waldersee und Schlieffen etwa – kombinierten den von ihm gelernten Fleiß mit der friederizianischen Bereitschaft, Vabanque zu spielen. Eine gefährliche Mischung, die später mehrfach scheiterte.

25. April 1789   Mozart in Berlin

Als Fürst Carl Lichnowsky, ein Verehrer und Schüler Mozarts, im April 1789 eine dienstliche Reise nach Berlin anzutreten hatte, bot er dem Meister an, ihn mitzunehmen. Der sagte erfreut zu, hoffte er doch, vielleicht in Preußen seine prekäre wirtschaftliche Situation verbessern zu können. Der selbst musizierende König Friedrich Wilhelm II. schätzte den Komponisten und freute sich über dessen Besuch in Berlin, der sich bis zum 28.5. hinzog. Er ließ ihn an seinen Konzerten teilnehmen. Die Berliner Hofmusiker (Duport etwa und Reichardt) waren über den berühmten Exoten aus Wien weniger erfreut. Mozarts Besuch in Preußen blieb eine Episode. Dennoch gab der König einige Quartette und Klaviersonaten in Auftrag und ehrte Mozart mit einem Geldgeschenk von 100 Friedrichsdor. Dass dieser einen königlichen Abwerbungsversuch mit Hinweis auf seine Treue zu Kaiser Joseph II. abgewiesen haben soll, ist eine sentimentale Legende.

26. April 1887   Große Parade der Charlottenburger Garnison vor Königin Victoria von England

Trotz der engen Verwandtschafts- und freundschaftlichen Bande, welche das britische Empire und seine Dynastie an Preußen banden, trotz der Gastfreundschaft der deutschen Seite konnte Queen Victoria der martialischen Vorführung nur bedingt etwas abgewinnen. Verglichen mit dem gemessenen Paradeschritt britischer Truppen wirkte der herausfordernd-schneidige Stechschritt der preußischen Regimenter für sie eher belustigend. In England hatte das Militär niemals eine so dominierende Rolle im öffentlichen Leben innegehabt, wie in Preußen-Deutschland. Was Victoria aber viel schwerer belastete: Ihr Schwiegersohn Fritz, Kronprinz Friedrich Wilhelm, von dessen Regierung man so viel Gutes für die gegenseitigen Beziehungen erwartete, war zu diesem Zeitpunkt bereits an Halskrebs schwer erkrankt, und um seine lang erwartete Thronfolge sah es nicht gut aus.

27. April 1785 Tod des Prinzen Leopold von Braunschweig-Lüneburg

Der Einsatz des Militärs, um der Oder-Hochwasser Herr zu werden, hat eine alte Tradition. Prinz Leopold von Braunschweig-Lüneburg hatte als Kommandeur des in Frankfurt-/Oder stehenden Infanterie-Regimentes schon 1780 seine Soldaten eingesetzt, um die Deiche gegen den Fluss soweit zu verstärken, dass eine Katastrophe verhindert werden konnte. Beim erneuten Hochwasser 1785 ertrank er selbst bei dem Versuch, Menschen vor den Fluten zu retten. Er hatte sich bewusst in die absehbare Gefahr begeben. Herzog Leopold, der Bruder der sachsen-weimarischen Herzogin Anna Amalia, der auch mit Lessing befreundet war, ist eine glänzende, vielseitig begabte Persönlichkeit und bekennender Freimaurer gewesen. Sein Heldentum erregte damals viel Aufsehen, Goethe widmete ihm ein Gedicht, die Bürger von Frankfurt setzten ihm ein Denkmal.

28. April 1723 Friedrich Wilhelm I. erlässt ein „Edict wider das unvorsichtige und gefährliche Tabock-Rauchen"

Bekannt ist die persönliche Vorliebe des Soldatenkönigs für das Rauchen, etwa im sogenannten abendlichen „Tabaks-Kollegium". Man kann also getrost davon ausgehen, daß er den Tabakkonsum keineswegs für gesundheitsschädigend hielt, wohl aber einen Horror vor der Muße und dem Genuss hatte, welchen sich seine Untertanen auf diesem Wege angewöhnen könnten. Auch bei anderen Gelegenheiten wandte er sich aus Sparsamkeitsgründen vehement gegen Luxus und Vergnügungen, so etwa gegen das Kaffeetrinken oder die Sitte, Silvester mit Böllern und Feuerwerk zu feiern.

29. April 1850 Bestimmung Friedrich Wilhelms IV. zur Verwendung der Juden in der Armee

Generalleutnant Karl Ludwig Wilhelm von Prittwitz hatte um die Revolu-tionszeit den Oberbefehl über das in Berlin stationierte Gardekorps. Während des Märzaufstandes glaubte er eine besondere Anfälligkeit jüdischer Soldaten gegenüber revolutionärer Agitation bemerkt zu haben. Deswegen trat er in der Folge nachdrücklich beim König dafür ein, Juden von der Armee völlig fernzuhalten. Man kann darin eine Diskriminierung sehen, sie war wohl auch – denkt man an das hohe Ansehen des Soldatenstandes in Preußen – so gemeint. Man könnte es auch anders betrachten, denn es liefe auf eine gänzliche Befreiung der Juden vom Militärdienst hinaus. Auf jeden Fall stand dahinter eher eine politische als eine rassistische Vorstellung. Zu derlei weitgehenden Maßnahmen konnte sich Friedrich Wilhelm IV. aber nicht verstehen. Um dem General aber wenigstens etwas entgegenzukommen, bestimmte er am 29. 4.. 1850, dass dem 1. Garde-Regiment z. F. und dem Garde du Corps – also den vornehmsten Regimentern der Armee – „keine Leute mosaischen Glaubens überwiesen werden sollen." Dabei blieb es. Selbstverständlich galt dies nur für den Soldatenstand – Offizier zu werden war für Juden ohnehin nur in Ausnahmefällen möglich, und meist erst, nachdem sie sich hatten taufen lassen.

30. April 1803 Generalfeldmarschall (1873) Albrecht Graf Roon geboren

Graf Roon war für die politische Szene im Preußen der Prinzregentschaft (1858 – 1861) die Schlüsselfigur. Konservativ und energisch, hatte er die Notwendigkeit der Heeresreform, die Prinz Wilhelm anstrebte, ebenso klar erkannt wie dieser und mit einer entsprechenden Denkschrift diesem zugearbeitet. In der Folge konnte er die Reorganisation als Kriegs- (und von 1861 bis 1871 auch Marine-) Minister umsetzen. Frühzeitig meinte er in Otto von Bismarck den geeigneten Mann gefunden zu haben, die Heeresverstärkung als Ministerpräsident erfolgreich zu vertreten und betrieb daher dessen Ernennung zum Botschafter in Russland und Frankreich, wo er Einblicke in die Abläufe der europäischen Politik gewinnen sollte, und endlich seine Berufung an die Spitze des Staatsministeriums. Später kam es gelegentlich zu Zerwürfnissen mit Bismarck und dem Stabschef Generalfeldmarschall v. Moltke, dennoch gehören alle drei Männer zu den hervorragenden Paladinen König Wilhelm I., die dessen politischen Erfolg erst ermöglicht haben.

MAI

1. Mai 1756   Vertrag von Versailles zwischen Österreich und Frankreich

Bis zu diesem Tag galt die französische Garantie für das preußische Schlesien. Die Konvention von Westminster jedoch, mit der sich Friedrich aus Sicht der Franzosen deutlich unloyal verhalten hatte, führte zu dem Bündnis mit dem Habsburger Reich, um das sich die Wiener Politiker vorher vergeblich bemüht hatten. Damit begann sich die bedrohliche Konstellation des Siebenjährigen Krieges abzuzeichnen.

2. Mai 1784   Seydlitz-Denkmal für Berlin

König Friedrich der Große lässt auf dem Berliner Wilhelmsplatz ein marmornes Standbild des berühmten Reitergenerals aufstellen, das von J.P.A. Tassaert geschaffen worden ist. Es war ein ungeschriebenes Gesetz in Preußen, nur Monarchen mit einem Reiterstandbild zu ehren. Generale, auch wenn vornehmlich Kavalleristen, hatten sich mit Denkmälern zu Fuß zu begnügen. Für Seydlitz, Prinz Heinrich, den Herzog von Braunschweig und Zieten jedoch fand sich an anderer Stelle ein Kompromiss: Sie bilden – beritten! – die Eckfiguren am großen Denkmal des Alten Fritzen unter den Linden.

2. Mai 1813   Schlacht bei Großgörschen (oder Lützen)

Die erste Schlacht des Frühjahrsfeldzuges nach der Erhebung Preußens gegen Napoleons Herrschaft war eine Niederlage für die verbündeten russischen und preußischen Truppen – vor allem dank der unverständigen Führung durch den russischen General Wittgenstein. Die moralische Wirkung war indessen eine ganz andere, da man einer französischen Übermacht tapfer und lange standgehalten hatten. Den Rückzug traten die Verbündeten in guter Haltung und ohne wesentliche Verluste an. Als verhängnisvoll sollte sich die Verwundung des Stabschefs General v. Scharnhorst erweisen, an der er später starb.

3. Mai 1774   General der Infanterie Ernst Heinrich August Baron de la Motte Fouqué gestorben

In einem Haus unmittelbar neben dem Brandenburger Dom lebte der General, der zur Altersabsicherung eine Dompropststelle erhalten hatte, bis zu seinem Tode. Im Siebenjährigen Krieg war er am 23.6.1760 bei Landeshut, tapfer gegen eine dreifache Übermacht unter General Laudon kämpfend, in Gefangenschaft geraten. Friedrich II. sah ihn seit Rheinsberg als einen persönlichen Freund an und verzieh ihm – anders als dem General Finck nach Maxen –

angesichts der bewiesenen Bravour die Niederlage. Er besuchte ihn mehrfach in Brandenburg.

Der General war der Großvater des Dichters Friedrich de la Motte-Fouqué.

4. Mai 1871   Die neue Reichsverfassung wird in Kraft gesetzt

Innerhalb des neugebildeten Deutschen Reiches war Preußen, noch zusätzlich gestärkt durch die Annexionen von 1866, welche eine Verbindung zwischen Ostelbien und Rheinpreußen geschaffen hatten, die überragende Kraft. Es nahm 65% des deutschen Territoriums und 60% der Bevölkerung des Reiches ein. Das Verhältnis zwischen Preußen und dem Reich war im wesentlichen das einer Personalunion auf vielen Ebenen: die monarchische Spitze des neuen Staates war der König von Preußen als Deutscher Kaiser, preußische Einrichtungen wie das Kriegsministerium und der Große Generalstab fungierten, ohne es formal zu sein, als Reichsinstitutionen. Die zeitweilig (1872) versuchte Trennung des Amtes des preußischen Ministerpräsidenten von dem des Reichskanzlers erwies sich als sowenig praktikabel, dass Bismarck beides schon am 9.11.1873 wieder in seiner Hand vereinigte.

5. Mai 1808   David Gilly gestorben

Gilly wurde am 7. Januar 1748 in Schwedt/O. geboren. Er war der Gründer der Berliner Bauakademie. Bereits 1779 Baudirektor von Pommern, holte ihn König Friedrich Wilhelm II. als Oberbaurat nach Berlin. Er gestaltete für dessen Nachfolger Friedrich Wilhelm III. den Landsitz Paretz sowie das Schloss Freienwalde. Für die allgemeine Durchsetzung des klassizistischen Stiles in Preußen ist sein Wirken, wie auch das seines Sohnes Friedrich Gilly, von einiger Bedeutung gewesen. Sein berühmtester Schüler war Karl Friedrich Schinkel. Gilly starb verstarb in Berlin.

6. Mai 1757   Schlacht bei Prag

Nachdem Friedrich der Große den 3. Schlesischen Krieg 1756 mit dem Überfall auf Sachsen begonnen hatte, marschierte er im Frühjahr des darauffolgenden Jahres in Böhmen ein. Bei Prag kam es zum blutigen Treffen mit der annähernd gleichstarken österreichischen Armee. Friedrich ließ die Armee lange vor den feindlichen Stellungen marschieren, ehe er den rechten Punkt für den Angriff von Osten her ausgemacht hatte. Dennoch scheitert der erste Infanterieansturm unter Winterfeldt und Feldmarschall Grafen Schwerin; ersterer wird verwundet, letzterer fällt, die Fahne seines Regimentes in der Hand. Feldmarschall Browne beginnt einen wuchtigen Gegenangriff. Es ist der hohen Qualität des preußischen Heeres und dem beträchtlichen Maß an glücklicher Eigeninitiative, das verschiedene Befehlshaber zeigten, zu verdanken, wenn die Österreicher dennoch geschlagen werden; ihr Befehlshaber Browne fällt ebenfalls. Im Ergebnis wird die Festung Prag eingeschlossen.

6. Mai 1882   Kronprinz Wilhelm geboren

Auf die Nachricht von der Geburt eines Urenkels telegrafierte der alte Kaiser Wilhelm I.: „Hurra! Vier Könige!" Abgesehen davon, dass es aufschlussreich ist, dass er hier nur als Preußenkönig dachte und die Kaiserwürde unerwähnt ließ, sollte sich seine Hoffnung nicht erfüllen: Der letzte preußische Kronprinz kam niemals auf den Thron. Er tat Dienst bei den Danziger Leibhusaren, wo er die exklusive Atmosphäre der Armee kennen und schätzen lernte, allerdings leider nur in der privilegiert-oberflächlichen Art, die ihm so oft eignete. Bekannt wurde sein Telegramm anlässlich eines Konfliktes der

Armee mit der Zivilbevölkerung in Elsass-Lothringen (Zabern-Affäre): „Immer feste druff!" Das mochte in Friedenszeiten einen gewissen rotzigen Charme haben, als verantwortlichen Staatsmann empfahl es ihn nicht. Kronprinz Wilhelm war vor allem an Sport (Reiten) und Frauen interessiert. Bis 1918 war von ihm kaum eine Handlung von Gewicht oder ein Ausspruch im Gedächtnis der Deutschen geblieben, der geeignet gewesen wäre, seine Thronfolge bei der Abdankung des Kaisers auch nur zu erwägen.

7. Mai 1866   Attentat auf Graf Bismarck

Graf Bismarck kam vom Vortrag beim König aus dem Schloss und ging zu Fuß die Straße Unter den Linden Richtung Wilhelmstraße. In der Nähe der Schadowstraße schoss der Student Ferdinand Cohen-Blind zweimal von hinten auf den Ministerpräsidenten, ohne ihn jedoch zu treffen. Der wandte sich um und packte den Attentäter beim Handgelenk, ein Ringen entspann sich, in dessen Verlauf drei weitere Schüsse abgefeuert wurden. Obwohl Bismarck von ihnen getroffen wurde, blieb er unverletzt, da die Kugeln offensichtlich nicht genug Durchschlagkraft besaßen. Man muss davon ausgehen, dass der zu diesem Zeitpunkt sich schon anbahnende Konflikt mit Österreich und den meisten anderen deutschen Staaten unerhörten Hass auf den hervorrief, der ihn vorbereitete.

8. Mai 1747   Bach musiziert vor Friedrich dem Großen

König Friedrich II. zeigte lebhaftes Interesse am Schaffen des Komponisten und Leipziger Thomaskantors Johann Sebastian Bach (1685 - 1750). Dessen Sohn Carl Philipp Emanuel Bach hatte er noch als Kronprinz 1738 nach Ruppin als Cembalist in das von ihm gegründete und zeitweilig von Graun geleitete Kammerorchester geholt. Friedrich lud Bach ein, und so besuchte der Komponist den

König 1747 in Potsdam, wo ihm Anerkennung und Ehre zuteil wurde. Friedrich ließ ihn an alle verfügbaren Orgeln führen, um seine Kunst erleben zu können. Er stellte ihm ein musikalisches Thema, welches der Meister gekonnt variierte und später unter dem Titel „Musikalisches Opfer" dem Preußenkönig widmete, weil er auf den Titel eines „Hofcompositeurs" hoffte. Dazu kam es nicht mehr, da Bach drei Jahre später in Leipzig verstarb. Am 8. Mai war es die Orgel der Potsdamer Garnisonkirche, auf der Johann Sebastian Bach dem König von Preußen vorspielte.

8. Mai 1837 Generalfeldmarschall (1888) Prinz Albrecht (Sohn) von Preußen geboren

Die Regelung der Herrschaft im welfischen Herzogtum Braunschweig war eine heikle Angelegenheit: Nachdem am 18.4.1884 Herzog Wilhelm von Braunschweig kinderlos gestorben war, wäre der ehemalige hannoversche Kronprinz Ernst August von Cumberland der legitime Erbe gewesen. Solange indessen dieser an seinem Thronanrecht auf das ehemalige Königreich festhielt, den Status quo also nicht anerkannte, befand er sich de jure im Kriegszustand mit dem Deutschen Reich und war daher in der Ausübung der Herrschaft „verhindert". Deshalb wählte der braunschweigische Landtag am 21. Oktober 1884 den Prinzen Albrecht von Preußen, seit zehn Jahren Kommandierender General des X. A.K. in Hannover, zum Regenten. In den Einigungskriegen hatte er zunächst die 1. Garde-Kavallerie-Brigade geführt, später die 2. Prinz Albrecht, der auch Herrenmeister des Johanniterordens war, heiratete Prinzessin Marie von Sachsen-Altenburg und lebte zumeist in Braunschweig oder auf seiner Besitzung in Camenz (Schlesien). Er starb – bis zu seinem Tode Regent von Braunschweig – am 13.9. 1906.

9. Mai 1688   Tod des Großen Kurfürsten Friedrich Wilhelm.
(nach altem Kalendern am 29. April)

Ihm folgt sein Sohn, der nachmalige erste preußische König, als Kurfürst Friedrich III. Über die Verdienste des Großen Kurfürsten ist viel gesagt worden. Dennoch bleibt auch Raum zur Kritik. Seine erste Gattin, Louise Henriette von Oranien, war am 18.6. 1667 gestorben. Er heiratete danach Dorothea von Holstein, eine herrische Person, der er einmal in einem Wutanfall seinen Generalshut vor die Füße warf mit dem Bemerken, ihr stünde er besser an. Sie gebar ihm sieben Kinder und hatte trotz seines gelegentlichen Ärgers erheblichen Einfluss auf Friedrich Wilhelm, den sie zuungunsten seiner Söhne aus erster Ehe einsetzte. Besonders ihr Verhältnis zu dem kränklichen Kurprinzen Friedrich war beiderseits von Abneigung bestimmt. Obwohl sie ihr Ziel, eine Art Teilung Brandenburgs gegen die bestehenden Hausgesetze, nicht erreichte, gelang es ihr, mehrere Sekundogenituren für ihre Söhne durchzusetzen. Zudem war die familiäre Atmosphäre am Berliner Hof in den letzten Jahren vor 1688 völlig vergiftet.

10. Mai 1871   Der Frankfurter Frieden beendet den Deutsch-französischen Krieg

Die Bedingungen des Friedens sind hart. Frankreich muss Elsass-Lothringen an Deutschland abtreten sowie eine Kontribution von 5 Milliarden Franken Kriegsentschädigung bezahlen, bevor die letzten Besatzungstruppen abgezogen werden. Damit war davon auszugehen, dass der Nachbar im Westen des neu gegründeten Deutschen Reiches ein unversöhnlicher Gegner bleiben und auf Revanche sinnen würde. Die weise Mäßigung, die Bismarck 1866 gegenüber dem Habsburgerreich walten ließ, vermisst man hier ein wenig. Es war indessen ohnehin klar, dass Frankreich die Niederlage

– mit oder ohne Annexion – nicht verzeihen würde. Den Ratschlag andererseits, den der amerikanische Colonel Walker dem Kanzler gab – von Frankreich nicht mehr übrig zu lassen als die Augen, diesen Krieg zu beweinen – hat er nicht umgesetzt. Das wäre damals wohl auch nicht durchführbar gewesen; er entsprang einem Denken, das auf das 20. Jahrhundert vorausweisst.

11. Mai 1878   Missglücktes Attentat auf Kaiser Wilhelm I.

Kaiser Wilhelm I. hatte mit seiner Tochter, der Großherzogin Luise von Baden, eine Spazierfahrt im Tiergarten in einem offenen Wagen unternommen. Bei der Rückfahrt wurden Unter den Linden auf der Höhe der russischen Botschaft mehrere Schüsse auf den Kaiser abgefeuert, der indessen unverletzt blieb. Der Attentäter, ein einundzwanzigjähriger Leipziger Klempnergeselle namens Emil Max Hödel, wurde verhaftet. Er bekannte sich als Sozialist und Anarchist. In einem Prozess wurde er zum Tode verurteilt. Kronprinz Friedrich Wilhelm, der nach dem Nobiling-Attentat die Stellvertretung seines Vaters innehatte, hätte seinem Gnadengesuch gern stattgegeben. Bismarck jedoch bestand aus politischen Gründen auf der Vollstreckung, die am 16.8. desselben Jahres erfolgte. Der Kanzler hatte das Attentat benutzt, um ein gegen die Sozialdemokratie gerichtetes Gesetz einzubringen, das jedoch im Reichstag zunächst durchfiel.

12. Mai 1688   Verzeichnis der „Antiquitaeten-Cammer" begonnen

„Rath, Bibliothecarius und erster Kunstkämmerer" Lorenz Beger, seit dem 1.9.1693 Oberaufseher aller kurfürstlichen Sammlungen, aber bereits vom Großen Kurfürsten als Bibliothekar und Aufseher über die Münzsammlung angestellt, hatte bereits kurz nach dessen Tode begonnen, eine Übersicht über die in kurfürstlichem Besitz befindlichen Kunstgegenstände zu erstellen. Das war der Beginn der gezielten Zusammenführung derselben im Antikenkabinett, welches auf der Nordwest-Seite des Berliner Schlosses untergebracht wurde. Friedrich III. hatte Interesse daran, eine repräsentative Menge von Kunstschätzen in seiner Residenz zu konzentrieren, und ging dabei mit Eifer und Kenntnis vor, von Beger gut beraten. Dessen Meisterstück ist der Ankauf der wertvollen Sammlung Bellori (1698). Beger gab als monumentale Huldigung auf seinen Herrn mit großem Erfolg den dreibändigen, reich mit Kupferstichen bebilderten „Thesaurus Brandenburgicus" (1696, 1698, 1701) heraus. In ihm werden die Bestände der Berliner Antikensammlung publiziert. Heute befinden sich die meisten Stücke in Dresden.

13. Mai 1779   Der Frieden von Teschen beendet den Bayerischen Erbfolgekrieg

Mit viel Energie war der so genannte Kartoffelkrieg nicht geführt worden. Es fehlte sowohl König Friedrich als auch seinen Generalen der alte Schneid. So ging es ohne Schlachten, man versuchte einander auszumanövrieren und verhandelte im übrigen. Die wirklichen Verluste entstanden durch Krankheit und Desertion. Tatsächlich endete der Krieg ohne eine Entscheidung. In seinem Gefolge jedoch erreichte Friedrich sein Ziel, Bayerns Einverleibung in den Habsburger Besitz zu verhindern.

14. Mai 1699   General d. Kavallerie Hans Joachim von Zieten geboren

Die militärische Karriere des jungen Zieten lief langsam an: seine körperliche Schwäche ließ ihn als Soldat untauglich scheinen. Endlich bekam er eine Offiziersstelle bei dem unter Friedrich Wilhelm

I. aufgestellten Husarenkorps. Mit dieser Waffe ist sein Name auch immer verbunden geblieben. Als sie unter Friedrich Aufwertung erfuhr und ausgebaut wurde, begann auch der Stern Zietens zu steigen. Er zeichnete sich durch überraschende Überfälle und andere kühne Unternehmungen aus, so vor allem bei Torgau. („Zieten aus dem Busch"). Wie außer ihm nur noch mit Friedrich selbst, Blücher und Wrangel werden mit Zieten Anekdoten verbunden.

14. Mai 1752   Albrecht Thaer in Celle geboren

Thaer war Preußens bedeutendster Landwirt; er machte sich besonders durch die Anwendung moderner naturwissenschaftlicher Erkenntnisse auf die Landwirtschaft und um die Schafzucht verdient. Ursprünglich hatte er Medizin studiert und auf diesem Fach auch promoviert. Eine Zeitlang praktizierte er erfolgreich. Dann jedoch wandte er seine Aufmerksamkeit dem Gebiet zu, auf dem er berühmt werden sollte. 1810 erhielt er eine Professur für Landwirtschaft an der neu gegründeten Berliner Universität, die er aber nicht lange innehatte. Statt dessen gestaltete er das von ihm erworbene Gut Möglin bei Wriezen zu einer Königlichen Akademie des Landbaues um. Thaers Neuerungen wurden nicht kritiklos hingenommen, jedoch der Mann war witzig und schlagfertig. Auf die boshafte Kampfschrift des altadligen Querulanten Geist von Beeren „Die preußische Landwirtschaft ohne Thaer" antwortete er mit einer Gegenschrift: „Die preußische Landwirtschaft ohne Geist". Thaer starb in Möglin am 26. Oktober 1828.

15. Mai 1901   Karl Liebknecht spricht im Potsdamer Victoria-Garten

Der am 13.08.1871 geborene Sohn des bekannten sozialdemokratischen Politikers Wilhelm Liebknecht hatte eine bürgerliche Karriere als Rechtsanwalt in Berlin begonnen. Daneben trat er in die Fußstapfen seines Vaters und bewarb sich 1901 um ein Reichstagsmandat in einem Wahlkreis unmittelbar am Zentrum der Macht. Es ist schon bemerkenswert, dass es dem jungen Sozialdemokraten 1911/12 gelang, im Wahlkreis Potsdam-Spandau-Osthavelland, dem so genannten „Kaiserwahlkreis", die Mehrheit zu erhalten (24 299 Stimmen). Sein Gegenkandidat war der konservative Potsdamer Oberbürgermeister Dr. Kurt Vossberg (20369 Stimmen). Die Rede im Victoria-Garten war die erste seiner insgesamt 23 öffentlichen Reden in Potsdam. Kaiser Wilhelm II. hatte angekündigt, Potsdam den Residenzstatus zu entziehen, falls Liebknecht gewählt werden sollte. Diese Drohung machte er indessen nicht wahr. Liebknecht wurde im ersten Weltkrieg bekannt, weil er bei der zweiten Abstimmung über die Kriegskredite als einziger mit ,Nein' stimmte. Er zählte zu den Gründern des Spartakusbundes und der Kommunistischen Partei und wurde von rechten Freikorpsangehörigen 1919 ermordet.

16. Mai 1682   Vertrag über die Bereitstellung von Schiffen für Brandenburg

Die Abmachung zwischen dem Großen Kurfürsten und dem niederländischen Unternehmer und Reeder Benjamin Raulé ist der letzte einer Reihe von Verträgen, mit denen es Friedrich Wilhelm von 1676 bis zu dieser Zeit auf der Basis von Leihe schaffte, ständig eine bestimmte Anzahl von Schiffen, oft zu konkreten Unternehmungen, unter der Flagge mit dem roten brandenburgischen Adler zu halten. Später ging Friedrich Wilhelm dazu über, Schiffe zu kaufen. In Erinnerung an die niederländischen Inspirationen und Beziehungen des Kurfürsten, die seinen Ambitionen Pate gestanden haben, bestimmte Kaiser Wilhelm II. 1901 den „Holländischen Marsch" von Jakob Rauscher zum deutschen Marinepräsentiermarsch, was er noch heute ist.

17. Mai 1742   Schlacht bei Chotusitz

Der preußische Sieg beim böhmischen Chotusitz hatte unmittelbare politische Folgen. Kaiserin Maria Theresia steckte in enormen Schwierigkeiten, weil die europäischen Mächte, u.a. Frankreich, Sachsen, Bayern und Spanien ihre Thronfolge nicht anerkannten, da mit ihrem Vater der Mannesstamm des Hauses Habsburg ausgestorben sei. Daher musste sie nach der erneuten Niederlage ihrer Armee gegen die Preußen auf Friedrichs Bedingungen eingehen. Am 11. Juni wurde ein Präliminarfrieden in diesem Sinne geschlossen, am 28. Juli erkannte der Wiener Hof im Berliner Frieden den preußischen Besitz des größten Teils Schlesiens an.

17. Mai 1778   Goethe in Berlin

Als Geheimer Legationsrat weilte der damals schon berühmte Dichter im Gefolge seines Herzogs Carl August von Sachsen-Weimar-Eisenach vom 15. bis zum 20.5. in der preußischen Hauptstadt, um dann noch für einige Tage in Potsdam zu bleiben. Es handelte sich um politische Besprechungen im Vorfeld des Bayerischen Erbfolgekrieges. Friedrich der Große weilte zu diesem Zeitpunkt in Schlesien und inspizierte Truppen, die Besucher wurden daher am 17.5. von Prinz Heinrich empfangen und zu Tisch geladen. Es kam aber kein echtes Gespräch zwischen dem Dichter und den Preußen zustande: es gelang weder dem Prinzen, noch dem Grafen Lehndorff, seinem Tischnachbarn, ihn mit Fragen aus der Reserve zu locken. Zunächst hatte ihn das militärisch-geschäftige Treiben der Königsstadt beeindruckt, die Details der Verhandlungen verdrossen ihn aber doch soweit, dass er mit denkbar schlechter Meinung Berlin verließ, ohne selbst einen besseren Eindruck hinterlassen zu haben.

18. Mai 1736   Friedrich Wilhelm Freiherr von Erdmannsdorff
geboren

Erdmannsdorffs klassizistischer Architekturbegriff bildete sich bei den Reisen nach England und Italien heraus, die er mit Fürst Leopold II. von Anhalt-Dessau unternahm. Hier beeinflusste ihn vor allem die römische Antike. Deren Wiederentdeckung durch Winckelmann, mit dem er persönlich bekannt und befreundet war, suchte er in seiner Architektur umzusetzen. Er schuf für den Fürsten in Dessau und dem Park von Wörlitz mehrere Gebäude. Für Preußens Kunst war er von Bedeutung, als er auf Wunsch König Friedrich Wilhelm II. Sanssouci teilweise umgestaltete und auch Änderungen im Berliner Stadtschloss durchführte. Erdmannsdorff starb am 9.3.1800 in Dessau. Einer seiner Schüler war Friedrich Gilly.

18. Mai 1782   General v. Lützow in Berlin geboren

Adolf Ludwig Wilhelm von Lützow begann seine Karriere im exclusiven 1. Bataillon Garde. Nach der Niederlage von 1806 gehörte er zu Schills Kavallerie, die unter Gneisenaus Befehl Kolberg verteidigen half. So war Lützow auch 1809 bei Schills nicht genehmigtem Ausritt dabei. Verwundet, konnte er den Zug des Majors nach Stralsund nicht mehr mitmachen, so dass ihm das Schicksal der überlebenden und gefangen genommenen Schillschen Offiziere erspart blieb, die erschossen wurden. 1813 bildete er ein Freikorps, das berühmt wurde. Lützow war ein tapferer, risikobereiter Offizier, der im Laufe seiner Militärzeit mehrfach aufs schwerste verwundet wurde. Er starb 1834 in Berlin.

19. Mai 1527   Kurprinz Joachim erhält vom Rat der Stadt Cölln ein Grundstück zur Anlage seines „Tier- und Lustgartens" zur Verfügung gestellt

Nach 1550 wird daraus zunächst ein Jagdgehege. Um eine Verbindung vom Schloss dorthin zu haben, baut man die nachmalige Schlossbrücke (damals der Jagdhunde wegen nur Hundebrücke genannt). Der Große Kurfürst befiehlt 1647, den Verbindungsdamm von Schweinen freizuhalten und repräsentativ mit Bäumen zu bepflanzen – die Straße „Unter den Linden" entsteht. Unter dem Soldatenkönig werden natürlich auch Teile des Tiergartens zum Exerzierplatz. In den ersten Regierungsjahren Friedrichs II. legt man einen öffentlichen Barockpark an; der Architekt Knobelsdorff errichtet sich dort ein Sommerhaus und eine Meierei. Der Tiergarten wird in der Folge ein beliebter Ausflugsort der Berliner. 1785 entsteht für den Prinzen Ferdinand, des Königs jüngsten Bruder, das Schloss Bellevue.

19. Mai 1762   Johann Gottlieb Fichte geboren

Der Philosoph Fichte wurde in Rammenau (Oberlausitz) geboren und war seit 1805 in preußischen Diensten, zunächst in Erlangen, später in Königsberg und Berlin. Dort wurde er 1810 Professor und erster Rektor der neu gegründeten Universität, an deren Einrichtung er neben Humboldt und Schleiermacher mitwirkte. Er hielt 1806/07 die „Reden an die deutsche Nation", in denen er seine Vorstellungen von der Erziehung der Nation artikulierte. Als Philosoph stand Fichte zunächst unter dem prägenden Einfluss Kants. Seine eigene Philosophie betont die schöpferische Kraft des Willens. 1814 starb er in Berlin.

20. Mai 1664   Andreas Schlüter geboren

Moeller van den Bruck nannte ihn „einen Römer in Deutschland". Andreas Schlüter war vielseitig begabt. Er war als Baumeister, Bildhauer und Innenarchitekt verschiedener Schlösser tätig gewesen und hatte an mehreren osteuropäischen Herrensitzen und Höfen gearbeitet, bevor ihn König Friedrich I. 1694 nach Berlin holte. Dort schuf er das berühmte Reiterdenkmal des Großen Kurfürsten, das auf der Langen Brücke stand, sowie die beeindruckenden Köpfe der sterbenden Krieger im Innenhof des Zeughauses. Der Barockkünstler war auch mit dem Ausbau des Berliner Stadtschlosses betraut worden. Nach dem Einsturz des von ihm gebauten nordwestlichen Schlossturmes (1706; der sog. Münzturm), entließ ihn der König jedoch. Er ging später nach Russland, wo er auch starb.

20. Mai 1764   Johann Gottfried Schadow geboren

Der berühmte Bildhauer war ein Urberliner, was er in keiner Lebenssituation verleugnen konnte. Einmal erkundigte er sich in München in seinem derben, aber nicht unhöflichen Tonfall bei einem Passanten nach dem Weg. Der Bayer antwortete: „Kennen's net freindlicher frogn?" Darauf Schadow: „Wat? Noch freundlicha? Ausjeschlossen – lieba valoof ick mir."

20. Mai 1813   Schlacht bei Bautzen

In der Schlacht, die sich bis zum folgenden Tag hinzog, siegte Napoleon wieder unter großen Anstrengungen über die Verbündeten, denen er zahlenmäßig überlegen gewesen war. Der Einfluss des Generaladjutanten v.d.Knesebeck bestimmte die Monarchen, die noch unentschiedene Schlacht abzubrechen. Die gute Haltung der Preußen und Russen sowie die hohen Verluste seiner eigenen Armee veranlassten den französischen Kaiser, einen Waffenstillstand zu schließen. Noch war er überlegen, doch das Kräfteverhältnis veränderte sich zugunsten der Verbündeten; auch durch den absehbaren Eintritt Österreichs in den Krieg. Die

Reformbemühungen und Erneuerung der preußischen Armee begannen erkennbare Früchte zu tragen.

21. Mai 1671   Kurfürst Friedrich Wilhelm erlaubt 50 aus Österreich vertriebenen jüdischen Familien die Niederlassung in der Mark Brandenburg

Das durch den Dreißigjährigen Krieg entvölkerte Brandenburg war nach des Großen Kurfürsten und seiner Nachfolger Einschätzung ein Einwanderungsland, wie man heute sagen würde. Juden, Hugenotten, Salzburger Protestanten, Pfälzer – wer immer seine Heimat verlassen musste und ein nützlicher Staatsbürger Brandenburg-Preußens zu werden versprach, war gern gesehen. Dieses nüchterne Kalkül entsprach dem Interesse des Landes; es brachte indessen eine für ihre Zeit bemerkenswerte religiöse Toleranz mit sich. Friedrich der Große hat einmal geäußert, wenn denn die Türken kämen, das Land zu „peublieren" – zu besiedeln –, so wolle er ihnen Moscheen bauen.

21. Mai 1855   Die Statuen von Gneisenau und York werden enthüllt

Beide von Christian Daniel Rauch geschaffenen Statuen geben ein realistisches Bild der Dargestellten in ihren Uniformen und schöner Haltung. Auf antikisierende Kleidung oder Haltung verzichtete Rauch völlig, eine Bronzetafel an der Vorderseite des Sockels bietet die Namen „Gneisenau" und „Yorck", ohne weitere Titel. Die Rückseite zeigt die vom König nach dem Sieg verliehenen Wappen der Geehrten. Damals standen beide Standbilder neben der Neuen Wache. Heute flankieren sie das Blücherdenkmal, welches hinter der Rasenfläche neben dem heutigen Operncafé, damaligem Prinzessinnen-Palais, steht.

22. Mai 1848   Friedrich Wilhelm IV. eröffnet mit einer Thronrede die Preußische Nationalversammlung

Das Verhalten Friedrich Wilhelms IV. in und sein Verhältnis zur Revolution war widersprüchlich. Einerseits hasste er die von ihr ausgehende und geforderte Modernität, weil seine Vorstellungswelt sich im romantischen Rahmen in die Gegenwart projizierter Mittelalter-Idealisierungen bewegte. Andererseits war ihm die Grausamkeit, die mit einer brutalen Konterrevolution, wie sie in seiner Umgebung durchaus gefordert wurde, auch zuwider, da er die Menschen glücklich machen wollte, wie er in der bemerkenswerten Rede zur Huldigungsfeier in Berlin 1840 ausführte. So finden wir ihn im Revolutionsjahr immer wieder in z.T. Kompromiss-Situationen, die seinem Naturell und seinen Wünschen nicht entsprachen – so der Umritt mit schwarz-rot-goldener Armbinde oder eben die Eröffnung des Gremiums, das eben die Verfassung schaffen sollte, die er niemals gewollt hat. Auf den Tag genau 33 Jahre zuvor hatte sein Vater unter dem Eindruck des wiederaufflammenden napoleonischen Krieges die Gewährung einer Verfassung nach dem Sieg versprochen.

23. Mai 1683   Antoine Pesne geboren

König Friedrich I. beruft den Franzosen am 5. Januar 1711 als preußischen Hofmaler nach Berlin. Er wird dort Direktor der Königlichen Kunstakademie. Sein Werk besteht vor allem in Porträts, die von großer Repräsentanz und Meisterschaft sind. Bekannt wurden vor allem mehrere Bilder Friedrich II., z.T. noch als Kronprinz. Er schuf indessen auch die Decken- und Wandgemälde mehrerer Hohenzollernschlösser, so für Rheinsberg, Charlottenburg und das Potsdamer Stadtschloss. Am 5.8.1757 verstarb Pesne in Berlin.

23. Mai 1812 Gründung des Königlich Preußischen Johanniter-Ordens

Im Zuge der Reformen war 1810 die protestantische Ballei Brandenburg des Johanniter-Ordens aufgelöst worden. Die Neugründung sollte der im Prinzip anerkannten Arbeit der Vereinigung – Förderung und Ausübung der Krankenpflege – eine neue Basis geben. Daneben aber war der Orden auch ein exklusiver Club, der sich in der Tradition des ältesten mittelalterlichen Ritterordens sah: adlige Geburt, angemessene Stellung im öffentlichen Leben, ein Mindestalter von 30 Jahren und evangelischer Glaube waren die Bedingungen der Aufnahme. Das Ordenszeichen ähnelt dem Pour le merite, es bestand aus einem weißen, achtspitzigen Kreuz, zwischen den Kreuzarmen schwarze (oder bei den sog. Rechtsrittern) goldene Adler, das Ganze von der preußischen Krone überhöht.

24. Mai 1889 Bismarcksche Sozialgesetzgebung: Alters- und Invalidenversicherung

Bismarck war zu klug, um zu glauben, dass allein mit Repressionen wie dem Sozialistengesetz die Bestrebungen der Sozialdemokratie zu unterbinden seien. So erließ Wilhelm I. auf seine Veranlassung am 17.11.1881 eine Kaiserliche Botschaft, in der dem Willen Ausdruck verliehen wurde, bestimmten Missständen und Nöten innerhalb des Arbeitslebens Abhilfe zu schaffen. In Umsetzung dieser Ankündigung wurde im Laufe der 80er Jahre die Krankenversicherung und die Unfallversicherung für Arbeitnehmer per Gesetz gesichert. Die Alters- und Invalidenversicherung bildete den vorläufigen Abschluss des Bismarckschen Wirkens auf diesem Felde. Diese Gesetzgebung war damals führend und vorbildlich in der ganzen Welt. Wenn das Ziel war, der Sozialdemokratie damit das

Wasser abzugraben, so wurde es verfehlt. Aber für Deutschland sind mit diesen Bestimmungen die Grundlagen des Sozialstaates gelegt.

25. Mai 1848 Generaloberst von Moltke (d. Jüngere) geboren

Auf dem Rittergut Gersdorff geboren, blieb er ein Leben lang der Neffe eines berühmten Onkels. Charaktervoll, gebildet und talentiert, vermochte er nicht in dessen Fußstapfen zu treten, obwohl seit 1906 Chef des Großen Generalstabes. Selten haben einem Menschen seine Vorzüge so zum Nachteil gereicht. Dem Pessimisten und Skeptiker fehlten die Nerven und die innere Ruhe, als er sie am meisten gebraucht hätte. Mit dem Beginn des 1. Weltkrieges ließ er sich durch die Anfangserfolge der Armee des bayerischen Kronprinzen hinreißen, einem Frontalangriff zuzustimmen. Der Sieg der Russen bei Gumbinnen alarmierte ihn derart, dass er Truppen aus dem Schwenkungsflügel im Westen abzog und nach Osten warf – wo Hindenburg und Ludendorff ohne sie die Schlacht bei Tannenberg gewannen. Als diese Truppen an der Marne dringend gebraucht wurden, waren sie mitten in Deutschland mit der Eisenbahn unterwegs.

26. Mai 1849 Friedrich Wilhelm IV. schließt ein Bündnis mit den Königreichen Hannover und Sachsen ab

Der mühsam zustande gekommene Vertrag – Bayern war eingeladen, unterzeichnete aber nicht – war der Anfang der so genannten Unionspolitik. Eine Reihe deutscher Kleinstaaten schlossen sich diesem Fürstenbund in der Folge an, welcher zuletzt den Nationalstaat schaffen sollte. Begünstigt wurde das dadurch, dass die preußische Armee allerorten erfolgreich bei der Niederschlagung der Revolution mitwirkte, während Österreich noch mit dem ungarischen Aufstand zu kämpfen hatte. Friedrich Wilhelm

IV. befand sich in einem für ihn typischen Widerspruch: einerseits suchte er politischen Anschluss an Habsburg, andererseits sah er im Unionsprojekt des Generals Joseph v. Radowitz seine eigene Vorstellung von legitimer Einigung Deutschlands am Wirken, nachdem er die Krone des Frankfurter Parlamentes abgelehnt hatte. Aber Sachsen und Hannover sagten sich schon im Frühjahr 1850 von der Vereinbarung los, und Wien beendete die ihm missliebige Unionspolitik ziemlich harsch am 29. November 1850 in der Olmützer Punktation.

27. Mai 1755 Verlegung des Freiherrn von der Trenck in die Sternschanze

Was wir von dem merkwürdigen Schicksal von der Trencks wissen, stammt vor allem aus seiner eigenen Feder – ein Grund zur Vorsicht. Gesichert scheint, dass der glänzende junge Offizier in Friedrichs des Großen Gunst stand, die er sich durch Disziplinlosigkeit verscherzte. Ebenso scheint zu stimmen, dass er eine wie auch immer geartete Beziehung zur Schwester des Königs, Prinzessin Amalie, unterhalten haben soll. Was genau den königlichen Zorn in einem Maße hervorrief, das seinesgleichen in der preußischen Geschichte sucht, kann man nur mutmaßen. Jedenfalls wurde Trenck 1754 in Magdeburg eingesperrt, und nun beginnt eine Geschichte, die irgendwo zwischen der des Grafen von Monte Christo und der des Barons von Münchhausen angesiedelt war. Trenck trifft Vorbereitungen zur Flucht, und buchstäblich Stunden, bevor er sie bewerkstelligen kann, wird er in einen (auf Kosten seiner eigenen Schwester) neu erbauten Kerker in die Sternschanze der Festung Magdeburg verlegt, wo er noch neun Jahre zubringen sollte. Später wurde er um seiner Leiden unter den Monarchen Europas willen von der französischen Revolution gefeiert – die ihn dann allerdings ein wenig später als Aristokraten guillotinieren ließ.

28. Mai 1443   Kurfürst Friedrich II. stiftet den Schwanenorden

Als die Hohenzollern in die Mark kamen, konnten sie auf der agrarischen, organisatorischen und missionarischen Leistung des Zisterzienser-Ordens aufbauen. Um aber einen eigenen religiösen Akzent zu setzen, förderten sie die Verehrung Marias, die für die nach ihren Begriffen verrohte märkische Bevölkerung sinnvoll und erzieherisch wertvoll sein könnte. Kurfürst Friedrich II. stiftete in Ausführung eines Planes seines Vaters den Schwanenorden. Diese Ordensgemeinschaft orientierte sich an der Prämonstratenserregel, ihr Symbol, der Schwan, galt aufgrund seiner weißen Farbe als Symbol der Virginität und Reinheit. Es assoziierte christliche und antike Bedeutungen gleichermaßen. Mit der Reformation verfiel dieser marianische Orden, erst die romantische Mittelalterbegeisterung des 19. Jahrhunderts rief ihn wieder ins Leben. König Friedrich Wilhelm IV. gründete ihn am 24. Dezember 1843 neu und verlieh das erste Ordenskleinod an seine Gemahlin, Königin Elisabeth. In der Folge geriet der Orden erneut und endgültig in Vergessenheit.

28. Mai 1695   Grundsteinlegung für das Zeughaus in Berlin durch Kurfürst Friedrich III.

Der Bau wurde unter der Leitung von Johann Arnold Nering begonnen. Später wurde er durch Martin Grünberg und Andreas Schlüter fortgeführt, endlich wurde das militärische Prunkgebäude, welches die brandenburgische Artillerie und sonstige Waffen und Munition aufnehmen sollte, von Jean de Bodt beendet. Zum Schmuck des Innenhofes schuf Schlüter 1689 – 99 die 22 Masken sterbender Krieger, die – im Unterschied zu den steinernen Trophäen auf dem Sims des Gebäudes – vom Leiden des Krieges sprechen. Noch in der Revolution von 1848 schien es den Aufständischen sinnvoll, das Gebäude zu stürmen, um sich zu bewaffnen. Unter Wilhelm I. wurde es zu einem Museum preußischen Kriegsruhmes.

29. Mai 1777   Generalleutnant Friedrich August Ludwig von der Marwitz geboren

Marwitz diente zunächst im exklusiven Regiment Gensdarms, dessen adliger Stil auch der seines Lebens war. Den Feldzug von 1806 machte er als Adjutant des Fürsten Hohenlohe mit, er ließ es an Tapferkeit und Einsatz nicht fehlen. Gegenüber der Steinschen Reformtätigkeit blieb er skeptisch, gegen Hardenbergs Ideen der Staatswohlfahrt und Aufhebung der alten Stände ging er als Wortführer des Protestes soweit in aktive Opposition, dass ihn Hardenberg im Juli 1811 eine zeitlang auf der Festung Spandau einsperren ließ. In den Befreiungskriegen führte der aristokratische Marwitz eine Landwehrbrigade, wobei er pragmatische Beschränkung auf das Machbare (einziges von ihm verlangtes Kriterium der Reitkunst war „Gewalt über das Pferd") und echte Führungsqualitäten (etwa in den Gefechten bei Wittenberg und Hagelberg) bewies. 1815 nahm er an den Schlachten von Ligny und Wavre teil. Am 6.12.1837 starb Friedrich August Ludwig von der Marwitz. Fontane rühmt an ihm, dass er eine eigene Meinung gehabt und ausgesprochen habe, bevor dies allgemeiner politischer Stil geworden sei. Er glaubte an die Führungsmission eines Adels, der sich selbst als militärische und politische Leistungselite einzubringen habe.

30. Mai 1633   Friedrich Landgraf von Hessen-Homburg geboren

Der Landgraf von Hessen-Homburg war brandenburgischer General der Kavallerie. Wie Derfflinger zuvor in schwedischen Diensten, verlor er bei der Belagerung von Kopenhagen 1659 ein Bein und behalf sich mit einer Prothese, weshalb man ihn den Prinzen „mit dem silbernen Bein" nannte. Er hatte hervorragenden Anteil an der

Schlacht bei Fehrbellin. Dort kommandierte der Prinz eine 1500 Reiter starke Vorhut, mit der er die Schweden bei Linum attackierte und zum Halten zwang. Das war der Auftakt der Schlacht, die mit dem Eingreifen der Hauptmacht unter Derfflinger und dem Kurfürsten ihren Lauf nahm. Landgraf Friedrich ist die Vorbildgestalt für Heinrich von Kleists „Prinzen von Homburg", wobei eine so greifbare Differenz zwischen Befehl und eigener Initiative, wie sie der Dichter darstellt, bei ihm nicht nachzuweisen ist.

31. Mai 1740   Friedrich Wilhelm I. gestorben. Thronbesteigung Friedrich II.

Friedrich Wilhelm I. war ein „Soldatenkönig", aber kein Kriegskönig. Bei aller Betonung des Militärischen hat er sich selbst nur an einem Krieg beteiligt (dem Nordischen, mit Gewinn Vorpommerns 1720); die anderen kleinen Erwerbungen, die er dem Staat hinzufügte, sind eher Früchte seiner Diplomatie. Unter seiner Herrschaft kam die Redensart auf: „So schnell schießen die Preußen nicht." Er hinterließ ein für die Landesgröße gewaltiges stehendes Heer von ca. 83.000 Mann und einen reichen Staatsschatz – Grundlagen, ohne die sein Nachfolger niemals so hätte agieren können, wie er es dann tat. Insofern steckt Wahrheit in der Stilblüte aus einem Schüleraufsatz: „Friedrich der Große wäre ohne seinen Vater undenkbar gewesen."

31. Mai 1809   Tod des Majors Ferdinand von Schill

Schill hatte sich mit seinem 2. Brandenburgischen Husarenregiment nach Stralsund durchgeschlagen. Dort erwartete er Unterstützung durch englische Truppen und bereitete die Stadt zur Verteidigung vor. Als dann endlich die Rotröcke erschienen, ließ er die Tore öffnen. Zu spät erkannte er, dass es sich nicht um die Briten, sondern um die mit Napoleon verbündeten Dänen handelte, die ähnliche rote

Uniformen trugen – wie man heute noch bei der Wachablösung vorm dänischen Königsschloss Amalienborg sehen kann. Beim anschließenden Straßenkampf fand Schill mit vielen seiner Kameraden den Tod, andere wurden gefangen genommen und erschossen, noch andere als Galeerensträflinge nach Frankreich deportiert.

31. Mai 1842   Stiftung der Friedensklasse des Pour le Merite durch König Friedrich Wilhelm IV.

Als Friedrich II. 1740 den vorher bestehenden Hoforden „de la Générosité" zum Pour le Mérite umwandelte (ein genaues Datum für diesen Akt kann man nicht feststellen), war gleichermaßen an künstlerisches, wissenschaftliches wie militärisches Verdienst gedacht. Daher ehrte Friedrich auch den Mathematiker Maupertius (1747) und den Schriftsteller Voltaire mit der Auszeichnung. Bald aber wurde der Pour le Mérite ein reiner Kriegs- und Tapferkeitsorden (endgültig 1810). Es ist typisch für Friedrich Wilhelm IV., dass er auf die eigentliche Absicht zurückkam und ziviles Verdienst dem militärischen ebenbürtig machen wollte. Auch die äußere Gestalt des neuen Ordenszeichens, in dem die Kreisform das Kreuz dominiert, entspricht dieser Aussage, während das achtspitzige Malteserkreuz des ursprünglichen Pour le Mérite ein durchaus stolzes, auch ein wenig aggressives Symbol ist – oder wurde.

JUNI

1. Juni 1780 Generalmajor Karl von Clausewitz geboren

Der bedeutende Militärtheoretiker gehörte zum Umfeld der Reformer von 1808, nahm aber später russischen Dienst, um gegen Napoleon kämpfen zu können. In dieser Stellung spielte er eine Rolle beim Zustandekommen der Konvention von Tauroggen.

Die Befreiungskriege machte er in verschiedenen Stabspositionen mit, z.T. bei General von Gneisenau. 1818 ernannte der König Clausewitz zum Direktor der Kriegsakademie. 1831 begleitet er Gneisenau als Stabschef an die polnische Grenze, um dann wie dieser im selben Jahr an Cholera zu sterben. Erwähnenswert ist seine Frau Marie, eine geborene Gräfin Brühl, die ihm nicht nur Lebensgefährtin gewesen ist, sondern auch am Zustandekommen seines Werkes „Vom Kriege" mitwirkte. Von diesem Buch sagte Feldmarschall Moltke nach 1871, es habe ihn stark beeinflusst. Damit war der Ruhm des bis dahin wenig bekannten Theoretikers Clausewitz begründet.

2. Juni 1878   Attentat Dr. Nobilings auf Kaiser Wilhelm I.

Das zweite Attentat auf den Kaiser innerhalb kurzer Zeit war folgenreicher als das erste: Ein Dr. Karl Eduard Nobiling aus Posen schoss mit dem Revolver aus einem Fenster des Hauses Unter den Linden 18 auf den vorüber fahrenden Monarchen, der von ca. 30 Schrotkörnern getroffen wurde und Verletzungen an Kopf und Arm davon trug. Passanten stürmten das Zimmer und überwältigten Nobiling, der versuchte, sich selbst zu erschießen. Die Verletzungen des Kaisers waren nicht lebensbedrohlich, aber bei einem 81jährigen doch auch nicht ganz gefahrlos. Daher übernahm Kronprinz Friedrich Wilhelm am 4. Juni die Stellvertretung des Kaisers. Nobiling erlag seinen Verletzungen, bevor ihm ein Prozess gemacht werden konnte; Bismarck brachte nunmehr sein Sozialistengesetz im Reichstag durch; die Aufregung über die Ereignisse ließ den zeitgleich stattfindenden Berliner Kongress im öffentlichen Bewusstsein in den Hintergrund treten.

3. Juni 1740   Abschaffung der Folter durch Friedrich II.

In deutschen Kriminalprozessen galt das Recht der Folter, allerdings nur, wenn ein begründeter Verdacht, ein Indiz gegeben war. Ziel der Folter war das Geständnis. Schon zuvor hatte es Bestrebungen gegeben, die Anwendung dieses Mittel einzuschränken, so wurde in Sachsen die Empfehlung ausgesprochen, die Folterzeit auf eine Stunde pro Tag zu begrenzen. Preußen war der erste deutsche Staat, der die Folter untersagte, außer bei Massenmord und Hochverrat und Morden von besonderer Grausamkeit. Das bedeutete einen echten Fortschritt, dem sich in den nächsten Jahrzehnten die meisten anderen Staaten anschlossen. Wie weit Friedrich seiner Zeit voraus war, wird bewusst, wenn man bedenkt, dass etwa die letzte Hexenverbrennung im deutschsprachigen Raum 1782 im schweizerischen Glarus stattfand. Endgültig schaffte Friedrich die Folter im Jahre 1754 ab.

4. Juni 1745   Schlacht bei Hohenfriedberg

Die Schlacht wurde berühmt durch die erfolgreichste Attacke, die ein einzelnes Kavallerieregiment in der neueren Kriegsgeschichte geritten ist: Das Dragonerregiment Ansbach-Bayreuth zerschlug in einem Anritt 22 österreichische Bataillone und eroberte 67 Fahnen und Standarten. Bis heute ist nicht sicher zu ermitteln, wer diesen glänzenden Angriff befohlen hat. Mit Hohenfriedberg war der Sieg Friedrichs im Zweiten Schlesischen Krieg wahrscheinlich geworden, obwohl er nicht unmittelbar in politischen Erfolg umgesetzt werden konnte.

4. Juni 1941   Wilhelm II. stirbt im holländischen Exil

Wilhelm hat sich sein Leben lang bemüht, Eindruck zu machen und seine innere und äußere Versehrtheit zu verbergen. Er war damit zeitweise sehr erfolgreich, denn seine weit gefächerten Talente vermochten mitunter sogar Fachleute zu verblüffen. Die Tragik seines Lebens bestand darin, daß seine Stellung es ihm lange erlaubte, Kritik und Rat nicht hören zu müssen. Er hat die Größe seines Großvaters, Kaiser Wilhelms I., nicht besessen, sich Berater zu leisten, die klüger waren als er selbst. Dem Ernstfall des Krieges war er trotz aller bramarbasierenden Reden nicht gewachsen. Bis zu seinem Tode hat er die Hoffnung auf eine Restauration seines Thrones nicht aufgegeben.

5. Juni 1740   König Friedrich II. äußert sich negativ zur Pressezensur im Ausland:

„Gazetten wenn die interessant sein sollten, müßten nicht ignoriert werden", ließ der König verlauten. Das heißt aber nicht, dass es in Preußen unter seiner Herrschaft keine solche Zensur gegeben habe. Der König war sich der Bedeutung der öffentlichen Meinung und Stimmung sehr wohl bewusst. Auch er selbst sollte sich gelegentlich dieser Waffen bedienen, etwa als er, um seinem dynastischen Krieg mit Blick auf die deutschen Protestanten einen Hauch von Glaubenskampf zu geben, die Legende in Umlauf setzt, der österreichische Feldmarschall Daun habe vom Papst einen geweihten Hut gesandt bekommen. So hat Friedrich ein aufmerksames Auge auf die Presse, erlaubt aber in Fragen, die seiner Meinung nach das Staatsinteresse nicht tangieren, eine freiere Berichterstattung.

5. Juni 1744   Friedrich II. schließt ein Offensivbündnis mit Frankreich ab

Im Grunde war die Zeit von 1742 bis 1744 nur eine Atempause gewesen, die Friedrich genutzt hatte, um die Erfahrungen von Mollwitz und Chotusitz in seiner Armee umzusetzen. Nachdem er einmal begonnen hatte, sich am Spiel der Macht zu beteiligen, konnte er sich nicht mehr dauerhaft heraushalten. Maria Theresia kämpfte weiterhin um ihre Anerkennung als Kaiserin des Heiligen Römischen Reiches – der österreichische Erbfolgekrieg –, und sie war noch lange nicht gewillt, den Verlust Schlesiens hinzunehmen. Denn inzwischen hatte sich die internationale Situation zu ihren Gunsten zu verschieben begonnen. Friedrich witterte Gefahr für seinen Raub Schlesien und trat in Verhandlungen mit Frankreich ein, um das politische Übergewicht der Kaiserin auszugleichen. Am 5. Juni unterzeichnet der preußische Gesandte den entsprechenden Bündnisvertrag mit Frankreich, der ihn verpflichtete, bis zum August die Kriegshandlungen gegen Österreich wieder aufzunehmen. Das war der Auftakt zum 2. Schlesischen Krieg.

6. Juni 1873   Admiral Prinz Adalbert von Preußen in Karlsbad verstorben

Prinz Adalberts Mitwirkung am Aufbau der deutschen Bundesflotte von 1848 war auf kurze Zeit begrenzt gewesen. Nach dem Sieg der Reaktion berief der König den Prinzen ab, was bereits im Februar 1849 zur Auflösung der Technischen Kommission zur Folge hatte. Das tatsächliche Kommando über die wenigen Schiffe und ihre einzige Aktion gegen Dänemark führte Vizeadmiral Rudolf Bromme („Brommy"). Adalberts Stellung war schwierig, die Hofkreise spöttelten über seine Hingabe an Marinedinge. Als Kommandant der Raddampffregatte „Danzig" beantwortete der Prinz einen Angriff der marokkanischen Rifkabylen mit einem Gegenangriff bei Tres Forcas und zeigte dabei persönlichen Mut und Einsatz, was den Dingen den Hauch des Grotesken, der ihnen anhaftete, nicht nehmen konnte. Prinz Adalbert starb, mit einem klangvollen Titel versehen (Generalinspekteur der Kaiserlichen Marine), bevor Flottenfragen in

Preußen und Deutschland wirkliche Bedeutung erlangten. Daher konnte er seine Passion niemals wirklich zur Geltung bringen.

7. Juni 1840   Friedrich   Wilhelm   III.   gestorben. Thronbesteigung Friedrich Wilhelm IV.

Friedrich Wilhelm III. schneidet in der Beurteilung durch die Mit- und Nachwelt nicht sehr günstig ab. Seine Verschlossenheit und Menschenscheu, sein Zaudern und seine Pedanterie und vor allem seine kommunikativen Schwierigkeiten machen ihn nicht unbedingt zu einer strahlenden Persönlichkeit, der die Herzen zufliegen. Wie viel von den auf die Niederlage folgenden Reformen ihm abgerungen werden musste, wie viel mit eigener Einsicht übereinstimmte, ist schwer zu sagen. Der instinktive Widerwille gegen das Notwendige mag sich in der Kaltstellung der verbleibenden Reformer nach 1815 äußern. Das den Befreiungskriegen folgende Vierteljahrhundert unter seiner Herrschaft ist eine zähe Zeit politischer und gesellschaftlicher Stagnation – aber auch eine Zeit des Friedens und des kulturellen Wachstums. Ein Soldat ist Friedrich Wilhelm, den fast jeder Abend im Theater sah, gewesen, ein Krieger sicher nicht.

7. Juni 1866   Wiedereinführung   der   Schulterstücke   als Rangabzeichen

Nachdem die Schulterstücke von 1864 an nicht mehr getragen wurden, führte eine A.K.O. sie nun wieder ein. Sie dienten der Kennzeichnung der Offiziersränge und lehnten sich in ihrer äußeren Form an diejenigen der Befreiungskriege locker an. Mehrfach verändert, erhielten sie 1888 die Gestalt, in der sie bis 1945 in den deutschen Armeen Verwendung fanden.

8. Juni 1815   In Wien wird die Deutsche Bundesakte unterzeichnet

Mit der Niederlegung der Römischen Kaiserwürde durch Franz II. 1806 war das alte deutsche Kaisertum in den Wirren der Revolutionskriege untergegangen. Der Wiener Kongress sollte nach dem Sieg über Napoleon die Gestalt Deutschlands neu festlegen. Es entstand der Deutsche Bund unter der Führung Österreichs, das den deutschen Kaisertitel zwar nicht erneuern wollte, aber das Präsidium für sich beanspruchte. Den losen Bund bildeten anfangs 34, 1866 noch 28 souveräne Fürsten und vier freie Städte. Zu ihnen gehörten England, Dänemark und die Niederlande – da in Personalunion mit deutschen Ländern verbunden. Der Bundestag versammelte sich in Frankfurt/Main. Weite Teile der preußischen und der österreichischen Monarchie lagen außerhalb des Bundesgebietes. Dieser lockere, aber bürokratische Zusammenschluss, dessen einzige Aufgabe es war, die Herrlichkeit seiner Mitglieder zu garantieren, revolutionäre Bestrebungen niederzuhalten und österreichische Hegemonie zu zelebrieren, war sicher nicht die Gestaltung nationaler Dinge, die den Deutschen während der Befreiungskriege vorgeschwebt hatte. Preußens wesentlicher Anteil am Sieg schlug sich nicht nieder: Metternich hatte Friedrich Wilhelm III. problemlos überspielt.

9. Juni 1884   Grundsteinlegung für das Reichstagsgebäude durch Kaiser Wilhelm I.

Einige Begleitumstände des Baues sind bezeichnend für den Stellenwert, den die deutsche Nationalvertretung im Wilhelminischen Reich hatte. Erst 13 Jahre nach der deutschen Einigung ging man überhaupt an den Bau eines repräsentativen Gebäudes. Der Reichstag – in seinen Rechten von wesentlich geringerer Bedeutung als etwa der heutige Bundestag – war gemeinsam mit dem Bundesrat für die Reichsgesetzgebung zuständig, ansonsten aber im wesentlichen vom Monarchen abhängig, der ihn jederzeit auflösen konnte. Der Entwurf des 1841 geborenen Architekten Paul Wallot, welcher einem Monumentalstil verpflichtet war, wurde dem Bau zugrunde gelegt. Nach zehnjähriger Bauzeit konnte das Gebäude seiner Bestimmung übergeben werden. Sowohl die Grundsteinlegung wie auch die Einweihung wurde mit einer gewaltigen Militärparade gefeiert. Die Kuppel des Reichstages sollte ursprünglich höher werden; sie wurde auf persönliche Anweisung Wilhelm II. niedriger ausgeführt, damit sie nicht höher als die Kuppel des Berliner Stadtschlosses werde. Die heute an der Stirnseite befindliche Inschrift „Dem deutschen Volke" wurde erst im I. Weltkrieg dort angebracht.

10. Juni 1886   Reiterstatue Friedrich Wilhelms IV. enthüllt

Der „Romantiker auf dem Thron" war allezeit mehr Künstler als Politiker oder gar Militär gewesen. Selbst nicht unbegabt als Zeichner und Architekt und von hohem kreativen Impuls, hatte er sich als Auftraggeber und Mäzen zweifellos um die Förderung der deutschen Kultur verdient gemacht. Der Ort, an dem die schwungvolle und schöne, aber wenig beachtete Reiterstatue ihre Aufstellung fand, trägt der historischen Rolle des Königs Rechnung: sie steht über dem Eingang zur Nationalgalerie auf der Berliner Museumsinsel.

11. Juni 1690   Kurfürst Friedrich III. erhält den Hosenbandorden

Bereits am 1.2. 1689 hatte das Kapitel des britischen Order of the Garter – neben dem Habsburger Goldenen Vließ der älteste und höchste europäische Orden – die Aufnahme des neuen brandenburgischen Kurfürsten in die exklusive Vereinigung beschlossen – ein Dank des englischen Königs Wilhelm von Oranien für die Unterstützung, die Brandenburg bei der Sicherung seines Thronrechtes in der sog. Glorreichen Revolution (1688) gewährt hatte. Am 11. Juni war es soweit: im Berliner Stadtschloss fand die Investitur Friedrichs III. mit dem Hosenbandorden statt. Bis zur eigenen Stiftung des Schwarzen Adlerordens war es der vornehmste Orden, den der Hohenzoller trug. Das Berliner Zeughaus, welches noch der Kurfürst und nicht der König Friedrich fertig stellen ließ, erinnert an diese Geschichte: Die großen Holztüren, die mit Trophäenreliefs geschmückt sind, zeigen heute noch den Bruststern des Order of the garter, und nicht, wie man vielleicht erwarten könnte, den Stern des Schwarzen Adlerordens.

11. Juni 1696   Generalfeldmarschall (1747) James Keith auf Invergnie Castle geboren

Es war bis ins 19. Jahrhundert hinein unter Adligen nicht unüblich, Dienst in den Armeen fremder Potentaten zu nehmen. Bei entsprechender Eignung konnten sie dort hohe und höchste Kommandostellungen einnehmen. James oder Jakob Keith, aus einem bedeutenden schottischen Adelsgeschlecht gebürtig und ein Weltmann von umfassender Bildung, hatte lebhaften Anteil an den politischen Auseinandersetzungen in seiner Heimat und musste ihretwegen schließlich Schottland verlassen. Er trat zunächst in russische Dienste. Friedrich zeichnete ihn durch seine Freundschaft aus, er bot ihm die Stellung eines preußischen Feldmarschalles an und behielt ihn in seiner Umgebung. Keith bewies oft Mut, Kaltblütigkeit und Überblick in der Schlacht. Sein Privatleben bestimmte eine finnische Mätresse, Eva Merthens, eine imposante Frau von großer Schönheit, die er über alles liebte.

12. Juni 1758   Prinz August Wilhelm (ältester Bruder Friedrichs d. Großen) gestorben

Nach Friedrichs Niederlage bei Kolin 1757 erhielt der Prinz von Preußen den Oberbefehl über einen Teil der preußischen Armee in Böhmen. Beim Rückzug in die Lausitz agierte er wenig glücklich: er verlor große Mengen der ihm anvertrauten Truppen und vermochte es nicht, die viel stärkeren Österreicher fernzuhalten. Als ihm König Friedrich II. daraufhin in Bautzen demütigende Vorhaltungen machte und ihn wissen ließ, dass er ihm nie wieder ein Kommando anvertrauen werde, zog sich der blamierte und tief verletzte Thronfolger in sein Schloss Oranienburg zurück. Sein baldiger Tod wurde als Folge dieser Kränkung gesehen, obwohl kein ursächlicher Zusammenhang besteht.

12. Juni 1792   Neustiftung des Großen Roten Adler-Ordens

1791 waren Ansbach und Bayreuth an Preußen gekommen. Mit den beiden fränkischen Hohenzollern-Staaten „erbte" Preußen eine Reihe von Auszeichnungen: die Orden de la Sincerité, de la Concorde, den Brandenburgischen Roten Adler und den Hochfürstlichen Brandenburgischen Roten Adler-Orden. Um u.a. deren Tradition weiterzuführen und für den Schwarzen Adler-Orden so etwas wie eine zweite Klasse zu schaffen, stiftete König Friedrich Wilhelm II. den Großen Roten Adler-Orden. Ordenskleinod war bis 1810 ein weißes Malteserkreuz mit aufgelegtem Rundmedaillon, das die Initialen des Stifters trug. Zwischen den Kreuzarmen waren Strahlen mit roten Adlern platziert; das Ganze von einer Königskrone überhöht. Die spätere Gestalt des Roten Adler-Ordens orientiert sich an russischen Ordenskreuzen wie dem Wladimir-Orden oder dem St.-Georgs-Kreuz, bzw. am Bruststern des Schwarzen Adler-Ordens.

13. Juni 1878   Fürst Bismarck eröffnet den Berliner Kongress

Russland erzielte im Russisch-türkischen Krieg 1877/78 bedeutende Erfolge, die in der Befreiung der Bulgaren von der Osmanischen Herrschaft gipfelten. Die Machtstellung, die es sich daraufhin im Frieden von San Stefano gesichert hatte, rief das Misstrauen von England und Österreich hervor, die eine Revision des Friedens forderten. In dieser Situation trat Bismarck als der „ehrliche Makler" auf, um die divergierenden Großmachtinteressen gegeneinander auszubalancieren. Zwar fühlte sich Russland um die Früchte seines Sieges betrogen und war verstimmt, doch verhinderte die geschickte Diplomatie Deutschlands eine Neuauflage des Krimkrieges gegen das Zarenreich.

14. Juni 1817   General der Infanterie Georg Arnold Karl von Kameke in Pasewalk geboren

Kameke kam – und das war ungewöhnlich für einen höheren General – aus der Pioniertruppe. Nach folgendem Generalstabs- und Infanteriedienst kommandierte er 1870 die 14. Division, welche die Avant-garde der 1. Armee bildete. An ihrer Spitze forcierte er die Saar und erstürmte die Spicherer Höhen, in welchem Gefecht er sich stundenlang gegen eine ca. 3fache Übermacht hielt. Später nahm er an den Kämpfen um Metz teil und erzwang die Kapitulation von Thionville. Er leitete die Belagerungsarbeiten vor Paris und war danach kurzfristig Kommandant des besetzen Teiles der Stadt. Als Bismarck sich 1872 vorübergehend vom Posten des preußischen Ministerpräsidenten zurückzog, um sich auf das Kanzleramt zu konzentrieren, ernannte der König den Kriegsminister Grafen Roon zum Nachfolger. Kameke musste ihn in seinem bisherigen Ressort vertreten. 1873 wurde er offiziell preußischer Kriegsminister und blieb es zehn Jahre lang. Er starb am 12.10.1893 in Berlin.

15. Juni 1885   Prinz Friedrich Karl v. Preußen auf Schloss Glienicke gestorben

Auf den Tag genau drei Jahre vor seinem Waffen- und Schicksalsgefährten Kronprinz Friedrich Wilhelm starb der andere Feldmarschall-Prinz der Einigungskriege. Er erreichte trotz höchsten Ranges niemals das, was dem Ehrgeizigen an militärischer Leistung vorgeschwebt hatte. Die Zeit nach 1871 brachte für den „roten Prinzen", wie man den begeisterten Kavalleristen seiner Husarenuniform wegen auch nannte, keine echten Herausforderungen mehr, so dass ein Hauch von Resignation um seine letzten Jahre liegt. Der Prinz war, wie auch sein Vater, ein passionierter Jäger. Als solcher hat er den Jagdorden „St. Huberti zum weißen Hirschen" gestiftet. Menschlich war der Herr des Schlosses Dreilinden sehr angenehm. Von keinem anderen Hohenzoller spricht Fontane mit mehr Wärme und Sympathie.

15. Juni 1888   Kaiser Friedrich III. nach 99 Tagen Regierung gestorben.Wilhelm II. wird Deutscher Kaiser und König von Preußen

Ohne die Möglichkeiten eines Monarchen im ausgehenden 19. Jahrhundert überbewerten zu wollen, ist doch der frühe Tod Kaiser Friedrichs als ein tragisches Ereignis über das Persönliche hinaus anzusehen. Seine durch eheliche Bande gefestigte Sympathie für England hätte eine Problematisierung der Beziehungen zwischen beiden Ländern, wie sie durch die Flotten- und Weltmachtpolitik seines Sohnes Wilhelms II. hervorgerufen wurde, möglicherweise verhindert, oder die objektive Konkurrenz beider Mächte doch in gemäßigteren Formen gehalten.

Bezeichnend für des neuen Kaisers Verhältnis zu seinen Eltern ist, dass er unmittelbar nach dem Tod seines Vaters das Schloss Friedrichskron – das Potsdamer Neue Palais – von einer Eskadron der Leib-Gardehusaren umstellen ließ, um irgendwelche gegen seine

Interessen gerichteten Aktivitäten, die er vor allem seiner Mutter zutraute, zu verhindern.

16. Juni 1815   Schlacht bei Ligny

Auf die überraschende Nachricht von Napoleons Flucht von Elba und seine erneute Machtergreifung wurden eilig Truppen der europäischen Mächte nach Belgien geworfen. Napoleon versuchte sie einzeln anzugreifen und zu schlagen, bevor sie sich vereinigen konnten. So besiegt er die Preußen unter Feldmarschall Blücher, der selbst in höchste Gefahr kommt und verletzt wird. Bemerkenswert ist der von Stabschef Gneisenau befehligte riskante Rückzug, bei dem die Preußen ihre rückwärtigen Linien aufgeben und den französischen Kaiser um die Frucht seines Sieges bringen, indem sie weiterhin Fühlung zu den Engländern halten.

17. Juni 1885   Generalfeldmarschall Edwin v. Manteuffel in Karlsbad gestorben

Der erfolgreiche Heerführer war kein Nur-Mili-tär. 1879 wurde er Reichsstatthalter des neu annektierten Elsass-Lothringen, welches keinem der deutschen Bundesstaaten zugeschlagen wurde, sondern dem Reich unterstand. In dieser Stellung hatte er Takt und Liebenswürdigkeit bewiesen, wie er auch nach 1871 das Kommando über die noch in Frankreich bleibende Okkupationsarmee mit vornehmem Geschick geführt hat. Wilhelm I. verwendete ihn mehrfach als Gesandten, er schickte ihn in zwei Situationen (1866 und 1879), die Fingerspitzengefühl verlangten, zu Zar Alexander II., der Manteuffel persönlich schätzte, um russischen Mißmut auszuräumen – was ihm in beiden Fällen gelungen ist.

18. Juni 1675   Schlacht bei Fehrbellin

Die Schweden hatten des Kurfürsten kriegerische Aktivitäten am Rhein benutzt, um unter dem Vorwand einer „bewaffneten Vermittlung" in die Mark einzufallen, wo sie binnen kurzem hausten wie im Dreißigjährigen Krieg. Friedrich Wilhelm kehrte zurück, nicht ohne seine Pläne diplomatisch abgesichert zu haben. Dann aber fuhr er überraschend mit einem kleinen, aber schlagkräftigen Heer in die schwedische Aufstellung bei Rathenow. Der Prinz von Hessen-Homburg griff mit der Kavallerievorhut bei Linum an und warf den Feind auf Hakenberg. Der Kurfürst selbst zerschlug General Wrangels Stellung an der Spitze seiner Dragoner und zwang ihn zum Rückzug auf Fehrbellin, welches Feldmarschall Derfflinger am folgenden Tag erstürmte. Die Schweden waren gezwungen, die Mark Brandenburg zu verlassen. Dies ist der erste eigenständige Sieg, den die Brandenburger gegen einen auswärtigen Feind erfochten haben.

18. Juni 1815   Schlacht bei Belle Alliance (oder Waterloo)

Stefan Zweig stellt in seinen „Sternstunden der Menschheit" die falschen Entscheidungen des französischen Marschalls Grouchy als schicksalhaft für die Entwicklung Europas dar. Doch selbst im Falle des Sieges in dieser Schlacht hätten Napoleon noch maximal 150.000 Mann zur Verfügung gestanden. Etwa 650.000 Russen, Preußen, Engländer und Österreicher aber waren im Anmarsch! Die verbündeten Kräfte unter dem Herzog von Wellington und dem Feldmarschall Blücher waren lediglich eine Art eilig nach vorn geworfener Vorhut der Verbündeten.

Wellington hatte im Vertrauen auf Blüchers Zusage, ihm zu Hilfe zu kommen, die Schlacht angenommen. Napoleon schob seinen Angriff bis in den Mittag hinaus, weil der vom Regen aufgeweichte Boden den Einsatz der Kavallerie erschwerte. Die Engländer hatten feste Aufstellung auf einer Hügelkette genommen und wehrten Welle auf

Welle der französischen Angriffe ab, ihre Situation wurde indessen zunehmend verzweifelter. „Unser Plan ist einfach: Blücher oder die Nacht!" meinte Wellington lakonisch. Endlich kamen die Preußen und fielen Napoleons Truppen in die Flanke und in den Rücken, nachdem es Blücher gelungen war, Marschall Grouchy auf eine falsche Fährte zu locken und abzuhängen. Damit war die Entscheidung gefallen: Napoleon war endgültig geschlagen.

19. Juni 1762   Bündnisvertrag zwischen Russland und Preußen

Krankheit und Tod der Zarin Elisabeth II. hatten Friedrich den Großen vor der endgültigen Vernichtung bewahrt. Mit dem Machtantritt des neuen Zaren Peter III. schienen sich noch ganz andere Möglichkeiten aufzutun. Nicht nur wollte der preußenbegeisterte Herrscher aller Russen nicht mehr Friedrichs Feind sein – er erbat sich den Stern des Schwarzen Adlerordens noch bevor die russischen Truppen die Kampfhandlungen gegen die Preußen eingestellt hatten – er wollte seinem Idol auch noch zu einem wirklichen Sieg verhelfen. Im Bündnisvertrag wurde die Stellung von 20.000 Mann russischer Hilfstruppen unter General Tschernytschew vereinbart. Um seinen neuen Verbündeten zu begrüßen, halte Friedrich sogar den russischen St.-Andreas-Orden angelegt. Allerdings zu wirklichen gemeinsamen Aktionen sollte es nicht mehr kommen.

20. Juni 1900   Ermordung des Freiherrn von Ketteler

Die chinesische ausländerfeindliche Ihotwan-Bewegung schuf das Umfeld, welches zur Ermordung des deutschen Gesandten in Peking führte. Hintergrund war die oft beleidigende Kolonialherrenmanier, in der Europäer in China aufzutreten pflegten. Es folgte die Niederschlagung des so genannten „Boxeraufstandes" (nach dem Zeichen der erhobenen Faust benannt) durch internationale Truppen.

Da Deutschland durch Ketlers Ermordung am meisten betroffen schien, durfte es den Oberbefehlshaber stellen. Graf Waldersee traf allerdings erst ein, nachdem das eigentlich Militärische bereits entschieden war. So musste er sich damit begnügen, die wertvollen Instrumente des Pekinger Observatoriums im August 1901 als Trophäen nach Deutschland zu schicken, wo man sie stolz auf der Terrasse der Potsdamer Orangerie ausstellte. Der Versailler Vertrag bestimmte später ihre Rückgabe an Peking, die 1920 erfolgte. China hatte 280 Millionen Mark Kriegsentschädigung an Deutschland zu zahlen, ein Bruder des Kaisers, Prinz Chun (der „Sühneprinz"), musste nach Deutschland kommen und den Kaiser Wilhelm II. um Entschuldigung für den Mord bitten. Er wurde von diesem unter demütigenden Bedingungen in theatralischer Inszenierung im Muschelsaal des Potsdamer Neuen Palais' empfangen.

21. Juni 1786   General der Kavallerie Karl Friedrich Wilhelm von Reyher geboren

Reyher stammte aus einer bäuerlichen Familie und hat den Militärdienst von der Pike auf als Gemeiner erlernt. Er zeichnete sich bereits in den Befreiungskriegen aus, z.B. bei Leipzig. Wegen erwiesener Tapferkeit und Befähigung stieg er in Offiziersrang auf und wurde 1828 geadelt. Nachdem er sich als Stabschef des Gardekorps weiteres Ansehen erworben hatte, ernannte ihn König Friedrich Wilhelm IV. im Mai 1848 zum Chef des Generalstabes der Armee, eine Einrichtung, die das intellektuelle Erbe der Reformer von 1808 bewahrte, aber wenig Beachtung fand. Reyher setzte sich nachdrücklich für ihre Erhaltung und Qualität ein. Als er 1857 – nominell noch amtierend – starb, umfasste der „Große Generalstab" (incl. Topographieabteilung) 24 Offiziere. Berühmter als er wurde sein Nachfolger Hellmuth von Moltke (d.Ä.), auf den bedeutendere Aufgaben zukamen.

22. Juni 1740   Letzter öffentlicher Auftritt der „Langen Kerls" bei der Leichenparade des Soldatenkönigs

Die Vorliebe des Soldatenkönigs für riesenhafte Grenadiere hatte zu diesem ineffektiven Schauregiment geführt – neben der eigens eingerichteten täglichen Austern-Post aus Hamburg die einzige teure Marotte, die sich der sonst so geizige Friedrich Wilhelm I. geleistet hat. Die Methoden, mit denen er an große Soldaten zu kommen suchte, reichten von Versprechungen, Kauf über Zwangsrekrutierungen bis hin zu Vorstellungen, besonders große Menschen züchten zu können. Die naiven Tafelbilder, auf denen Friedrich Wilhelm I. einzelne seiner Riesengrenadiere verewigt hat, zeugen von seiner halb rührend, halb skurril anmutenden Besessenheit in dieser Sache. Andererseits belegen Passagen aus seinem politischen Testament, dass er sich dieser Absonderlichkeit sehr wohl bewusst gewesen ist und sie übertrieb, um Österreich den Eindruck seiner Harmlosigkeit zu vermitteln.

23. Juni 1740   Errichtung des Regimentes der Gardes du Corps

Das vornehmste Kavallerie-Regiment der preußischen Armee, welches damals noch als 13. Kürassier-Regiment gezählt wurde, nimmt hier seinen An- fang. Berühmt wurde der Ausspruch eines seiner Kommandeure, Wilhelm Dietrich von Wackenitz, der bei Zorndorf äußerte: „Ich halte keine Schlacht für verloren, in der Eurer Majestät Garde du Corps noch nicht attackiert haben." Das wurde so etwas wie das Motto, das Selbstverständnis dieses Eliteregimentes. Als Feldzeichen führte es eine ungewöhnliche Standarte, die dem römischen Labarum ähnelte: an der Fahnenstange war eine Querstange aufgehängt, an welcher das eigentliche, silberne Fahnentuch mit dem schwarzen preußischen Adler befestigt war. Im Unterschied zum ebenfalls exklusiven Regiment Gens d'armes, welches 1806 aufgelöst wurde, bestand das Garde du Corps bis zum Untergang der Hohenzollernmonarchie.

23. Juni 1771 Generalfeldmarschall (1847) Ludwig Leopold Gottlieb Hermann von Boyen geboren

General Hermann von Boyen gehörte zu den Mitgestaltern der Militärreform, die Preußen für die Befreiungskriege gegen Napoleon und auf die erste Hälfte des 19. Jahrhunderts vorbereitete. Er war ein Intellektueller, ein Schüler Kants. Das Projekt der Wehrpflicht geht wesentlich auf ihn zurück; auch als „Vater der Landwehr" wurde er bezeichnet. Die Befreiungskriege machte er als Stabschef des Korps Bülow mit, bis ihn der König von 1814 – 19 zum ersten preußischen Kriegsminister machte; danach wurde er, wie andere Reformer auch, mehr oder weniger kaltgestellt. Ernst Moritz Arndt, mit dem er befreundet war, verfasste auf seinen Tod im Jahre 1848 (15.2.) ein Gedicht, das ihn würdigt. Sein Wahlspruch lautete: „Licht, Recht und Schwert".

24. Juni 1688 Generalfeldmarschall (1751) Friedrich Leopold Graf von Geßler geboren

Berühmt wurde Geßler durch die Attacke des Dragonerregimentes Ansbach-Bayreuth, dessen Chef er war, bei Hohenfriedberg. Es ist indessen unsicher, ob tatsächlich er es war, der diesen Ritt kommandiert hat. Es spricht aber einiges dafür, dass Friedrich der Große ihn mit dem Erfolg des Regimentes in Verbindung brachte: Eine bereits früher beantragte Erhebung in den Grafenstand, die er zunächst ablehnend beschied, wird am 31.7.1745 vollzogen. Im gleichen Jahr kommandierte Geßler auch in der Schlacht bei Kesselsdorf den rechten Kavallerieflügel. Überliefert sind Teile des Briefwechsels zwischen dem König und dem Feldmarschall: Friedrich versuchte, ihm bei seinen familiären Problemen zu raten. Die ersten Schlachten des Siebenjährigen Krieges machte er noch mit. Am

22.8.1762 stirbt Graf Geßler in Brieg, nachdem er sich schon vorher aus Altersgründen aus dem aktiven Dienst zurückgezogen hatte.

25. Juni 1752   Prinz Heinrich heiratet Prinzessin Wilhelmine von Hessen-Kassel

Diese Ehe wurde, mehr noch als die von Friedrich dem Großen, als eine Scheinehe angesehen – Heinrich schätzte die Gesellschaft der Frauen nicht sehr und zog es vor, die Lebensbereiche getrennt zu halten. Hatte einst der Soldatenkönig die Eheschließung des Kronprinzen Friedrich zur Bedingung für ein gewisses Maß an Freiheit und Selbstständigkeit gemacht, so handelte der König Gewordene an seinem Bruder ganz ähnlich. Dabei ist die Prinzessin eine wirkliche Schönheit gewesen, deren Anblick den Frauenverehrer Prinz August Wilhelm völlig verwirrte, als er sie zum ersten Mal sah.

26. Juni 1657   Der Große Kurfürst ernennt den Freiherrn von Sparr zum kurbrandenburgischen Generalfeldmarschall

Otto Christoph Freiherr von Sparr (1599 – 1668) ist der erste in der langen Reihe der brandenburgischen und preußischen Feldmarschälle. Geboren wahrscheinlich am 15.11. in Prenden bei Bernau, machte sich Sparr vor allem um die Organisation der Artillerie und das Befestigungswesen verdient. Er führte die brandenburgischen Truppen 1656 in der siegreichen Schlacht bei Warschau und 1664 in der Türkenschlacht bei St. Gotthard. Die Berliner gestatteten ihm, ein Familiengrabmal neben dem Altar der Marienkirche zu errichten, weil er die Kirche einmal gerettet hatte: Als 1661 ein Blitz den Turm in Brand setzte und Gefahr für das Kirchenschiff bestand, ließ der erfahrene Artillerist denselben mit wohl gezielten Kanonenschüssen herunterholen, so dass die übrige Kirche vom Feuer verschont blieb. Beim Wiederaufbau des Turmes und bei der Errichtung der Grabstätte übernahm sich Sparr, so daß er hochverschuldet am 9. Mai 1668 starb.

27. Juni 1866   Schlacht bei Nachod

Das V. Armeekorps sollte sich, um seine strategische Aufgabe im Gesamtplan zu erfüllen, aus dem schmalen Engpass von Nachod heraus in die Ebene entfalten. Trotz heftiger Angriffe zahlenmäßig vor allem anfangs stark überlegener österreichischer Verbände unter Feldmarschalleutnant von Ramming und General Hertwick, die das zu verhindern suchten, gelang es dem Kommandierenden General v. Steinmetz, mit seinen Truppen das freie Feld zu gewinnen und das gesamte Korps aus dem Engpass herauszuführen. In die gleichzeitig stattfindende Kavallerieschlacht griff auch der Armeeoberbefehlshaber, Kronprinz Friedrich Wilhelm, ordnend ein. Der Ruhm des Tages gebührt aber vor allem Steinmetz, der sich den Ehrennamen des „Löwen von Nachod" verdiente. Hier bewährten sich erstmals die neuen preußischen Zündnadelgewehre in großem Maßstab.

27. Juni 1866   Gefecht bei Langensalza

Die hannoversche Armee unter König Georg V. und General v. Arentschild war von Göttingen aufgebrochen, um sich mit den bei Meiningen stehenden bayerischen Truppen zu vereinigen. Anfangs hatte der König gezögert, gegen Preußen die Waffen zu erheben, sich dann aber überreden lassen, an die Seite Österreichs zu treten. Ein Angebot König Wilhelms für freien Abzug nach Bayern und dortige Neutralität lehnte er ab. Das Gefecht bei Langensalza mit den preußischen Truppen kam durch die auf beiden Seiten herrschende unzutreffende Auffassung zustande, die Bayern seien nah genug, um die Hannoveraner zu unterstützen. Daher sandte General Vogel v.

Falckenstein nur das Korps des Generals von Flies gegen den Feind. Die hannoversche Kavallerie ritt einige glänzende Attacken, und es gelang der Übermacht, die Preußen zum Abzug zu zwingen. Die Sieger hatten sich jedoch völlig verausgabt und litten zudem unter Munitionsmangel, so dass sie ihren Erfolg nicht ausnutzen konnten.

27. Juni 1866   Gefecht bei Trautenau

Der 27. Juni 1866 war auch auf dem böhmischen Kriegsschauplatz kein Glückstag für die Preußen: Das zur Zweiten Armee gehörende 1. (Ostpreußische) Armeekorps unter General Adolph von Bonin ging auf Befehl des Kronprinzen gegen Trautenau vor und erstürmte den Ort. Die vom Gardekorps angebotene Hilfe wies Bonin zurück. Der Befehlshaber der Österreicher, Feldmarschallleutnant von Gablentz, lancierte jedoch am Nachmittag unerwartet einen Gegenangriff und warf die Preußen aus Trautenau wieder hinaus. Am folgenden Tag setzte daher Kronprinz Friedrich Wilhelm das Gardekorps zu einem neuerlichen Angriff gegen Burkersdorf und Trautenau an, in dessen Verlauf Gablentz' Truppen zersprengt und beide Orte genommen wurden.

28. Juni 1744   Prinz Heinrich bekommt Schloss Rheinsberg geschenkt

Das widersprüchliche Verhältnis von Friedrich II. und seinem Bruder Prinz Heinrich lässt sich an dieser Gabe gut zeigen. Der König schenkt ihm den Ort, an dem er selbst nach eigenem, späten Urteil einzig glücklich gewesen ist, und den er nach seiner Thronbesteigung nur noch sehr selten aufgesucht hat. Andererseits verhindert er über lange Jahre, dass Heinrich dort Wohnung nimmt. Erst nach des Prinzen Eheschließung erlaubt er ihm 1753, sich dorthin zurückzuziehen. Und tatsächlich wird das Schloss vor allem nach dem Siebenjährigen Krieg Hort einer stillen, verbissenen Fronde gegen den König. Nach dessen Tod setzt Heinrich im Angesicht des Schlosses mit dem Obelisken für den Bruder Prinz August Wilhelm auch den eigenen Vorbehalten gegen Friedrich ein Denkmal.

28. Juni 1813 General von Scharnhorst gestorben

Die ohnehin nicht siegreiche Schlacht bei Großgörschen bekam durch den Tod des Generals von Scharnhorst noch eine zusätzliche Tragik. Dort zwar nur verwundet, ließ ihm eine diplomatische Mission während des Waffenstillstandes keine Zeit zur Genesung. Der Stabschef wollte nach Wien reisen, um das zögernde Österreich zum Anschluss an die Sache der Verbündeten zu bewegen. Auf dem Weg dorthin erlag er in Prag seiner Verwundung. Scharnhorst hat die Militärreformen, die nach 1807 dringend notwendig waren, um Preußen wieder erstarken zu lassen, mit großem Sachverstand und menschlichem Takt durchgesetzt. Es gab selbst von Seiten konservativer Kreise kaum ein Wort persönlicher Kritik an ihm. Was er als Feldherr selbst zu leisten vermocht hätte, werden wir niemals erfahren.

28. Juni 1866 Schlacht bei Skalitz

Das V. Armeekorps unter General von Steinmetz wurde, nachdem es sich bei Nachod den Weg ins flachere böhmische Land erzwungen hatte, vom 8. österreichischen Korps unter Erzherzog Leopold angegriffen. Die Preußen wiesen den Angriff zurück, worauf sich die Österreicher hinter den Bahndämmen von Skalitz verschanzten.

29.Juni 1801   Prinz Friedrich Carl Alexander von Preußen geboren

Friedrich Carl Alexander war der dritte Sohn von König Friedrich Wilhelm III. und Königin Luise.

Im Jahr 1820 begann er seine aktive Militärlaufbahn als Major im 1. Garde-Regiment zu Fuß. Als Oberst übernahm er im Jahr 1822 das 12. Infanterieregiment und das kaiserlich russische Infanterieregiment Liebau. Am 30. März 1824 wurde er zum Generalmajor ernannt. Am 17. Januar 1830 wurde Carl Kommandeur der 2. Garde-Division, am 30. März 1832 folgte die Beförderung zum Generalleutnant. Am 30. März 1836 wurde er Kommandierender General des IV. Armee-Korps. Nachdem im Jahr 1840 der Vater Friedrich Wilhelm III. gestorben war, und nun die Regierung von seinem Bruder Friedrich Wilhelm IV. übernommen wurde, erreichte Prinz Carl am 23. September 1844 den Rang eines Generals der Infanterie und wurde im März 1848 Inspekteur der 2. Armee-Abteilung. Am 30. März 1854 stieg er schließlich zum Generalfeldzeugmeister und Chef der preußischen Artillerie auf. In dieser Position führte Prinz Carl gezogene Geschützrohre (statt der bisherigen glatten Rohre) ein.

In der Zeit von 1864 bis 1866 wirkte Prinz Carl als Gouverneur von Mainz. Im Jahr 1866 erhielt er von Wilhelm I. für die Bewährung der von Carl geführten Artillerie den Orden Pour le Mérite. Am 25. August 1878 verlieh der niederländische König Wilhelm III. ihm das Komturkreuz des Militär-Wilhelms-Ordens. Carl war seit dem 16. Juni 1871 Chef des Ulanen-Regiments Nr. 15 und seit 1. Januar 1873 auch Chef des 3. Garde-Grenadier-Landwehrregiments.

JULI

1. Juli 1848   Erstes Erscheinen der Kreuz-Zeitung

Das konservative Kampfblatt verdankt seinen Namen dem Eisernen Kreuz, welches gleichsam sein Logo wurde. Eigentlich hieß sie „Neue Preußische Zeitung". An ihrer Vorbereitung, Herausgabe und Etablierung hatten auch Otto v. Bismarck und sein Bruder Bernhard mitgearbeitet. Durch die Veränderungen, welche die Revolution mit sich gebracht hatte, war nun das konservative Element im Staate, wollte es nicht untergehen, gezwungen, sich an der Bildung der öffentlichen Meinung zu beteiligen, und mit diesem Blatt sollte es auf Jahre hinaus erfolgreich geschehen. Man sprach von den Gruppierungen, die sich hier artikulierten, als von der „Kreuzzeitungspartei", und der nachmalige Ministerpräsident und Reichskanzler hatte auch mit ihr manchen Strauß auszufechten.

1. Juli 1867   Die Bundesverfassung des von Preußen dominierten Norddeutschen Bundes tritt in Kraft

Mit dem Sieg bei Königgrätz war Österreich nach 125 Jahren der Rivalität endgültig von der Ordnung der deutschen Verhältnisse ausgeschlossen. Es war an Preußen, sie nach seinen Vorstellungen zu gestalten. Das geschah mit dem Norddeutschen Bund, dessen Präsidium der König von Preußen übernahm. Als Fahne schlug Bismarck Schwarz-Weiß-Rot vor, die Verbindung des preußischen Schwarz-Weiß mit dem Rot-Weiß der Hansestädte. Seinem mißtrauischen König freilich mußte er es als die Kombination der preußischen mit den brandenburgischen Farben schmackhaft machen. Der Bund umfasste alle nördlich der Mainlinie gelegenen deutschen Staaten; mit Bayern, Württemberg und Baden – den „Südstaaten" - gab es geheime Beistandsverträge, so daß in der Konstruktion von 1867 das spätere Deutsche Reich bereits vorgebildet war.

2. Juli 1709   Beginn des Potsdamer Dreikönigstreffens

August der Starke, Kurfürst von Sachsen und König von Polen, sowie König Friedrich IV. von Dänemark weilten auf Einladung des preußischen Königs Friedrich I. in der Potsdamer Residenz. Seit neun Jahren währte der Nordische Krieg (1709 – 1721), in dem die agile Gestalt Karls XII. noch einmal Schwedens Macht aufs Äußerste steigerte und bedrohlich erscheinen ließ. So schlossen sich die drei Könige in Potsdam zu einem Bündnis zusammen, welches gegenseitige wohlwollende Neutralität und Unterstützung sichern sollte. Das Treffen dauerte bis zum 9. Juli, war aber im wesentlichen überflüssig, denn genau drei Tage später kapitulierte die schwedische Armee bei Poltawa vor den Russen. Immerhin hatte der Preußenkönig Gelegenheit gefunden, sich mit glanzvoller Repräsentation im Kreise anderer Monarchen zu zeigen.

3. Juli 1676   Generalfeldmarschall (1712) Fürst Leopold I. von Anhalt-Dessau geboren

Er wurde - obgleich selbständiger Fürst seines kleinen Landes – der Exerziermeister der preußischen Armee. Noch unter Friedrich I. zum preußischen Feldmarschall ernannt, pflegte er besonders enge Freundschaft mit dem Soldatenkönig Friedrich Wilhelm I., in dessen Tabakskollegium er ein gern gesehener Gast war. Rauh, aber nicht ohne Charme, sagte ihm diese Gesellschaft zu. 1734 wurde er sogar zum Feldmarschall des Heiligen Römischen Reiches erhoben. Leopold war ein Mann, der sich nahm, was er wollte: er heiratete 1698 die Dessauer Apothekerstochter Anna Luise Föse, und ließ sie per Urkunde von 1701 in den Stand einer Reichsfreifrau erheben, so daß die Ehe als ebenbürtig zu gelten hatte. Als er einst einen bestimmten Mann als Bürgermeister seiner Residenzstadt haben wollte, wertete er selbst öffentlich die in der Wahlurne auf dem

Marktplatz abgegeben Stimmzettel aus: egal, welcher Name drauf stand, er las den Namen seines Kandidaten vor, der die Wahl überzeugend gewann.

3. Juli 1866   Schlacht bei Königgrätz

Die Schlacht, die den deutschen Dualismus zugunsten Preußens entschied, wurde berühmt, weil die mit Moltke in Verbindung gebrachte strategische Maxime „Getrennt marschieren, vereint schlagen" hier erstmals bewusst und mit Erfolg angewandt wurde. Die 1. Armee unter Prinz Friedrich Karl und König Wilhelm hatte die Schlacht gegen den österreichischen Feldzeugmeister Benedek angenommen im Vertrauen darauf, daß die Elbarmee und vor allem die 2. Armee unter Kronprinz Friedrich Wilhelm ihr auf dem Schlachtfeld zu Hilfe kommen würden. Trotz banger Momente und einiger Verzögerung – von Stabschef Moltke mit vollendeter Ruhe überspielt – ging das Kalkül auf. Mit dem Eintreffen des Kronprinzen erlangten die Preußen die strategische Überlegenheit und besiegten die Österreicher vollkommen.

4. Juli 1791   Prinz Heinrich weiht in Rheinsberg einen Obelisken zu Ehren Prinz August Wilhelms ein

Wenn man aus dem Schloß Rheinsberg über den Grienericksee blickt, sieht man auf der Anhöhe den Obelisken, den Prinz Heinrich dem geliebten Bruder August Wilhelm gewidmet hat. Daneben sind beschriftete Medaillons zu Ehren anderer Heerführer des Siebenjährigen Krieges am Obelisken angebracht. Dabei hatte Heinrich eigene Kriterien der Auswahl walten lassen: Jene, die Favoriten des Königs gewesen waren wie Winterfeldt, fehlen;

anderer hingegen, die des Königs Ungnade unberechtigt getroffen hatte, wird mit besonderer Wärme gedacht. Zu diesem Zeitpunkt war Friedrich schon ein halbes Jahrzehnt tot; einig wären sich die Brüder vielleicht in der Beurteilung eines Mannes geworden, der mit großer Sympathie Erwähnung findet: des Generals von Zieten. Bemerkenswert ist der letzte Satz der Rede, die Prinz Heinrich aus Anlaß der Einweihung des Obelisken hielt: „Das Andenken schwindet, die Namen gehen verloren, und die Geschichte bleibt nur ein unvollkommener Entwurf, oft zusammengefügt durch Trägheit und Schmeichelei."

5. Juli 1778   Beginn des Bayerischen Erbfolgekrieges

Der bayerische Kurfürst Maximilian Joseph starb 1777 kinderlos. Der Habsburger Kaiser Joseph II. sah hier eine günstige Gelegenheit, den Prätendenten Karl Theodor von der Pfalz mit ein wenig Druck zu überzeugen, auf Bayern zu verzichten, um dieses an Österreich anzugliedern. Schon hatten seine Truppen Teile Bayerns besetzt, was indessen bei der Bevölkerung auf wenig Sympathie stieß. Friedrich der Große war ebenfalls nicht willens, den Territorialgewinn des Kaisers tatenlos zu akzeptieren und marschierte am 5. 7. 1778 in Böhmen ein. Damit war er der Held der Bayern; man sagt, vorübergehend habe das Stoßgebet nicht „Jesus, Maria und Joseph" gelautet, sondern „Jesus, Maria und Friedrich". Trotzdem der „Kartoffelkrieg" mit wenig Einsatz geführt wurde und mehr ein Taktieren war, erreichte Friedrich sein Ziel, Bayern wurde kein Habsburger Besitz.

6. Juli 1807   Begegnung von Königin Luise und Kaiser Napoleon in Tilsit

Preußens Lage nach Jena und Auerstedt, nach der Besetzung Berlins und der feigen Kapitulation der meisten wichtigen Festungen war verzweifelt. Das einzige Plus waren der gemeinschaftlich errungene preußisch-russische Teilerfolg bei Preußisch-Eylau und die nicht allzu verlässliche Freundschaft des russischen Zaren Alexander I. Während der laufenden Verhandlungen zwischen ihm und dem französischen Kaiser versuchte König Friedrich Wilhelm III. vergeblich, eine eigene Position zu wahren. Königin Luise zu Napoleon zu schicken, um in persönlichem Gespräch eine Milderung der französischen Bedingungen zu erreichen, war ein letzter Akt der Verzweiflung. Er blieb denn auch erfolglos, obwohl der Korse der Königin seine persönliche Bewunderung nicht versagen konnte.

7. Juli 1815   Blüchers Armee besetzt Paris

Bei der ersten Besetzung der französischen Hauptstadt war Blücher noch moderat gewesen und in gutmütiger Siegerlaune. Nachdem die Franzosen sich jedoch binnen Jahresfrist wieder Napoleon zugewandt hatten, war mit dem verärgerten alten Herrn nicht mehr gut Kirschen essen. Er erlegte den Parisern eine riesige Kontribution auf, um seine hungernde Armee zu ernähren und zu kleiden. Als die Vertreter der Stadt sich beschwerten, ließ er ausrichten, man solle sich an den ehemaligen Generalintendanten Daru wenden, der habe 1807 – 08 in Berlin gezeigt, dass er wisse, wie man Geld auftreibe. Auch befahl er, den Pont du Iena zu sprengen, weil er an die preußische Niederlage von 1806 erinnerte. Als der französische Außenminister Talleyrand für den Erhalt des Bauwerkes bat, lautete seine gereizte Antwort: „Die Brücke wird gesprengt, punktum. Und ich wollte, Herr von Talleyrand setzte sich noch darauf." Es kam jedoch aus technischen Gründen nicht mehr dazu.

8. Juli 1411 Burggraf Friedrich von Nürnberg wird von König Sigismund „zum obersten Verweser und Hauptmann der Mark" bestellt

Mit diesem Datum beginnt die lange und wechselvolle, im wesentlichen aber sehr erfolgreiche Herrschaft der Hohenzollern in der Mark Brandenburg. Es mag sein, dass die Personalentscheidung des Kaisers von Dankbarkeit bestimmt war: der Bruder Friedrichs, Johann, hatte einst in der Schlacht bei Nikopolis 1396 sein Leben gerettet. Der kaiserliche Statthalter, als den man ihn bis 1415 ansehen muß, sah sich mit enormen Schwierigkeiten konfrontiert. Der märkische Adel hatte sich an ein Raubrit-terleben gewöhnt, die mecklenburgischen Nachbarn hatten das Machtvakuum benutzt, um sich die Uckermark einzuverleiben. Friedrich mußte sich seine Stellung in der Mark erst erkämpfen.

9. Juli 1807 Frieden von Tilsit

Nachdem Napoleon eine russische Armee bei Austerlitz (1805) vernichtet hatte, war er – vielleicht durch das Patt gegen preußisch-russische Truppen in der Schlacht bei Preußisch Eylau (7.2.1807) dazu bewogen – bereit, in die alten Bahnen seiner Russlandpolitik zu Zeiten Pauls I. zurückzulenken: Er und der Zar im Bündnis könnten Europa beherrschen. Entsprechend sah Tilsit Verhandlungen zwischen ihm und Zar Alexander I. – Preußens Friedrich Wilhelm III. war nur geduldeter Zuhörer. Und nur auf des Zaren Wunsch, einen Pufferstaat zwischen dem unruhigen Frankreich und sich zu haben, gestand Napoleon zu, dass Preußen, wenngleich aller westelbischen Besitzungen und weiter Teile der ehemaligen polnischen Beute beraubt, dazu mit vielen politischen und militärischen Auflagen geknebelt, fortbestand. So sah der Frieden aus, der den unseligen Krieg von 1806 beendete.

10. Juli 1909   Absetzung des Reichskanzlers Fürst Bülow durch Kaiser Wilhelm II.

Die Tragik Wilhelms II. bestand darin, daß er sich Minister leistete, die allzeit willfährig seine Wünsche erfüllten. Auf Fürst Bülow, einen Weltmann von großer Gewandtheit, dazu erfahrener Diplomat und von erheblicher Sachkenntnis in internationalen Affären, traf dies in besonderem Maße zu. Er hat es nicht verstanden, den Launen und Fehlern des Kaisers mit Rückgrat entgegenzutreten. Daher schätzte ihn Wilhelm über lange Zeit sehr. Die Entfremdung kam durch die so genannte Daily Telegraph – Affäre. Der Kaiser hatte ein spontanes, eigentlich gutgemeintes Interview gegeben, welches die englische Zeitung veröffentlichte. Darin äußerte er sich wenig überlegt zum deutsch-britischen Verhältnis. Es folgte ein Sturm der Entrüstung in der deutschen Presse. Bülow hatte es versäumt, den Kaiser vor den Folgen seiner Spontaneität zu schützen, so dass dieser sich im Stich gelassen fühlte. Beim nächsten sich bietenden Anlass – einer Abstimmungsniederlage im Reichstag – wurde der Reichskanzler geschasst.

11. Juli 1535   Tod des Kurfürsten Joachim I. Nestor

Die letzten Jahre Joachims waren von seiner wütenden Ablehnung der lutherischen Lehre überschattet, der er sich bis zu seinem Tode verschloss, wie auch sein Bruder Kardinal Albrecht, der Erzbischof von Mainz und Magdeburg. Er konnte indessen nicht verhindern, dass seine eigene Gemahlin, Elisabeth von Dänemark, sich dem Protestantismus zuwandte. Um seinem Zorn zu entgehen, mußte sie allerdings nach Kursachsen flüchten. Auch seine Söhne Hans von Küstrin und Kurfürst Joachim II., unter denen er die Marken aufgeteilt hatte, führten nach seinem Tode die Reformation in ihren Ländern durch.

11. Juli 1657   Der nachmalige Kurfürst Friedrich III. und König Friedrich I. geboren

Den ersten und den letzten Preußenkönig – Friedrich III./I. und Wilhelm II. – verbinden zwei Dinge in auffälliger Weise: Beide waren enorm prunkliebend, und beide waren von Kindheit an verkrüppelt – Friedrich infolge eines Unfalles im ersten Lebensjahr. Beider Kindheit gestaltete sich durch die Behinderung recht hart. Friedrich wurde von den Berlinern deshalb auch „der schiefe Fritz" genannt. Der älteste Sohn des Großen Kurfürsten, Kurprinz Karl Emil (geb. 16.2. 1655), starb 1674 auf einem Feldzug gegen Frankreich an der Ruhr; damit rückte Friedrich an seine Stelle. Er wurde auch von der Historiographie nicht gut behandelt, die ihn als schwachen Sohn eines starken Vaters darzustellen pflegt. Die übertriebene Sparsamkeit seines eigenen Nachfolgers, des Soldatenkönigs, tat ein übriges, seine Prunkliebe in schlechtem Licht erscheinen zu lassen, zumal sich auf lange Zeit in Preußen dessen Stil durchsetzte, nicht der seine. Auch das distanzierte Urteil seines Enkels Friedrichs II. trug zu dem Negativbild bei. Die Energie jedoch, mit der der erste Preußenkönig seine politischen und künstlerischen Ziele erreichte, rät ein anderes Urteil an.

12. Juli 1703   Das Reiterdenkmal des Großen Kurfürsten wird enthüllt

Andreas Schlüter schuf 1696 – 1700 mit dem Denkmal Friedrich Wilhelms eine der imposantesten Reiterstatuen des Barock. Die wuchtige Gestalt des Kurfürsten wird in antiker Rüstung dargestellt und passt damit sehr gut in den Anspruch Friedrich III., Berlin zu einem deutschen Rom gestalten zu wollen. Es wurde 1703 auf der

Langen Brücke (heute Rathausbrücke) neben dem Berliner Schloss aufgestellt. Seit 1952 kann man es im Ehrenhof des Schlosses Charlottenburg bewundern. Ein Abguss steht in der Kuppelhalle des Bodemuseums.

13. Juli 1870   Bismarck redigiert die „Emser Depesche"

Am Abend dieses Tages saßen Graf Bismarck, Generalstabschef v. Moltke und Kriegsminister General Graf Roon gemeinsam zu Tisch, als eine Depesche des Geheimrats Abeken dem Bundeskanzler von den Gesprächen König Wilhelms berichtete, die dieser in Bad Ems mit dem französischen Botschafter Graf Benedetti in der Sache der spanischen Thronkandidatur des Prinzen von Hohenzollern-Sigmaringen gehabt hatte. Frankreich verlangte eine bindende Zusage, daß Preußen niemals wieder einer solchen Idee zustimmen würde – es ging um einen Prestigeerfolg für das französische Kaisertum Napoleon III. Des Königs Reaktion war höflich und etwas unsicher gewesen, schließlich hatte er die Verhandlungen vorerst abgebrochen. Bismarck strich den Bericht so zusammen, daß der Eindruck einer schroffen Zurückweisung des französischen Ansinnens entstand. Moltke meinte: „Vorher klang es wie eine Chamade (Rückzugssignal), jetzt klingt es wie eine Fanfare!" In dieser Form den europäischen Höfen zur Kenntnis gebracht, wurde die Emser Depesche zum Anlass des deutsch-französischen Krieges von 1870-71.

13. Juli 1874   Attentat auf Fürst Bismarck

Der 21jährige Böttchergeselle Eduard Franz Ludwig Kullmann führte in Kissingen einen Revolveranschlag auf den Reichskanzler aus und verwundete ihn dabei leicht am Handgelenk. Der flüchtende Attentäter wurde schnell ergriffen und von Bismarck selbst verhört.

Dabei gestand er, seinen Anschlag im Zusammenhang mit dem so genannten „Kulturkampf" verübt zu haben; es seien die gegen die katholische Kirche gerichteten Gesetze gewesen, deretwegen er den Kanzler habe töten wollen. Er bekannte sich zur Zentrumspartei, den politischen Arm nicht allein des Klerus, sondern auch anderer „Reichsfeinde". Bismarck hat 1872 - 76 die staatliche Souveränität und die unumschränkte Macht seines Amtes durch einen energischen Kampf gegen die überstaatlichen, ultramontanen Loyalitätsvorstellungen des deutschen Klerus zu sichern gesucht. Dabei wurden mit der Zeit alle katholischen Bischöfe eingesperrt und eine ganze Reihe restriktiver Gesetze erlassen, die geeignet waren, den politischen Klerikalismus auf seinen Platz zu verweisen. Die Liberalen verstanden das als Kampf für die Freiheit des Geistes und jubelten Zustimmung. Von Rudolf Virchow stammt der Begriff des „Kulturkampfes".

14. Juli 1867   Otto   von   Bismarck   wird   Kanzler   des Norddeutschen Bundes

Die Konstruktion der Personalunion – der König von Preußen war gleichzeitig Bundespräsident, nach der Umwandlung des Norddeutschen Bundes in das Deutsche Reich Deutscher Kaiser – bewährte sich auch auf der Ebene des Regierungschefs: Bismarck verband – bis auf eine Reihe von Jahren – das Amt des preußischen Ministerpräsidenten mit dem des Bundesresp. Reichskanzlers. Das war dazu angetan, die Dominanz Preußens im neu zubildenden deutschen Staat zu verdeutlichen; es entsprach einfach den realen Machtgegebenheiten.

15. Juli 1848   Der preußische General v. Peucker wird Reichskriegsminister

Die Frankfurter Nationalversammlung ging an die Schaffung von gesamtdeutschen Behörden. So wurde Erzherzog Johann von Österreich, ein älterer Herr, der im Rufe der Bürgerfreundlichkeit stand, zum Reichsverweser bestellt. Er ernannte die Ressortchefs, wobei der preußische Bankier Beckerath Finanzminister wurde, der ebenfalls preußische Generalmajor Eduard von Peucker Reichskriegsminister. Es ist kein Zufall, dass es kein sehr ranghoher Militär war, den Berlin für dieses Amt zur Verfügung stellte, widerspiegelt es doch die Geringschätzung der Frankfurter Bemühungen um die Einigung Deutschlands. So hat denn Peucker auch nichts von Bedeutung bewirken können. 1849, inzwischen längst seines Postens enthoben, führt er die aus Hessen und Mecklenburgern bestehenden Verbände des „Reichsheeres" gegen die pfälzische Insurrektion, in engem Zusammengehen mit den Truppen unter Prinz Wilhelm von Preußen.

16. Juli 1809   General der Infanterie Konstans Bernhard von Voigts-Rhetz geboren

General von Voigts-Rhetz war im Krieg von 1866 zunächst Chef des Stabes der 1. Armee des Prinzen Friedrich Karl, wobei sich eine ausgezeichnete Zusammenarbeit beider ergab. Das spricht für die menschlichen Qualitäten des Generals, denn der ehrgeizige, aber unsichere Prinz war kein bequemer Vorgesetzter, wie das Zerwürfnis mit General Blumenthal 1864 beweist. Danach bekam Voigts-Rhetz das Kommando des in Hannover neu gebildeten X. Armeekorps. Dies war eine verantwortungsvolle Stellung, denn das Land war eben erst zu Preußen gekommen und vorher als Königreich selbständig gewesen. Es gab Skepsis und Feindschaft, die Voigts-Rhetz in seiner umsichtigen, liebenswürdigen und doch energischen Art überwand. An der Spitze dieses Korps zog er auch in den Krieg gegen

Frankreich. Er zeichnete sich im Umgang mit seinen Untergebenen durch Takt und Freundlichkeit aus, selbst Manöverkritiken pflegte er so zu formulieren, daß sie für die Betroffenen nicht entmutigend oder kränkend wirkten. General von Voigts-Rhetz starb nach schwerer Krankheit am 15.4.1877 in Wiesbaden.

17. Juli 1849 Begründung des „Treubundes für Preußens Frauen und Jungfrauen"

Der Dichter und ehemalige Offizier des Garde-Kürassier-Regiments Otto Graf Schlippenbach hatte den Treubund ins Leben gerufen. Die Vereinigung verschrieb sich sozialen, caritativen und auch restaurativen Zielen. Obwohl also durchaus mit einem akzeptablen Anliegen versehen, sorgte das süßliche Pathos des Bundes, welches den anstehenden Problemen denn doch nicht gerecht zu werden vermochte, für einiges Gespött in Berlin. Auch die im Namen benannte Zielgruppe gab Anlass zu süffisanten Bemerkungen.

18. Juli 1608 Kurfürst Joachim Friedrich gestorben

Albrecht von Brandenburg, der 43 Jahre erster Herzog von Preußen gewesen war, starb 1568. Sein Sohn, Albrecht Friedrich, zeigte bald die Symptome einer Geisteskrankheit. Daher wurde der brandenburgische Kurfürst Joachim Friedrich 1605 zum Administrator von Preußen ernannt, denn er war durch seine Heirat mit Albrecht Friedrichs Tochter Eleonore mit ihm verwandt. Damit stellte sich erstmals eine Herrschaftsverbindung zwischen der Mark Brandenburg und dem Herzogtum im tiefen Nordosten her.

18. Juli 1684   Der Große Kurfürst unterzeichnet den Marineetat für die späten 80er Jahre

Kurfürst Friedrich Wilhelm hatte es gegen Ende seiner Regierungszeit endlich geschafft, eine kleine Flotte nicht nur auf Leihbasis zu halten, wie bisher, sondern zu kaufen. In diesem Jahr gewährte ihm die Fürstin Christine Charlotte von Ostfriesland als Dank für erwiesene militärische Hilfe in ihrem Streit mit den Ständen des Landes Hafenrechte in Emden. Auch hatte sich die ökonomische Situation Brandenburgs allmählich etwas verbessert, so daß Friedrich Wilhelm an den Ankauf und die feste Haltung einiger weniger (9) Schiffe gehen konnte. 45 324 Reichsthaler waren in seinem Etat für die brandenburgische Flotte vorgesehen. Unter seinen Nachfolgern fand die Marine wenig Verständnis, so dass die Idee für fast zweihundert Jahre ruhte.

19. Juli 1810   Tod der Königin Luise

Auch ihr Leibarzt Hufeland hatte der Königin nicht mehr helfen können, so daß sie in Hohenzieritz, von einem Besuch bei ihrem Vater kommend, starb. Schönheit und ein früher Tod sind gute Voraussetzungen, ein Mythos zu werden: da die erst 34jährige zudem von natürlicher Intelligenz, Liebenswürdigkeit und Lebhaftigkeit war, hat sie die Herzen derer, die sie kannten, schnell erobert. So verehrten etwa Blücher und Major von Schill sie zutiefst. Nach den furchtbaren Erfahrungen der Jahre 1806/ 07 zeigte sie Einsichten in die Ursachen des Geschehens: „Wir sind auf den Lorbeeren Friedrichs des Großen eingeschlafen." Sie wirkte auf den König ein, um die Berufung der Reformer Stein, Hardenberg und Scharnhorst durchzusetzen. Die borussische Geschichtsschreibung verklärte sie zur „Preußenmadonna". Auf den Tag genau 60 Jahre danach erklärte das Frankreich Napoleons III. Preußen den Krieg.

19. Juli 1870   Kriegserklärung Frankreichs an Preußen und den Norddeutschen Bund

Keine Woche dauerte es nach der Emser Depesche, dann hatte Bismarck die Franzosen da, wo er sie haben wollte. Österreich war 1866 so behandelt worden, daß der Groll, den es hegte, nicht ausreichte, gegenüber der eigenen Bevölkerung einen neuen Krieg gegen Preußen zu rechtfertigen. Rußland blieb Preußen in Erinnerung an den freundlichen Akt (Konvention Alvensleben) während des Polnischen Aufstandes 1863 gewogen, Dänemark wurde unter Druck gesetzt. So stand Frankreich allein da. Und als Bismarck die annexionistischen Anträge veröffentlichte, die Napoleons III. Regierung seit 1866 an Preußen gerichtet hatte, fand sich in Europa nur mehr wenig Sympathie für Paris. Die große Kunst Bismarckscher Politik war es, den Gegner zu isolieren, und ihn in einem künftigen Krieg von vornherein ins Unrecht zu setzen. So waren, ganz anders als 1914, seine Kriege politisch gewonnen, bevor sie militärisch begonnen hatten.

20. Juli 1603   Erste Inventur der kurfürstlichen Kunstkammer

Das älteste Verzeichnis der Kunstkammer im Berliner Schloss ist in der Zeit des Kurfürsten Joachim Friedrich angefertigt worden. Leider ging der Text derselben verloren. Erst spätere Listen, die immer wieder einmal erstellt wurden, sind uns erhalten geblieben und sprechen von zufallsbestimmter, aber kontinuierlicher Sammlertätigkeit der Hohenzollern. Während des Dreißigjährigen Krieges wurden die Bestände, die einem Kammermeister unterstanden, in die Festung Küstrin ausgelagert; es scheint dennoch das meiste davon verloren gegangen zu sein. Die Zeit des Großen Kurfürsten und seines Sohnes brachte wieder neuen Glanz in die kurfürstliche Antikensammlung. Die spartanische Sparsamkeit des

Soldatenkönigs machte vieles davon zunichte. Goldene Münzen und Medaillen wurden eingeschmolzen, viele Artefakte weggegeben an den sächsischen Kurfürsten. Das Vorhandene kam 1830 zu großen Teilen in das Alte Museum und wurde damit der Öffentlichkeit zugänglich gemacht.

20. Juli 1951   Kronprinz Wilhelm gestorben

Nach seinem Thronverzicht hatte der Kronprinz wie sein Vater in Holland gelebt. 1923 durfte er nach Deutschland zurückkehren und wohnte bis 1945 mit seiner Familie im einst für ihn erbauten Schloss Caecilienhof. Er gab sich im wesentlichen dem angenehmen gesellschaftlichen Leben und seinen Interessen hin, pflegte die Kontakte zu seinem sehr internationalen Freundeskreis, vor allem in Frankreich und England. Im Unterschied zur Zeit vor 1918 wirkt er in dieser Zeit gereifter und weniger unangenehm. Bis auf gelegentliche Ausrutscher wahrt er – im Unterschied zu seinem Bruder Prinz August Wilhelm – Distanz zu den Nationalsozialisten.

Wilhelm war seit 1905 mit Prinzessin Cecilie von Mecklenburg-Schwerin (20.9.1886 – 6.5.1954) verheiratet. Der ehemalige Reichskanzler Fürst Bülow äußerte einmal über ihn, unter seiner Herrschaft wäre das Regieren leichter gewesen, als es unter der seines Vaters war, weil er weniger ehrgeizig und verspannt war, und nicht ständig die eigene Bedeutung hätte beweisen müssen.

21. Juli 1762   Schlacht bei Burkersdorf

Der Siebenjährige Krieg brachte rasante Umschwünge mit sich: eben noch hatte die Thronbesteigung Zars Peter III. aus dem Gegner

Rußland einen Verbündeten Friedrichs gemacht, da kam mit der Nachricht von seiner Ermordung der Befehl der neuen Zarin Katharina an das russische Hilfskorps, sich sofort zurückzuziehen. Friedrich überredete den Oberbefehlshaber Tschernyschew, die Ausführung dieses Befehls noch um einige Tage zu verzögern, die er nutzte, um Daun bei Burkersdorf anzugreifen. Längst nicht mehr in klassischer Schlachtaufstellung wie zu Beginn der Schlesischen Kriege, sondern in drei unabhängig voneinander operierenden Armeegruppen wurde der Angriff unter Nutzung aller Geländevorteile vorgetragen. Der geschlagene Daun war zum Rückzug genötigt, und wenn Wien noch einen Denkanstoß gebraucht hatte, um endlich Frieden mit Preußen zu schließen, dann gab ihn Burkersdorf. Es sollte Friedrichs letzte große Schlacht bleiben.

22. Juli 1741   Gefecht bei Rothschloss

Im 1. Schlesischen Krieg hatte sich die preußische Kavallerie nicht gerade mit Ruhm bedeckt, bei Mollwitz war sie von den Österreichern geworfen worden. Das Gefecht von Rothschloss half, ihr Ansehen wiederherzustellen. Major von Zieten schlug mit der 2. Schwadron des Leibhusaren-Korps überlegene österreichische Kavallerie unter dem General Baranyay in die Flucht. Die Ironie der Geschichte besteht darin, daß ebendieser es gewesen war, der 1735 bei den Feldzügen gegen die Franzosen am Rhein dem „hospitierenden" preußischen Husarenoffizier Zieten die Grundlagen der Führung und des Einsatzes leichter Reiterei beigebracht hatte. Bei Rothschloss erwies sich Zieten als gelehriger Schüler: Baranyay entkam nur mit Schwierigkeiten dem hitzigen Angriff der Leibhusaren.

23. Juli 1759   Gefecht bei Kay (oder Paltzig)

Die Ungnade, mit der Friedrich der Große erfolglose Generale wie Prinz August Wilhelm, General v.Finck oder die Verlierer der Schlacht bei Breslau behandelte, ist bekannt. Aber er konnte auch anders. Der von ihm mit diktatorischen Vollmachten ausgestattete Generalleutnant Karl Heinrich v. Wedell erhielt, nachdem er mit seinem Korps bei Kay von den Russen unter General Soltikow geschlagen worden war, vom König ein Trostschreiben, in dem es hieß: „Nur mehr nicht daran gedacht!" - obwohl Friedrich beim Erhalt der Nachricht von der Niederlage getobt hatte.

23. Juli 1785   Friedrich II. gründet in Berlin den „Deutschen Fürstenbund"

Begonnen hatte Friedrich als ein Rebell gegen das Heilige Römische Reich und die neue Kaiserin. So jedenfalls verstand er sich selbst. Er schrieb beim Einmarsch in Schlesien an den Minister Podewils: „Ich habe den Rubicon überschritten." (Die bewaffnete Überquerung dieses Grenzflusses eröffnete im alten Rom den Bürgerkrieg, indem Druck auf die Hauptstadt ausgeübt wurde). Jetzt war es Habsburg in Gestalt seines jungen Kaisers Joseph II., das eine Überwindung der machtpolitischen Lähmung der Reichsangelegenheiten zugunsten der österreichischen Macht anstrebte – etwa im Bayerischen Erbfolgekrieg 1778 – 1779. Wohl wissend, daß er in seinem Leben nichts mehr erobern werde, versuchte Friedrich den Status quo im Römischen Reich gegen österreichische Hegemoniebestrebungen zu sichern, indem er sich eine Idee des Weimarer Herzogs Carl August zueigen machte – den Fürstenbund.

24. Juli 1641   Brandenburgisch-schwedischer Waffenstillstand

Nachdem Friedrich Wilhelm Kurfürst geworden war, richtete er seine Energie darauf, das schwer angeschlagene Brandenburg aus dem

Dreißigjährigen Krieg herauszuführen. Das Land kämpfte, obschon protestantisch, auf kaiserlicher Seite gegen die Schweden. Der neue Herr streckte diplomatische Fühler aus, um ein früheres Projekt wieder zu beleben: Seine Heirat mit der schwedischen Königin Christine, die das zusammenhängende schwedische Ostseereich beträchtlich nach Süden erweitert, und seiner Dynastie vielleicht den Stockholmer Thron gesichert hätte, auf jeden Fall den Besitz Pommerns, wie er hoffte. Bekanntlich kam es nicht dazu. Einen Waffenstillstand erreichte der brandenburgische Beauftragte Gerhard Rumelian v. Kalcheim aber doch. Friedrich Wilhelm reduzierte sein Heer erheblich. Er verzichtete auf das Mittel der Gewalt, um die Situation seines Landes zu verbessern, und setzte auf eine politische Lösung. Erst als Brandenburg auch danach wieder Schauplatz von Kampfhandlungen wurde, begann er erneut mit dem Aufbau eines stehenden Heeres, bald zusätzlich von der Hoffnung angespornt, in den anstehenden Erbstreitigkeiten (Pfalz-Neuburg) die eigene Position zur Geltung bringen zu können. Damit bewies Friedrich Wilhelm die Fähigkeit, flexibel und mit Varianten von Politik auf gegebene Situationen zu reagieren.

24. Juli 1815   Die Anklage des zurückgekehrten Ludwig XVIII. veranlasst Carnot zur Flucht nach Polen, später nach Preußen

Lazare Carnot wurde am 13.5.1753 in Frankreich geboren. Der Offizier war in der Französischen Revolution Mitglied der Nationalversammlung, des Nationalkonvents und 1793 des Wohlfahrtsausschusses, wo er für die Kriegführung verantwortlich war. Er organisierte die Armeen der Republik, rüstete sie aus, bestimmte ihre Führer und entwarf die Kriegspläne. Als Mitglied des Direktoriums wurde er 1797 kaltgestellt. Napo-leon schätzte den Militärfachmann hoch, trug ihm verschiedentlich Ämter und Kommandos an. Carnot aber blieb auf Distanz, unterstützte den Kaiser nur, wenn es das Interesse Frankreichs erforderte. Die Anklage der Bourbonen – er hatte einst im Nationalkonvent für den

Tod Ludwigs XVI. gestimmt – zwang ihn, Frankreich zu verlassen. Er starb am 3. August 1823 im Exil im preußischen Magdeburg. Von dort holten die Franzosen seine Gebeine erst 1889 heim, um sie im Pantheon ehrenvoll zu beerdigen.

25. Juli 1821   Brief König Friedrich Wilhelms III. an den Prinzen von Hessen-Homburg

Nach dem Ende der Befreiungskriege hatte der dankbare König bereits am 5.10.1815 für eine Reihe von verdienten Prinzen und Generalen kostbare Tafelgeschirre in der Königlichen Porzellan-Manufaktur in Auftrag gegeben. Das betraf u.a. die Prinzen August und Wilhelm, die Generale Yorck, Tauentzien und Kleist sowie eben den Prinzen von Hessen-Homburg. Die persönlich gehaltenen Geschenke verewigten Orte, an denen sich die Genannten ausgezeichnet hatten. Die Kapazität der Manufaktur war mehr als ausgelastet, da gleichzeitig auch ein umfangreiches Service für den Herzog von Wellington in Arbeit war. 1821 endlich war das Präsent für den Prinzen von Homburg fertig, und König Friedrich Wilhelm III. zeigte es unter dem Datum des 25.7. diesem in einem gnädigen Handschreiben an. Die Herstellung von Staatsgeschenken, mit denen die Preußenkönige ausländische Potentaten erfreuen und ehren wollten, war eine der Hauptaufgaben der KPM, so dass die Könige in gewisser Weise immer ihre eigenen besten Kunden blieben.

26. Juli 1828   Berliner Uraufführung des „Prinzen von Homburg"

Das Schauspiel „Prinz Friedrich von Homburg" hatte Heinrich von Kleist in den Jahren 1809 – 11 geschrieben. Es wurde erstmals 1821 in Wien uraufgeführt. Die Berliner bekamen es erst 1828 zu sehen, im noch nicht lange fertig gestellten Schinkelschen Schauspielhaus am Gendarmenmarkt. Und auch dabei handelte es sich eher um eine vorübergehende Aufhebung des generellen Aufführungsverbotes, welchem das Stück zu Lebzeiten Friedrich Wilhelms III. unterlag. Kleist verwendet eine Episode aus der Schlacht von Fehrbellin (1675), um die Problematik Befehl und Gehorsam, Gesetz und Gnade zu diskutieren – klassische preußische Themen. Obwohl des Prinzen ungehorsames Vorpreschen den Sieg sichert, will der Kurfürst den wiederholten Verstoß gegen die Disziplin mit dem Tod ahnden. In einem Prozeß der Wandlung erkennt der Prinz die Berechtigung des Urteils an, damit auch das Gesetz, das über allen steht, auch über dem momentanen Erfolg. Daher kann der Kurfürst Gnade üben, und der Schluss des Schauspiels wendet sich von der Tragödie zur Komödie.

27. Juli 1900   „Hunnenrede" Kaiser Wilhelms II.

Wenn die Alliierten in beiden Weltkriegen ihre deutschen Gegner als „Hunnen" zu bezeichnen pflegten, so war dies keine bösartige Eingebung ihrer Kriegspropagandisten; sie nahmen vielmehr nur einen Ball auf, den Kaiser Wilhelm ihnen mit jener Rede bei der Verabschiedung von Truppen nach China zugespielt hatte. Von ihr existieren mehrere differierende Niederschriften. In allen aber beschwört der Kaiser das Bild der Hunnen, „wie sie noch heute in Überlieferungen und Sagen gewaltig erscheinen" als ein Vorbild für das Auftreten deutscher Soldaten in China, „daß auf tausend Jahre hin es kein Chinese mehr wagt, einen Deutschen auch nur scheel anzusehen". Das Ziel des internationalen Krieges gegen China war die Zerschlagung der fremdenfeindlichen Ihotwan-Bewegung; der Anlass war die Ermordung des deutschen Botschafters in China, Freiherrn v. Ketteler.

28. Juli 1656   Schlacht bei Warschau unter brandenburgischer Beteiligung

1655 begann der Schwedenkönig Karl X. Gustav einen Krieg gegen Polen. Der brandenburgische Kurfürst Friedrich Wilhelm sah in dieser Auseinandersetzung die Gelegenheit, die ihm lästige polnische Lehnshoheit über das Herzogtum Preußen abzuwerfen. Zunächst aber wurde sie nur gegen die schwedische Oberhoheit eingetauscht (17.1.1656); Schweden wollte das Baltische Meer von eigenem Besitz umschlossen wissen. Ein polnischer Adelsaufstand für den Polenkönig Johann Kasimir schuf eine neue Sachlage, der Große Kurfürst zog an schwedischer Seite gegen Warschau. In dreitägiger Schlacht wurde die Stadt am 30. Juli genommen, der Angriff brandenburgischer Musketiere unter Graf Sparr gab den Ausschlag. Nun lavierte der Kurfürst zwischen den Kontrahenten, um zunächst von Polen am 19.9.1656 zu Wehlau die Unabhängigkeit Preußens anerkannt zu bekommen.

28. Juli 1742   Im Definitivfrieden zu Berlin erkennt Österreich den preußischen Besitz Schlesiens an

Obwohl der Frieden in Berlin geschlossen wurde, führt ihn die Historiographie seltsamerweise als „Frieden von Breslau", wahrscheinlich nach dem am 11.7.1742 dort abgeschlossenen Vorfrieden. Ganz Niederschlesien, den größeren Teil Oberschlesiens sowie die Grafschaft Glatz konnte Friedrich in dessen Ergebnis seinem Staat hinzufügen, den er damit um rund ein Drittel vergrößerte. Er sicherte der Kaiserin Maria Theresia seinerseits Frieden zu, und dass er keine weiteren Ansprüche auf österreichisches Gebiet erheben werde. Für sie war damit eine Atempause im Ringen um ihren Platz gegen die Koalition aus Feinden gewonnen, innerlich akzeptiert hat sie den Verlust der reichen Provinz zu diesem Zeitpunkt noch lange nicht, so daß neuerliche Waffengänge mit Preußen wahrscheinlich blieben.

29. Juli 1760   Heinrich Graf von Podewils in Magdeburg gestorben

Graf Podewils, geboren am 3.10.1695, war Minister des Auswärtigen unter Friedrich II. gewesen. Er hatte bereits unter dessen Vater eine Verwaltungskarriere gemacht. Vor allem zu Beginn seiner Regierungszeit war er Friedrichs wichtigster außenpolitischer Berater. Nur mit ihm und dem Feldmarschall Grafen Schwerin besprach der König seine Absichten auf Schlesien. Beide rieten damals zur Mäßigung und glaubten nicht an die Möglichkeit eines dauerhaften Erwerbs der Provinz. Podewils sah die kühnen Unternehmungen seines Königs immer mit banger Skepsis. Trotzdem, oder vielleicht gerade deshalb, hat ihn Friedrich sehr geschätzt und behandelte ihn zumeist mit Achtung und Freundlichkeit, wie auch aus seinen Briefen an ihn hervorgeht. Der Minister konnte mit den Friedensschlüssen von Breslau und Dresden die Ernte des 1. und 2. Schlesischen Krieges einholen. Das Ende des dritten hat er nicht mehr erlebt, er starb, als die Situation verzweifelt war, und wir müssen annehmen, dass es ein von Sorgen umdüsterter Tod war.

30. Juli 1777   General der Infanterie Karl Wilhelm Georg von Grolman geboren

Grolman gehörte zum Umkreis der Reformer um Scharnhorst und Gneisenau. Er haßte Napoleon jedoch so leidenschaftlich, dass er – von der Langsamkeit der Entwicklung in Preußen angeödet – zunächst in österreichische Dienste trat, wo er 1809 die Schlacht bei Aspern und Esslingen mitmachte, und später nach Spanien ging, um da gegen die Franzosen zu kämpfen. Das Jahr 1813 sah ihn wieder als Offizier der preußischen Armee, in der er die Feldzüge des Befreiungskrieges zum größten Teil im Kleistschen Korps mitmachte, dessen Erfolg bei Kulm und Nollendorf auch auf ihn zurückgeht. Im belgischen Feldzug von 1815 war er Generalquartiermeister bei Feldmarschall v. Blücher.

30. Juli 1898   Fürst Bismarck gestorben

In Friedrichsruh im Sachsenwald hatte Bismarck seine letzten Jahre in zunehmender Einsamkeit verbracht, nachdem er unter Mithilfe Lothar Buchers seine „Gedanken und Erinnerungen" geschrieben hat, deren 3. Band erst nach der Abdankung Wilhelms II. erscheinen darf. Der Kaiser besuchte den Alt-Reichskanzler dort mehrfach; es sind indessen Pflichtübungen, die vermeiden sollen, das der Schatten eines Mißklangs mit dem einst Gewaltigen auf die Person Wilhelms fällt. Nach einem dieser Besuche soll der alte Herr leise zu seinem Sohn gesagt haben: „Zwanzig Jahre nach Friedrichs des Großen Tod zerbrach sein Staat, zwanzig Jahre nach meinem Tod kommt das Ende," er deutete auf den abfahrenden Kaiser, „für den!" Die Skepsis gegenüber dem eigenen Werk ist ein bemerkenswerter Zug des stets so Tatkräftigen gewesen.

31. Juli 1759   Schlacht bei Minden

Bei Minden gelang es dem Herzog Ferdinand von Braunschweig, zum zweiten Mal nach Krefeld, mit seinen gemischten Truppen die französische Armee glänzend zu besiegen. Seinem Agieren ist es zu danken, dass diese es von 1758 bis zum Ende des Siebenjährigen Krieges niemals schafften, in die Kämpfe in Südostdeutschland einzugreifen und den Österreichern eine wirkliche Hilfe zu werden. Friedrich verdankte Ferdinand nach eigenem Eingeständnis viel, empfand aber gerade deshalb eine geheime Eifersucht auf den Feldmarschall, in dessen Siegen, die mit wesentlich geringeren Opfern erkauft waren, er eine Relativierung der eigenen Erfolge sah.

31. Juli 1810   Generalfeldmarschall (1888) Graf Blumenthal geboren

Bereits 1864 war er als Chef des Stabes bei Prinz Friedrich Karl bis zur Erstürmung der Düppeler Schanzen tätig. Mit dessen ernsthafter Art und seinem häufigen Schwanken kam er indessen nicht gut zurecht. Die Offenheit, die Blumenthal im dienstlichen Umgang eignete, tat ein übriges: es kam zum Zerwürfnis beider Männer, das erst nach dem Krieg wieder ausgeräumt werden konnte. An ein gemeinsames Kommando war indessen nicht mehr zu denken. Berühmt wurde Blumenthal als Stabschef des Kronprinzen Friedrich Wilhelm in den Einigungskriegen. Danach wurde ihm Ende 1871 das Kommando des IV. Armeekorps in Magdeburg übertragen, das er bis 1888 inne hatte. Sein Gut Quellendorf bei Köthen war nahe genug gelegen, dass er sich dort hin und wieder Erholung und Muße gönnen konnte. Blumenthal war mit der Engländerin Delicia Anna Eathorpe verheiratet.

AUGUST

1. August 1914   Beginn des 1. Weltkrieges

Der Errichtung des Deutschen Kaisertums durch Preußen folgte eine lange Friedenszeit – 43 Jahre, wenn man von kolonialen Auseinandersetzungen absieht. Im Grunde aber war es eine lange Vorkriegszeit: Die Verabsolutierung des Militärs als Grundidee des Staates, die Vergötzung der Macht, die mit unruhigen politischen Aktivitäten vor allem in der Zeit nach Bismarck, unter Wilhelm II. einherging, enorme wirtschaftliche Expansion und eine alle Mächte brüskierende Politik – all das musste früher oder später in einen

Krieg münden, zumal auch die anderen europäischen Mächte diesen aus ihrer spezifischen Interessenlage für notwendig hielten. Dass er nicht sein würde wie 1866 oder 1870, lag am „Alpdruck der Koalitionen". Selbst Bismarcks politische Kunst hätte nach 1871 nicht mehr vermocht, was ihm zuvor dreimal gelungen war: den jeweiligen Gegner einzeln vor die Klinge zu bekommen. Hatte er jedoch den potenziellen Hauptgegner, die französische Republik, noch isoliert gehalten, war es eine Folge der Politik Wilhelms II., dass zu Beginn des 1. Weltkrieges Deutschland de facto isoliert stand. Dieser Krieg war – anders als die Einigungskriege – politisch verloren, bevor er militärisch begann. Obwohl Kaiser Wilhelm II. den Krieg, der Preußen und die Dynastie vernichtete, nicht wollte, hat er objektiv jahrelang an seiner Vorbereitung gearbeitet.

2. August 1455   Kurfürst Johann Cicero geboren

Johann Ciceros Geburtsort war Ansbach. 1486 wurde er der vierte Markgraf und Kurfürst von Brandenburg aus dem Hause Hohenzollern, nachdem er bereits zehn Jahre lang seinen Vater Albrecht Achill, der von Anfang an stärker den fränkischen Hohenzollern-Besitzungen seine Aufmerksamkeit zuwandte, als selbständiger Statthalter vertreten hatte. Seine Herrschaft war eine wohlwollende und kräftige. Auch er setzte die Tradition seiner Väter fort und stabilisierte die eigene Autorität, vor allem gegenüber den Teilen des Adels, die immer noch aufsässig waren und sich als Raubritter betätigten.

2. August 1934   Reichspräsident Paul von Hindenburg gestorben

Dank guter Nerven und eines befähigten Stabschefs gewann Hindenburg die Schlacht bei Tannenberg, wurde zum Oberbefehlshaber Ost und am 2.11.1914 zum Generalfeldmarschall ernannt. 1916, nach Falkenhayns Scheitern, berief ihn der Kaiser zum Chef des Generalstabes des Feldheeres. Die von ihm repräsentierte OHL (Oberste Heeresleitung) hatte in der Person des 1. Generalquartiermeisters Erich Ludendorff de facto diktatorische Vollmachten über die deutsche Kriegführung und Politik, konnte aber die Niederlage 1918 nicht abwenden und riet zum Waffenstillstand. Nach der Niederlage begann 1925 eine zweite Karriere als Politiker – er, der überzeugte Monarchist, wurde Reichspräsident der Weimarer Republik. Als solcher lud er historische Schuld auf sich, indem er – bereits zu alt zu souveränen, richtigen Entscheidungen – gegen seinen instinktiven Widerwillen A. Hitler zum Kanzler berief. Fast noch schlimmer als das wirkte sich aus, daß er am 21.3.1933 – dem so genannten Tag von Potsdam – und mit der Unterzeichnung des Ermächtigungsgesetzes der nationalsozialistischen Bewegung die historische Würde Preußens, die seine Autorität verkörperte, zur Verfügung stellte.

3. August 1722   Prinz August Wilhelm von Preußen geboren

Der Bruder des großen Friedrich war eine höchst mittelmäßige Natur. Er liebte - im Unterschied zum König und Prinz Heinrich – die Frauen und die Jagd und verfügte – ebenfalls im Unterschied zu den beiden Vorgenannten – über keinerlei militärische Talente. Die Härte aber, mit der ihn Friedrich für die Pannen bei der Rückführung des bei Kolin geschlagenen Heeres verantwortlich machte, war in dieser Form ungerechtfertigt und eher dazu angetan, über eigene Fehler hinwegzutäuschen. August Wilhelm war mit der Prinzessin Luise Amalie von Braunschweig verheiratet. Die Kinderlosigkeit der Ehe Friedrichs machte es notwendig, ihn mit dem Titel „Prinz von Preußen" als Thronfolger zu installieren. Sein früher Tod bewirkte aber, daß erst sein Sohn Friedrich Wilhelm (II.) 1786 Nachfolger des Alten Fritzen wurde.

3. August 1741   Errichtung des Leib-Husaren-Regimentes

Die Husaren waren ursprünglich ungarische National-Kavallerie, und daher typisch für die österreichische Armee. Wendig, zu Überfällen, Vorpostengefechten und Aufklärungsaufgaben ausgezeichnet verwendbar, bürgerten sie sich als leichte Reiterei in allen großen europäischen Heeren ein – in Preußen 1721. Sie hatten jedoch keinen guten Ruf, galten als irreguläre Freischaren und bestanden überwiegend aus Ausländern, Ungarn und Polen. Mit der Errichtung des „Regimentes Schwarze Husaren (Nr.5)" versuchte Friedrich, ihre typischen „Qualitäten" zu nutzen und dennoch der Truppe eine gewisse Seriosität zu geben. Das Regiment hatte nach 1743 keine eigenen Standarten, zur Parade wurden gelegentlich Beutestandarten geführt. Ihm war außerdem erlaubt, die bei Katholisch-Hennersdorf von den Sachsen erbeuteten silbernen Pauken zu führen.

3. August 1770   König Friedrich Wilhelm III. geboren

Wie in anderen Familien auch, erklären sich die Wesenszüge der Hohenzollern-Söhne oft als Abhebung vom Vater. Während Friedrich Wilhelm II. ein Genießer, eine schwärmerische, sinnliche Natur war, entwickelte sich sein ältester Sohn, der das lockere Leben am Hofe seines Vaters mit Widerwillen ansah, zu einem verklemmten, unsicheren Menschen, der Schwierigkeiten hatte, sich zu artikulieren. Mit ihm ist das militärisch wirken sollende Sprechen in Infinitiven preußische Mode geworden. Das größte Glück seines Lebens war die Ehe mit Luise von Mecklenburg-Strelitz, die ihm ein erfülltes Privatleben gab und in vielem positiv auf ihn einwirkte. Ihr früher Tod im Jahre 1810 stürzte ihn in innere Leere. Erst am 29.11.1823 entschloss er sich, die Gräfin Auguste Harrach in morganatischer Ehe zu heiraten. Er erhob sie zur Fürstin v. Liegnitz.

4. August 1848   Die Nationalversammlung beschließt die Abschaffung der Todesstrafe

Als erste deutsche Volksvertretung tat die Preußische Nationalversammlung einen solchen Schritt. Überhaupt hat sie in den folgenden Wochen und Monaten erstaunliche Dinge beschlossen: so wurde die Herrscherformel „von Gottes Gnaden", der Adel und die Orden für abgeschafft erklärt, die Jagdprivilegien des Adels ersatzlos gestrichen, der Schutz der persönlichen Freiheit des Bürgers gesichert (Habeas corpus – Akte). Nach dem Sieg der Reaktion sind diese Festlegungen größtenteils wieder aufgehoben worden.

5. August 1730   Fluchtversuch des Kronprinzen Friedrich

Des Kronprinzen Kindheit und Jugend verliefen wenig glücklich. Sein Vater, der Soldatenkönig Friedrich Wilhelm I., war ein harter Arbeiter und Soldat, und er wünschte natürlich, daß sein Thronfolger nach ihm käme. Der aber gab sich weich, schwatzhaft und allem Französischen sehr zugetan. Nichts ließ auf einen künftigen Großen Friedrich schließen. „Fritz ist ein Querpfeifer und Poet", schrieb der unglückliche Vater und behandelte ihn demütigend und brutal. Das Verhältnis beider lief auf eine Katastrophe zu, die leicht, wie im Falle des Don Carlos oder – kurz vorher – Peter des Großen Sohn Alexej hätte tödlich ausgehen können. Die dilettantisch geplante Flucht scheiterte sehr schnell, und der tobende König stellte seinen Sohn und dessen Helfer, Leutnant von Katte, vor ein Kriegsgericht, das im Wappensaal des Köpenicker Schlosses zusammentrat. Die Generale und Offiziere erklärten sich für unzuständig, über den Thronfolger zu richten und verurteilten Katte zu lebenslanger Haft. Der König annullierte die Urteile und verschärfte sie.

6. August 1736   Kronprinz Friedrich bezieht Schloß Rheinsberg

Das Schloß am Grienericksee hatte Friedrich Wilhelm I. dem Kronprinzen geschenkt, um ihn für die sichtbare Loyalität zu belohnen, die dieser seit seiner missglückten Flucht 1730 dem König gegenüber bewiesen hatte. Damals hatten die Beziehungen zwischen Vater und Sohn einen Tiefpunkt erreicht. Inzwischen war Friedrich den väterlichen Erwartungen entgegengekommen, zuerst wohl eher von Angst getrieben und verstellt, später mit zunehmender Überzeugung. Er hatte sich auch als Kommandeur des 15. Infanterie-Regimentes in Ruppin bewährt. Der ziemlich selbständige Rheinsberger Hof gab ihm die Gelegenheit, einen lebhaften Kreis von Freunden um sich zu versammeln und eine geistig bewegte, heitere und ziemlich glückliche Zeit zu verbringen, die mit seiner Thronbesteigung 1740 ihr Ende fand.

6. August 1870   Schlacht bei Wörth

Als der Oberbefehlshaber der III. Armee, Kronprinz Friedrich Wilhelm, vom Geschützdonner alarmiert, gegen 11.00 Uhr auf dem Schlachtfeld erscheint, ist die Schlacht bereits in vollem Gange. Eigentlich war für den 6. ein Ruhetag geplant. Der Angriffselan der deutschen Truppen und ihrer Generale aber hatte aus einzelnen Gefechten im Bereich des V. Armeekorps einen allgemeinen Angriff auf die Armee des Marschalls Mac Mahon werden lassen, der bei Wörth eine feste Stellung bezogen hatte, um den Schlüsselpunkt der Vogesenpässe zu sperren. Unter Ausnutzung der so entstandenen Lage befiehlt die preußische Führung gegen 3.00 Uhr nachmittags einen konzentrischen Angriff der gesamten III. Armee auf Fröschweiler, wo sich die Masse der französischen Truppen befindet. Trotz tapferer Gegenwehr vermag nur die eiligste Flucht auf Reichshofen die zerschlagene Armee Mac Mahons zu retten.

7. August 1814   Neuenthüllung der Quadriga auf dem Brandenburger Tor

Binnen kurzer Zeit waren Brandenburger Tor und Quadriga zu einem viel beachteten Symbol geworden. Napoleon hatte sie demontieren und als Trophäe nach Frankreich führen lassen; eine der ersten Bemühungen Feldmarschall Blüchers galt ihrer Rückführung nach Berlin, wo sie unverzüglich an ihrem alten Platz wiederaufgestellt wurde, nunmehr mit einem Eisernen Kreuz versehen, um des Sieges über den Franzosenkaiser zu gedenken. An diesem Tag zog auch König Friedrich Wilhelm III. wieder in seine Hauptstadt ein und feierte dies mit einem Dankgottesdienst im Lustgarten, und ein wichtiges Ziel der Befreiungskriege konnte als erreicht angesehen werden.

8. August 1802   Musikdirektor Wilhelm Wieprecht geboren

Wieprecht wurde 1838 zum Direktor sämtlicher Musikchöre des Garde-Korps ernannt. Er machte sich in hervorragender Weise um die Sammlung, Pflege und Entwicklung der Militärmusik verdient und entsprach damit einem wichtigen Anliegen König Friedrich Wilhelms III. Er leistete auch zur technischen Entwicklung der Instrumente wichtige Beiträge. Zusammen mit J.G. Moritz erfand Wieprecht 1835 die Basstuba, später noch die Baßklarinette. Er begeisterte sich für militärmusikalische Großveranstaltungen, die er stilbildend zu inszenieren wusste. Der Große Zapfenstreich in seiner heutigen Gestalt geht auf seine Arrangements zurück. Wieprecht komponierte selbst mehrere Märsche und gab die Preußischen Armeemärsche in 7 Heften heraus. Er starb wenige Tage vor seinem 70. Geburtstag, am 4.8.1872.

9. August 1813   Zapfenstreich wird mit einem Gebet verbunden

Der „Zapfenstreich", der Schlag des Regimentsprofoß' – eine Art Militärpolizist –, auf den Zapfhahn, beendete den abendlichen Bierausschank und war das Zeichen für die Nachtruhe der Armee. (Es gibt eine Verwandtschaft des Wortes mit dem schwedischen „Tapto" und dem englischen „Tattoo".) Friedrich Wilhelm III., angeregt durch entsprechende Bräuche des russischen Heeres, befahl zu diesem Anlaß, dass der Hornist ein geistliches Lied blasen und von den Soldaten ein stilles Gebet gesprochen werden sollte. Im Jahre 1838, anlässlich eines Besuches von Zar Nikolaus I. in Berlin, wurde dieser einfache Brauch unter der Leitung von W. Wieprecht mit einem umfangreichen militärischen Musikprogramm verbunden, was dann als der erste Große Zapfenstreich fester Bestandteil im Zeremoniell der preußischen, später auch anderer deutscher Armeen, wurde. Bemerkenswert ist, daß aufgrund der engen Beziehungen zum Zarenreich ein großer Teil der Armeemärsche russischer Herkunft war – 1914 immerhin noch etwa 17 %.

10. August 1793   August Heinrich Neithardt geboren

Neithardt war Königlicher Musikdirektor der 2. Garde-Grenadier-Regimentes. Später reorganisierte er gemeinsam mit Einbeck den von König Friedrich Wilhelm III. begründeten Domchor nach russischem Vorbild. Er war dann auch längere Zeit dessen künstlerischer Leiter. Neithardt komponierte selbst, u.a. eine Oper und diverse Lieder. Berühmt wurde er 1832 durch die Vertonung des Gedichtes „Ich bin ein Preuße", welches der Gymnasiallehrer Bernhardt Thiersch 1830 verfaßt hatte. Dieses Lied wurde in der Folge so etwas wie eine inoffizielle Nationalhymne der Preußen. August Heinrich Neithardt starb am 18.4.1862 in Berlin.

10. August 1840   Amnestie Friedrich Wilhelms IV. für politische Vergehen

Die Amnestie des neuen Königs, der sich ohnehin des Rufes der Liberalität erfreute, weckte weitere Hoffnungen auf eine freiheitlichere Entwicklung Preußens. Unter den Amnestierten befanden sich auch zahlreiche Burschenschaftler. Ernst Moritz Arndt konnte auf seinen Lehrstuhl zurückkehren, die Gebrüder Jakob und Wilhelm Grimm wurden an die Preußische Akademie der Wissenschaften berufen. Für einen kurzen Augenblick schien die Erstarrung, in der das politische Leben Berlins unter den letzten Regierungsjahren Friedrich Wilhelms III. gelegen hatte, aufgebrochen zu sein.

11. August 1778   Friedrich Ludwig Jahn geboren

Der später „Turnvater" Genannte wurde in Lanz, in der Prignitz, geboren. Mit seinem Namen ist das Aufkommen der Leibesübungen zur Körperertüchtigung verbunden, was als eine der Grundlagen der allgemeinen Wehrpflicht anzusehen ist. In der Neuköllner Hasenheide baute er den ersten öffentlichen Turnplatz auf, wo Geräteturnen, Laufen, Springen und Werfen geübt werden konnte. Jahn legte Wert auf die Einheit von körperlicher und charakterlicher Schulung. Neben allem Guten und Sinnvollen, das seine Bemühungen auszeichnet, hat seine Agitation aber auch Züge des Merkwürdigen, des Deutschtümelnden und Borniertes. Wie andere auch, wurde er in der restaurativen Atmosphäre nach den Befreiungskriegen als Demagoge verfolgt. Er musste sich eine Zeitlang in einer Höhle über der Saale bei Halle versteckt halten und wurde später vom Krankenbett seines Kindes hinweg verhaftet.

12. August 1759   Schlacht bei Kunersdorf

Nach der furchtbaren Niederlage gut 100 km östlich von Berlin war die Lage des Preußenkönigs aussichtslos geworden. Friedrich dachte an Selbstmord. Die Sorge jedoch um ihre eigenen rückwärtigen Verbindungen und allgemeine Zögerlichkeit verhinderten die Ausnutzung des Sieges durch die Russen und Österreicher. Auch zeigten die russischen Generale wenig Interesse daran, Friedrich „den Fangschuss" zu geben. Der König nannte es in einem Brief an Prinz Heinrich das „Miracel des Hauses Brandenburg": „In der Zeit, da der Feind die Oder überschritten hatte und eine zweite Schlacht hätte wagen und den Krieg beenden können, ist er nach Müllrose und Lieberose marschiert ..."

13. August 1713   Erlass eines Hausgesetzes der Könige in Preußen

Eine der ersten Maßnahmen des neuen Königs Friedrich Wilhelm I. war ein Hausgesetz, welches die Besitzungen der Hohenzollern für unveräußerlich und für unteilbar erklärte. Damit wurde der Gedanke der „Dispositia Achillae" von 1473 aufgenommen und die Gefahr einer Zersplitterung des Staates gebannt. Die häufigen Teilungen feudaler Territorien unter mehreren Erben hatte z.B. die Macht der sächsischen Herzogtümer erheblich geschwächt und viele von ihnen unbedeutend werden lassen. Auch Brandenburg hatte derlei gekannt. Joachim I. teilte 1535 per Testament sein Erbe unter seinen Söhnen Kurfürst Joachim II. und Hans von Küstrin auf, letzterer erhielt weite Teile des östlichen Brandenburgs. Erst mit beider Tod 1571 kamen die Territorien wieder zusammen.

14. August 1688   König Friedrich Wilhelm I. geboren

Der Kur- und spätere Kronprinz Friedrich Wilhelm war im Geiste der calvinistischen Prädestinationslehre erzogen worden. Er blieb sein Leben lang auf eine ruppige Art fromm, wie denn alles, was er tat, einem cholerischen Temperament entsprang. Ähnlich wie sein Großvater, der Große Kurfürst, unternahm er Bildungsreisen in die

Niederlande und empfing dort Eindrücke von kraftvoller bürgerlicher Entwicklung, von Sparsamkeit und Tugend. Bereits von seinem 14. Lebensjahr an wurde er an allen wichtigen Verwaltungsvorgängen beteiligt. Er bewirtschaftete in seiner Kronprinzenzeit die Domäne Wusterhausen (deshalb später Königs Wusterhausen) in vorbildlicher Weise und übte sich dabei in Verwaltungsarbeit. Natürlich wurde er auch in den militärischen Dienst eingewiesen, wie er auch bei den großen militärischen Ereignissen der Zeit – dem spanischen Erbfolgekrieg – im Lager Marlboroughs hospitierte. So war er, als er 25 jährig die Macht übernahm, reif und auf seine Aufgaben gut vorbereitet.

14. August 1865   Vertrag von Gastein zwischen Preußen und Österreich

Cleverer als mit diesem Schachzug hätte Bismarck die künftige Auseinandersetzung mit Österreich nicht vorbereiten können. Österreicher und Preußen hatten in gemeinsamen Kampfhandlungen Schleswig und Holstein vor der Gefahr der Teilung und Einverleibung in den dänischen Staat bewahrt. Was also lag näher, als dass die Sieger sich die Verwaltung der nördlichen Herzogtümer teilen? Damit war indessen ganz zwanglos immer ein Konfliktpotential zur Hand, mit dem Preußen bei Bedarf politisch operieren konnte. Zusammen mit der populären, aber ein wenig scheinheiligen Forderung Preußens nach allgemeinen und gleichen Wahlen zu einem deutschen Parlament (9. April 1866), und der preußischen Besetzung Holsteins hatte der Vertrag von Gastein denn 1866 auch genau die Wirkung, die Bismarck sich von ihm erhofft hatte: Österreich glaubte, sich auf den Krieg einlassen zu müssen.

15. August 1760   Schlacht bei Liegnitz

Friedrichs Lage hatte sich seit der Niederlage von Kunersdorf ständig verschlechtert und war auch jetzt höchst gefährdet. Er kam mit etwa 30 000 Mann aus Sachsen und wollte sich mit dem Korps des Prinzen Heinrich bei Breslau vereinigen, als ihn am 14. August die dreifache österreichische Übermacht unter Daun, Lascy und Laudon bei Liegnitz stellte und seine Armee zu Dreivierteln einschloss. Bevor der siegessichere Daun jedoch am nächsten Tag die Schlinge zuziehen konnte, schlug die preußische Armee ihrerseits im Morgengrauen gegen das angreifende Korps Laudon los und stieß dieses beiseite. Im Grunde war es die ins Zyklische gewendete Idee der Schiefen Schlachtordnung: Obschon insgesamt weit unterlegen, dirigierte Friedrich seine Kräfte so, daß er an einem Punkt die Überlegenheit gewann. So entkam er der Falle und hatte sich den Weg nach Breslau freigekämpft. Das war der erste große Erfolg nach zwei Jahren.

16. August 1870   Schlacht bei Mars-la-Tour und Vionville

In gewaltiger Ausfallschlacht in Richtung Westen versuchten die Franzosen den Ring der deutschen II. Armee um Metz zu sprengen, was mißlang. Berühmt wurde die Attacke der 12. Kavalleriebrigade (Kürassier-Regiment Nr. 7 und Ulanen-Regiment Nr. 16) unter Generalleutnant Adalbert von Bredow (1814 – 1890) auf französische Stellungen, die von Artillerie und Infanterie gehalten wurden. Die Attacke wurde notwendig, als der Druck der Franzosen auf die deutschen Stellungen unerträglich wurde und keine weiteren Reserven zur Verfügung standen. Sie war ein Erfolg – doch über die Hälfte der preußischen Reiter fielen. Ferdinand Freiligrath hat dem Opferritt in dem Gedicht „Die Trompete von Gravelotte" ein Denkmal gesetzt, dabei Gravelotte mit Vionville verwechselnd.

17. August 1786   Tod Friedrichs des Großen in Sanssouci

Nicht lange vor seinem Tode hatte der schwerkranke Monarch den prominenten Arzt Zimmermann zu sich gerufen. Als er merkte, dass auch der ihm nicht mehr zu helfen vermochte, sandte er ihn wieder zurück zu seinen anderen Patienten mit den Worten: „Vergessen Sie den alten Mann nicht, den Sie hier gesehen haben!"

Die Rache Friedrich Wilhelms II. an seinem ungeliebten Vorgänger bestand darin, dass er Friedrichs Wunsch, auf der Terrasse von Sanssouci, „bei seinen Hunden" begraben zu werden, ignorierte und ihm ein offizielles Staatsbegräbnis in der Potsdamer Garnisonkirche zuteil werden ließ – mit feinem Gespür hatte er das herausgefunden, was den Toten, hätte er es denn wahrnehmen können, am meisten geärgert haben würde. Erst am 17. August 1991, an Friedrichs 205. Todestag, wurde sein Wunsch erfüllt. Prinz Louis Ferdinand von Preußen ließ die sterblichen Reste seines Vorfahren auf der Terrasse von Sanssouci beisetzen, nachdem sie im Gefolge des 2. Weltkrieges vorübergehend auf Schloss Hechingen Unterkunft gefunden hatten

18. August 1805   General der Infanterie Gustav von Manstein geboren

General der Infanterie Gustav Ehrenreich von Manstein übernahm 1867 den Befehl über das IX. Armeekorps, mit dem er auch 1870 in den Krieg gegen Frankreich zog. Der II. Armee des Prinzen Friedrich Karl unterstellt, wirkte er an der Belagerung von Metz mit, wobei er mit seinen Truppen besonderen Ruhm bei Vionville erwarb. Am 4. Dezember 1870 erstürmte er an der Spitze der 18. Division die Stadt Orleans. Am 13. Januar zeichnete er sich in der Schlacht bei Le Mans aus. General von Manstein verstarb am 11. Mai 1877 in Flensburg.

18. August 1870   Schlacht bei St. Privat / Gravelotte

Bereits am Vortage hatte sich abgezeichnet, dass die Franzosen einen erneuten Anlauf unternehmen würden, den Ring um Metz aufzubrechen und sich den Abzug zu sichern. Hätte Bazaine es an diesem Tage versucht, wäre es möglicherweise gelungen. Die entsprechenden Bewegungen der feindlichen Truppen waren aber nicht unbeobachtet geblieben. König Wilhelm, der mit General v. Moltke die Schlacht leitete, hatte starke deutsche Kräfte im Raum nordwestlich der Festung konzentriert. Der allgemeine Angriff der französischen Armee kam, und die Deutschen mußten weitere Umgruppierungen nach dem nördlich gelegenen St Privat vornehmen, um ihm standzuhalten. Die Helden des Tages waren die preußische Garde und die sächsische Armee, welche mit einer kühnen Flankenbewegung das Schicksal des feindlichen Ausbruchsversuches besiegelte. Mit dieser Schlacht wird die französische Armee unter Marschall Bazaine in der Festung Metz endgültig eingeschlossen.

19. August 1673   Jakob Paul Freiherr von Gundling geboren

Gundling hatte an mehreren Universitäten studiert und eine Zeit als reisender Hofmeister adliger Herren hinter sich, bevor er 1705 in Berlin eine Professur für Rechtswissenschaft und Geschichte an der Adelsakademie bekam. Diese wurde 1713 aufgehoben. Der Soldatenkönig verlieh Gundling den Titel eines Hofrates und machte ihn zum Historiographen. Ohnehin nicht mit viel Respekt vor der Geisteswissenschaft ausgestattet, verlor der handfeste Monarch vor dem willensschwachen Alkoholiker bald jegliche Achtung und degradierte ihn zu einer Art Hofnarren. Im Tabakskollegium wurde er mehr und mehr Gegenstand roher Scherze. Immerhin versuchte sich Gundling diesen unwürdigen Verhältnissen 1717 durch eine Flucht zu entziehen; der König wollte indessen nicht auf sein Spielzeug verzichten und ließ ihn wieder einfangen.

20. August 1841   Instruktionen zum Bau der Sacrower Heilandskirche

König Friedrich Wilhelm IV. hat sich große Verdienste um die Gestaltung der Umgebung von Potsdam erworben. Sie ist heute noch viel stärker von ihm als von Friedrichs des Großen baulichen Vorstellungen geprägt. Vor allem der Italienstil, der fast allen Neubauten des 19. Jahrhunderts eignete, zeugt von der Vorliebe des Königs für die frühchristliche Kultur dieses Landes. So erwarb er auch kurz nach seinem Regierungsantritt das Gut Sacrow, um am Havelufer eine Kirche mit dem beziehungsreichen Namen „S. Ecclesia sanctissimi Salva-toris in portu sacro" bauen zu lassen (Kirche des heiligsten Erlösers im heiligen Hafen). Nach seinen Entwürfen und unter seiner Mitwirkung präzisierte Ludwig Persius den Bauplan, den der König 1841 genehmigte. Am 20. 8. 1841 erließen die zuständigen Minister entsprechende Ausführungsbestimmungen. Am 21. 6. 1844 wurde der Bau feierlich eingeweiht und blieb bis zur Fertigstellung der Friedenskirche die bevorzugte Kirche des Hofes; man erreichte sie zu den Gottesdiensten mit Booten von der Seeseite her. Während der Zeit der Berliner Mauer war das landschaftlich wunderschön gelegene Gotteshaus nicht zugänglich und wurde in böswilliger Weise dem Verfall ausgesetzt, heute ist sie fast ganz restauriert und wieder zugänglich.

21. August 1838   Adelbert von Chamisso in Berlin gestorben

Schon früh hatte der in Preußen lebende Franzose sein Leben unter einem pessimistischen, traurigen Stern gesehen. Obwohl er sich mit viel Disziplin von der Wehleidigkeit oder auch Rührseligkeit abgrenzt, die man der Romantik gemeinhin zuschreibt, vermag er sich den Veränderungen, die durch die Industrialisierung in das Leben seiner Zeit kommen, zwar zu stellen – zu begrüßen vermag er sie nicht. Statt dessen verfällt er relativ früh in einen elegischen, vom Abschied bestimmten Alterstonfall. Seine kunstvollen Dichtungen handeln von der Unmöglichkeit des Handelns, von der Erstarrung und Lähmung der Menschen. Es sagt einiges aus über die Stimmung im Preußen der späten Regierungsjahre Friedrich Wilhelms III., dass er mit diesem Werk große Anerkennung fand.

22. August 1866   Abschluss eines geheimen Bündnisses mit Bayern

Preußen hatte Österreich besiegt und von der weiteren Gestaltung der deutschen Dinge ausgeschlossen. Es etablierte den Norddeutschen Bund als Keimzelle des neuen Deutschlands. Das waren sichtbare und klare Erfolge der Bismarckschen Politik. Mit Blick auf die Konflikte, die kommen mussten, waren jedoch die Geheimbündnisse, die Preußen mit den süddeutschen Staaten abschloss, fast ebenso wichtig – stellten diese doch für den Kriegsfall ihre Armeen dem König v. Preußen zur Verfügung! Eine Entscheidung der Politik, welche nach ihrem Bekanntwerden im folgenden Jahr in Bayern alles andere als populär war. Tatsächlich beruhte der französische Kriegsplan 1870 auf der Vorstellung, durch kräftige Invasion des süddeutschen Raumes die – ihrer Ansicht nach unentschlossenen – Staaten auf ihre Seite ziehen zu können.

23. August 1813   Schlacht bei Großbeeren

Napoleon hatte eine „Armée de Berlin" unter Marschall Quindot gebildet, der sich in den Besitz der preußischen Hauptstadt bringen sollte. Bei dem südlich Berlins gelegenen Ort Großbeeren kam es zur Schlacht, die sich temperamentlos und unentschieden bei ununterbrochenem Regen bis gegen 5 Uhr nachmittags hinzog. Bernadotte, der Kronprinz von Schweden, hatte als Kommandeur der verbündeten Nordarmee schon Befehl gegeben, sich in Richtung Berlin zurückzuziehen, als sich General von Bülow eigenmächtig entschloß, noch einmal das vor ihm in Großbeeren stehende Korps des Generals Reynier anzugreifen – womit dieser überhaupt nicht mehr gerechnet hatte. Es entspann sich ein heftiges Artilleriegefecht, welchem Bülow einen Umfassungsangriff auf den Ort folgen ließ. Die Franzosen und die mit ihnen verbündeten Sachsen, vor allem die Kavallerie, wehrten sich tapfer, wurden aber geworfen. Gegen 9 Uhr abends war Großbeeren in preußischer Hand. Quindot verzichtete auf einen Gegenangriff und zog ab. Im Ergebnis der siegreichen Schlacht blieb Berlin neuerliche Besetzung erspart.

23. August 1866   Der Frieden von Prag

Der Friedensschluß beendet den Deutschen Krieg und den Deutschen Bund, der seit 1815 unter österreichischer Hegemonie die überstaatliche Organisation der meisten deutschsprachigen Länder gewesen ist. Der Weg zur Einigung Deutschlands unter preußischer Führung, unter Ausschluß Österreichs, die so genannte „kleindeutsche Lösung", steht offen. Als Republiken hätten beide Staaten nebeneinander unter einem deutschen Dach leben können. Für die beiden Monarchien jedoch war die Frage nach dem Vorrang nicht anders lösbar, denn es kann keine zwei Kaiser geben, wie auch der Habsburger Kaiser sich nicht unter den Preußenkönig stellen konnte. Wenn also Preußen seinen Führungsanspruch in der deutschen Frage wahrnehmen wollte, dann blieb nur dieser Weg. Preußen gewinnt ca. 1300 Quadratmeilen und 4,5 Millionen neue Bürger. (Annexion Hannovers, später auch Schleswig-Holsteins, Hessen-Kassels, Nassaus und des Fürstentums Hohenzollern sowie Frankfurt/M.)

24. August 1759   Ewald Christian von Kleist gestorben

Der preußische Major hatte sich bereits einen Namen als Dichter gemacht. Sein lyrisches Werk ist von elegischem, zivilisationskritischem Pathos geprägt, nimmt sein Ende gleichsam vorweg: An diesem Tag erlag er in Frankfurt/O. den Verwundungen, die er in der Schlacht bei Kunersdorf erlitten hatte. Der Schwerverletzte war von Kosaken ausgeplündert und liegengelassen worden. Ein russischer Offizier nahm sich seiner an, versuchte ihn zu retten und richtete, als das nicht gelang, Kleists Begräbnis aus. Dabei legte er seinen eigenen Degen auf den Sarg, da ein so tapferer Offizier nicht ohne das Zeichen seines Standes beerdigt werden sollte. Kleist gilt als Vorbild des Majors von Tellheim in Lessings „Minna von Barnhelm".

25. August 1769   Begegnung von Kaiser Joseph II. mit Friedrich dem Großen in Neiße

Das Treffen ist ein bemerkenswertes Intermezzo. Gerade sechs Jahre ist der Siebenjährige Krieg beendet, als der 1765 zum Kaiser und Mitregenten avancierte Sohn Maria Theresias, Joseph II., (gest. 1790) vorschlägt, sich mit Friedrich zu treffen. Beide wollen einander kennenlernen, wollen wissen, mit wem sie es zu tun kriegen. Neun Jahre später wird des Habsburgers Versuch, das Wittelsbacher Erbe zu annektieren und damit seinen Machtbereich entscheidend zu vergrößern, beide im Bayerischen Erbfolgekrieg gegeneinander führen. Bei dieser dreitägigen Begegnung aber, der im Jahr darauf ein Gegenbesuch im böhmischen Olmütz folgt, überwiegt die wechselseitige Sympathie. Joseph zählt 28 Jahre; er ist so alt wie Friedrich, als der König wurde und den Kampf um Schlesien aufnahm. Und so mögen beide sich im jeweils anderen erkannt haben. Manöver und eine Parade der glanzvollen Seydlitz-Kürassiere (8. Kür.Rgt.) hinterließen bei den Gästen einen blendenden Eindruck.

25. August 1758   Schlacht bei Zorndorf

Starke russische Verbände unter General Fermor marschierten gegen Küstrin und versuchten dort die Oder zu forcieren, was General Ch. von Dohna verhinderte. Auf diese Nachrichten warf Friedrich der Große seine Armee in Eilmärschen nach Norden und griff Fermor bei Zorndorf an. Drei große Infanterieangriffe brachen sich am tapferen Widerstand der Russen. Erst die wuchtige, mit 61 Eskadronen ausgeführte Kavallerieattacke unter General von Seydlitz, der kaltblütig den richtigen Moment abgewartet hatte, vermochte die Schlacht zu retten. Auf die wütende Botschaft des Königs, weiteres Zögern werde seinen Kopf kosten, erwiderte Seydlitz trocken, nach der Schlacht stehe der Seiner Majestät zur Verfügung, in derselben möge er ihm aber noch erlauben, davon für seinen Dienst guten Gebrauch zu machen.

26. August 1813   Schlacht an der Katzbach

Blüchers Schlesische Armee bestand nur zu einem geringeren Teil aus Preußen, ansonsten aus Russen. Und diese vor allem waren es, die den Übergang der Franzosen unter Marschall Macdonald über die schlesische Katzbach verhinderten. Strömender Regen machte den Gebrauch der Schusswaffen unmöglich, es wurde mit Bajonett und Kolben gekämpft. Endlich vollendete Blücher selbst den Sieg an der Spitze seiner Kavallerie.

27. August 1770   Georg Wilhelm Friedrich Hegel geboren

Der in Stuttgart geborene Hegel studiert in Tübingen Theologie und Philosophie. 1801 wird er Privatdozent an der Jenaer Universität, 1805 erhält er eine außerordentliche Professur in Bamberg. Von 1808 – 1816 ist er Gymnasialrek-tor in Nürnberg, danach ordentlicher Professor in Heidelberg. Inzwischen ist W.v. Humboldt in Berlin auf ihn aufmerksam geworden, und es gelingt, ihm eine Professur an der dortigen Universität zu erwirken. Dort etabliert sich Hegel, der neben seiner Lehrtätigkeit ein umfangreiches philosophisches Werk verfaßt, als eine Autorität, als eine Art „preußischer Staatsphilosoph", weil in der Idee von der Vernünftigkeit des Bestehenden eine staatserhaltende Lehre gesehen wird. In seiner Tübinger Zeit ist er eng mit Hölderlin und Schelling befreundet.

27. August 1813   Schlacht bei Hagelberg

Die Schlacht war eigentlich eine Fortsetzung derjenigen bei Großbeeren, insofern sie eine weitere französische Gruppierung vernichtete, die ca. 10.000 Mann stark unter General Girard die von Napoleon befohlene Eroberung Berlins unterstützen sollte. Preußische Landwehrtruppen General Hirschfelds griffen die nach Quindots Niederlage unschlüssig abwartenden Franzosen bei strömendem Regen an. Da an einen Gebrauch der Gewehre als Schußwaffen nicht zu denken war, wurde mit Bajonett und Kolben gefochten. Obwohl die Franzosen Hagelberg in tapferem Kampf wiedereroberten und zu halten suchten, wurden sie vor allem dank der von Belzig aus eingreifenden verbündeten Russen unter General Tschernyschew geschlagen und zur Flucht auf Magdeburg gezwungen.

28. August 1612   Kalenderreform im Herzogtum Preußen

Diesen Tag, den 28. August 1612, und mit ihm neun weitere, hat es im Herzogtum Preußen niemals gegeben. Auf den 22. August folgte sogleich der 2. September. So hatte es Kurfürst Johann Sigismund in Umsetzung der Gregorianischen Kalenderreform von 1582 angeordnet. Damals waren zehn Tage auf Weisung Papst Gregors XIII. ausgelassen worden, um den im Jahre 45 v.u.Z von Caesar eingeführten Julianischen Kalender wieder mit dem Sonnenjahr in Übereinstimmung zu bringen. Die sinnvolle Neuregelung war jedoch von den protestantischen Staaten zunächst einhellig abgelehnt worden. Der in dieser Frage großzügige Kurfürst Johann Sigismund konnte es sich nicht leisten, die lutherische Geistlichkeit in Brandenburg mit einem solchen Entgegenkommen gegen den Papismus zu reizen, weshalb die Mark noch bis 1700 den alten Kalender behielt. Im weit entfernten ostpreußischen Herzogtum jedoch war die Änderung machbar, und so führte er sie durch. Die protestantischen Reichsstände versprachen mit dem Regensburger Reichsschluss vom 21. September 1699, sich den inzwischen überwiegend gültigen Regelungen anzuschließen, mit ihnen auch Brandenburg. Dort folgte der 1. März auf den 18. Februar 1700 – womit die Hohenzollernlande wieder eine gemeinsame Zeitrechnung hatten.

29. August 1756   Mit dem Einmarsch in Sachsen eröffnet Friedrich II. den Siebenjährigen Krieg

Die von Friedrich dem Großen gewählte Prävenire, der Versuch, der gegnerischen Koalition aus Russen, Österreichern, Sachsen und Franzosen zuvorzukommen, war der letzte einer Reihe von Schritten, der zum Siebenjährigen Krieg führte. Es ist zweifelhaft, ob sich dieses Bündnis auch ohne die Konvention von Westminster (Bündnis mit England) und diesen Einmarsch zu aktivem Handeln gegen Preußen zusammengefunden hätte. Die Besetzung Sachsen folgte auch wirtschaftlichen Notwendigkeiten: Friedrich äußerte zynisch, Sachsen sei wie ein Mehlsack, wann immer man draufschlage, komme etwas heraus. Danach allerdings zeichnet sich das weitere Vorgehen des Preußenkönigs durch erstaunliche Konzeptionslosigkeit aus.

30. August 1757   Schlacht bei Groß-Jägersdorf

Feldmarschall Johann v. Lehwaldt hatte mit 28 000 Mann die Aufgabe bekommen, Ostpreußen gegen die Russen zu sichern. Deren Feldmarschall Apraxin versuchte mit großer Übermacht, die Preußen zu stellen. Der Plan, Lehwaldt einzukreisen, mißlang. Auch hatten die Russen zunehmende Schwierigkeiten mit ihrer Logistik. Apraxin wandte sich daraufhin gegen Königsberg. Um dessen Einnahme zu verhindern, griff Lehwaldt, den Weisungen seines Königs folgend, die 55 000 Russen bei Groß-Jägersorf an. Er erlitt trotz tapferen Kampfes eine Niederlage. Allerdings war die Situation des Feindes nach seinem Sieg auch nicht viel besser: Die Russen hatten schwere Verluste erlitten, ihr Versorgungsproblem war immer noch nicht gelöst. Hinzu kamen politische Querelen, und Anfang September marschierte Apraxins Armee unverrichteter Dinge wieder ab. So hatte Lehwaldts tapferer Angriff sein Ziel eigentlich erreicht. Daß ihn Friedrich mit seiner Ungnade verfolgt haben soll, ist nicht beweisbar. Seine Abberufung geschah unter ehrenvollem Anschreiben und war eher dem Alter Lehwaldts (geb. 1685) geschuldet.

30. August 1813   Schlacht bei Nollendorf

General von Kleist, später mit dem Ehrennamen „von Nollendorf" ausgezeichnet, entschloß sich auf eigene Iniative und unter dem Einfluss seines Stabschefs Grolman, den französischen General Vandamme, der ob seiner großen Härte in Deutschland besonders unbeliebt war, anzugreifen. Nachdem am Vortage russische Truppen unter dem Herzog Eugen von Württemberg den Vormarsch des französischen Generals zum Stehen gebracht hatten, führte nun Kleist einen Umgehungsangriff aus und fiel ihm mit seinen vier Brigaden in den Rücken. Er schlug sein Korps bei Nollendorf und Culm vernichtend und konnte Vandamme gefangennehmen.

31. August 1914   Siegreiches Ende der Schlacht bei Tannenberg

Der Schlieffenplan in seiner revidierten Form sah bei Kriegsbeginn den Einsatz von sieben Armeen im Westen und nur einer im Osten vor. Diese 8. Armee erlitt unter General v. Prittwitz und Gaffron eine Niederlage bei Gumbinnen durch die schneller und in größerer Stärke als erwartet in Ostpreußen eingefallenen Russen. Prittwitz wurde abgelöst, Ludendorff zum Stabschef der 8. Armee ernannt und der reaktivierte General v. Hindenburg zu deren Kommandeur. Es gelang, vom 26. – 31.8. die russische Narew-Armee bei Tannenberg einzukreisen und größtenteils zu vernichten. In einer zweiten, weniger spektakulären Schlacht bei den Masurischen Seen wurde auch die Neman-Armee in der ersten Septemberhälfte aus Ostpreußen vertrieben. Später erhob sich Streit darüber, wer den Sieg für sich reklamieren könne – Ludendorff, General Hoffmann oder Hindenburg selbst. Letzterer äußerte dazu trocken: „Ich weiß nicht, wer die Schlacht bei Tannenberg gewonnen hat. Aber ich weiß, wenn sie verloren gegangen wäre, dann hätte ich sie verloren."

SEPTEMBER

1. September 1717   Das Königlich-Preußische Kadetten-
Korps gegründet

Es war die Absicht des Soldatenkönigs, die Söhne des Adels für den Dienst in der Armee zu erziehen und ihnen so einen Platz in seinem Staat zu sichern, statt sie in politischer Opposition zu belassen. Die Einrichtung des Kadettenkorps' schien dazu in besonderem Maße geeignet. Zu einer Zeit, in der es im europäischen Adel durchaus noch üblich war, Dienst bei beliebigen Mächten zu nehmen – wenige preußische Heerführer waren von Anfang an in diesen Diensten, noch Moltke begann als dänischer Leutnant - hatte diese Art der Nachwuchsgewinnung für das Offizierskorps einen durchaus nationalen Zug.

1. September 1870 Schlacht bei Sedan

Nach seiner Niederlage gegen die Armee des preußischen Kronprinzen bei Wörth hatte Marschall Patrice Maurice de Mac-Mahon seine Armee im Lager von Chalons wieder aufgefüllt und einigermaßen regeneriert. Nun wollte er mit ihr zu den in Metz eingeschlossenen Truppen des Marschalls Bazaine vorstoßen und diesen Entsatz bringen. Die deutsche III. Armee und die neu gebildete (IV.) Maas-Armee unter dem sächsischen Kronprinzen Albert, welche sich schon auf dem Weg nach Paris befanden – das jedenfalls sollten Moltkes Verlautbarungen glauben machen – vollzogen eine scharfe Rechtswendung und schlossen die Franzosen im Raum Sedan zwischen sich ein. Die nun beginnende Schlacht endete trotz tapfersten Widerstandes, etwa der französischen Kavallerie unter General Gallifet, mit einer vernichtenden Niederlage der Franzosen, die sich in die Festung Sedan flüchteten. Kaiser Napoleon III. gab sich am Abend dem preußischen König persönlich gefangen.

2. September 1870 Kapitulation der französischen Armee in Sedan

Gleich zu Beginn der Schlacht war Marschall Mac Mahon schwer verwundet worden, es folgten französischerseits lähmende Kompetenzstreitigkeiten. In der Nacht wurden dann Kapitulationsverhandlungen zwischen dem General Wimpffen auf der einen und General v. Moltke und Ministerpräsident Graf Bismarck auf der anderen Seite aufgenommen. Obwohl Kaiser Napoleon selbst sich um günstigere Bedingungen für seine Armee bemühte, war die Lage für die Franzosen so aussichtslos, dass gegen Mittag 84.450 Mann mit 400 Geschützen die Waffen strecken und in Kriegsgefangenschaft gehen mussten, unter ihnen ein Marschall und 39 Generale. Dass sich auch der Kaiser in preußischem Gewahrsam befand, machte den Sieg vollkommen. Frankreich hatte nicht nur eine weitere Schlacht, sondern auch den Krieg verloren, denn nun war es nur mehr eine Frage der Zeit, wann auch Bazaine in Metz kapitulieren musste.

Der 2. September war im deutschen Kaiserreich als „Sedantag" ein Feiertag.

3. September 1814 Einführung der Wehrpflicht in Preußen

Noch Friedrich der Große befand, der Bürger brauche es gar nicht zu merken, wenn sich der Staat schlägt. Das gibt ziemlich prägnant die Praxis der dynastischen und Kabinettskriege des 18. Jahrhunderts wieder, wenngleich sie sicher nicht in allen Situationen durchzuhalten war. Genauso haben die Preußen nach Jena und Auerstedt denn auch reagiert.

Die französische Revolution bewirkte ein neues Interesse der Bevölkerung aller Schichten an den Dingen der Nation, welches ungeheure Kräfte freisetzte. Wollte Preußen sich mit diesen messen, so hatte es ähnliche Schritte zu gehen. Es musste dies mehr als alle anderen Länder, denn das Desinteresse seiner Bürger würde in künftigen Zeiten sehr bald zum Zerfall dieses künstlichen

Staatswesens führen. Der Überbewertung der allgemeinen Wehrpflicht ist allerdings entgegenzuhalten, dass etwa Großbritannien nahezu immer ohne Wehrpflicht auskam – trotzdem war es im gesamten 19. Jahrhundert, bis hinein ins 20. zweifellos ein enormer Machtfaktor.

3.September 1866 Indemnitätsvorlage im preußischen Landtag angenommen

Die Heeresverstärkung und -reorganisation, welche der Prinzregent und spätere König Wilhelm I. mit Kriegsminister Roons Unterstützung durchgesetzt hatte, fand seinerzeit keine parlamentarische Mehrheit. Bismarck hatte als Ministerpräsident in einem staatsstreichartigen Akt diese nicht gebilligten Verstärkungen der Armee gegen das Parlament aufrechterhalten und mit ihnen erfolgreich 1864 und 1866 Politik gemacht. Soeben hatte die Armee Österreich bei Königgrätz geschlagen und damit den Weg zu einem deutschen Einheitsstaat geebnet. Das waren Ergebnisse, die der liberalen bürgerlichen Opposition durchaus imponierten. Die Reorganisation hatte sich bewährt. So konnte der rechtsfreie Zustand, in dem sich die Regierung seither bewegte, beendet werden; für die Regierenden wurde formell Straffreiheit vor der Verfassung gewährt. Das preußische Abgeordnetenhaus billigte mit 230 gegen 75 Stimmen sämtliche Staatsausgaben seit 1862 nachträglich.

4. September 1796 Generalfeldmarschall (1871) Karl Eberhard Herwarth von Bittenfeld geboren

1864 leitete Herwarth von Bittenfeld die Forcierung und Besetzung der Insel Alsen, den neben der Erstürmung der Düppeler Schanzen entscheidenden strategischen Zug des Krieges gegen die Dänen. 1866 wurde er zum Oberbefehlshaber der kleinen Elbarmee ernannt, die den rechten Flügel des in Böhmen einfallenden preußischen Heeres bildete. Er siegte in einer Reihe von Gefechten und nahm mit den ihm unterstellten Verbänden – wiederum auf dem rechten Flügel – auch an der Entscheidungsschlacht bei Königgrätz teil. Seine Leistungen wurden mit der Verleihung des Charakters als General-Feldmarschall geehrt; zur weiteren Verwendung gelangte er indessen nicht mehr, da er nach Moltkes Einschätzung den an ihn gestellten Anforderungen selbständigen Handelns nicht ganz gerecht geworden war.

5. September 1780 Freisetzung der im Arnoldschen Prozess verurteilten Kammergerichtsräte

Der historische Fall des Wassermüllers Arnold erregte seinerzeit Aufsehen: Der Adlige, an den er Mühlenpacht zahlen musste, hatte ihm buchstäblich das Wasser abgegraben, um einen Fischteich anzulegen – forderte aber weiterhin die Pacht. Arnold klagte, doch das Kammergericht in Berlin gab nicht ihm, sondern seinem Herren recht. Hier schaltete sich König Friedrich der Große ein, indem er das Unrechtsurteil kassierte und diejenigen, die an seiner Erstellung mitgewirkt hatten, zu Schadensersatz und Festungshaft verurteilte, aus der sie dann allerdings vorzeitig entlassen wurden. Dem König trug das viel Ansehen als Rechtswahrer ein. Die Legende vermischte die Geschichte später mit dem „Müller von Sanssouci", wobei dem König unterstellt wurde, dass er ein für ihn ungünstiges Urteil des Berliner Kammergerichts akzeptiert habe. Damit wird dem Wunsch Ausdruck verliehen, auch der Monarch habe unter dem Recht zu stehen.

6. September 1794 Die preußische Armee gibt die Belagerung von Warschau auf

Nachdem zwischen Preußen, Österreich und Russland die 2. Polnische Teilung am 23. Januar 1793 vertraglich vereinbart war, kam es gegen diesen Gewaltakt zu einem großen Aufstand der Polen unter der Führung des Taddeusz Kosziuszko. Die Mächte aber waren auch untereinander nicht einig, und der Neid St. Petersburgs und Wiens sowie die mangelnde Unterstützung durch die Armee des russischen Generals Fersen verunsicherte den ohnehin schon nicht besonders entschlussfreudigen Friedrich Wilhelm II. noch weiter. So veranstaltete die preußische Armee, die Warschau eingeschlossen hielt, eine gewaltige zweitägige Kanonade – um dann unverrichteter Dinge und miesester Stimmung abzuziehen. Bald darauf war es der entschlossene russische General Suworow, der die Vorstadt Praga mit brutalem Waffeneinsatz nahm und Warschau zur Kapitulation zwang.

6. September 1813 Schlacht bei Dennewitz

Der französische Marschall Ney sollte, nachdem der Vorstoß Quindots gegen die preußische Hauptstadt bei Großbeeren gescheitert war, die Nordarmee der Verbündeten angreifen und, wenn möglich, Berlin einnehmen. Weil der Oberbefehlshaber dieser Armee, der Kronprinz von Schweden, wenig tat, um ihn daran zu hindern, warfen sich die Generale von Tauentzien und von Bülow in eigener Initiative den Franzosen entgegen. Tauentzien nahm die Schlacht an und hielt solange aus, bis ihm Bülow zu Hilfe kam, der seine Truppen in der Nacht zuvor unter Waffen bei völliger Ruhe verborgen gehalten hatte. Neys Armee zog an ihnen vorbei, Tauentzien entgegen. Das ermöglichte es Bülow, im entscheidenden Augenblick den Franzosen in die Flanke zu fallen. Mit diesem preußischen Sieg wurden sie aus der Mark Brandenburg gedrängt.

7. September 1757 Gefecht bei Moys. Tödliche Verwundung des Generals von Winterfeldt, der am folgenden Tag stirbt

Winterfeldt werden weitreichende, phantastische Projekte, wie die Errichtung eines protestantischen deutschen Kaisertums der Hohenzollern zugesprochen. Es bleibt unklar, inwieweit König Friedrich II. an derlei Gedanken Anteil genommen hat. Spätestens mit Kolin waren diese Träume ohnehin ausgeträumt. Bei dem südlich von Görlitz gelegenen Ort wurde Winterfeldt mit einer kleinen Einheit von den Österreichern angegriffen und besiegt. Er und ein großer Teil seiner Mannschaften fielen in tapferem Kampf. Friedrich hatte ein sehr persönliches Verhältnis zu dem Gefallenen, den er als seinen Freund ansah und aufrichtig betrauerte.

7. September 1857 Beisetzung des Generals von Winterfeldt in Berlin

Genau einhundert Jahre nach Winterfeldts Tod wurde die Leiche des bis dahin in Pilgramsdorf in Schlesien beerdigten Generals feierlich in Anwesenheit von über fünfzig Mitgliedern der Familie auf dem Berliner Invalidenfriedhof beigesetzt. König Friedrich Wilhelm IV., verschiedene Prinzen und Generale der Berliner Garnisonen wohnten dem Ereignis bei.

8. September 1872 Beginn des dreitägigen Drei-Kaiser-Treffens in Berlin

Kaiser Wilhelm I., der österreichische Kaiser Franz Joseph I. und der russische Zar Alexander II. trafen sich, um eine Art Neuauflage der Heiligen Allianz zu schaffen und ein konservatives Bündnis zu demonstrieren, das Europa Stabilität verleihen sollte, indem es die wichtigsten Monarchien des Kontinentes vereinte. Der Deutsche

Kaiser hatte allen Grund, dem Zaren, seinem Neffen, dankbar zu sein: die Einigungskriege waren nur möglich durch Russlands feste Neutralität, die 1871 auch das kaum vier Jahre zuvor besiegte Habsburgerreich von eventuellen Revancheplänen abhielt. Auch Österreich war dank Bismarcks maßvollen Friedensabschlusses 1866 nicht auf ewig Feind geblieben, sondern fügte sich dem neuen Bündnissystem ein.

9. September 1815 Musikdirektor Gottfried Piefke geboren

Piefke trat 1835 als „Stabshoboist" (so!) in das Leib-Grenadier-Regiment Nr. 8 ein. Dort avancierte er zum Musikdirektor. Erstmals wurde er in Preußen bekannt, als er während des Sturmes auf die Düppeler Schanzen in der zweiten Parallele mit dem Säbel in der Hand ein aus den Kapellen des 8., 18., 35. und 60. Infanterie-Regimentes zusammengesetztes Musikkorps dirigierte, welches den Yorckschen Marsch spielte. 1865 berief der König Piefke zum Inspizienten der gesamten Musik des III. Armeekorps in Frankfurt/O. Er hat etwa 60 Märsche selbst komponiert, so den Düppeler-Schanzen-Sturmmarsch, den Alexandrinenmarsch, den Königgrätzer Marsch und das berühmte „Preußens Gloria". Seltsamerweise hat sich dieser Marsch, der heute wie außer ihm vielleicht nur noch der „Hohenfriedberger" Preußen verkörpert, in der Armee erst sehr spät (um 1910) durchgesetzt, obwohl er im Leib-Grenadier-Regiment Nr. 8 häufig gespielt wurde. Gottfried Piefke, ein hervorragender Soldat und Musiker, starb am 25.1.1884.

9. September 1872 Bismarck wird der Berliner Ehrenbürger-Brief überreicht

Zu Beginn seiner Dienstzeit als preußischer Ministerpräsident war Bismarck alles andere als populär. Seine forciert königstreue Politik machte umso misstrauischer, als sie nicht wie von den Konservativen zu Friedrich Wilhelms IV. Zeiten romantisch und kleinmütig daher kam, sondern forsch und modern: Bismarck ging keinem Konflikt aus dem Wege. Mit der Zeit stellten sich die Erfolge ein, und innerhalb eines Jahrzehntes hatte er drei Kriege gewonnen und die Einheit des Deutschen Reiches geschaffen, dem er eine achtunggebietende Stellung in Europa sicherte. Erfolg überzeugt: die Berliner waren nicht die ersten und nicht die letzten, die ihm die Ehrenbürgerschaft ihrer Stadt antrugen. Der Anlass der Übergabe des Ehrenbürger-Briefes war es, wo Bismarck sein „Verweile doch, du bist so schön" zum Augenblick sprach. Er habe, so der Kanzler, nach all dem Großen, das sie erlebt hätten, nichts dagegen, wenn die Weltgeschichte jetzt eine Weile stillstünde.

10. September 1859   Politische Beratungen in Baden-Baden

An diesem Tag begann ein fast zweiwöchiger Aufenthalt des preußischen Prinzregenten Wilhelm in Baden-Baden. Um ihn waren seine wichtigsten militärischen und politischen Berater wie Graf Schleinitz, der nachmalige Generalfeldmarschall von Manteuffel und General von Alvensleben. Man nutzte die Zeit für eine Art politischer Strategiediskussion, zu welcher auch der Gesandte in St. Petersburg Otto v. Bismarck hinzugezogen wurde. Parallel dazu fand die Gründung des Deutschen Nationalvereins in Frankfurt / M. statt. Bismarck, der damals in brieflichem Kontakt zu dem liberalen Politiker H.V. v. Unruh stand, gelang es, die Baden-Badener Runde davon zu überzeugen, dass diese Gründung für die preußische Politik vor allem Österreich gegenüber keine Störung, sondern eher eine Chance darstellt. Erstmals war er damit im inneren Zentrum der Macht angelangt und hatte Einfluss nehmen können.

11. September 1862 Beginn der großen Militärdebatte zur Heeresreorganisation im preußischen Landtag

Seit der Mitte des Jahrhunderts hatten Mobilisierungen wie auch Manöver gezeigt, dass die Struktur der preußischen Armee, ihre Stärke und der Ausbildungsstand nicht mehr auf der Höhe der Zeit waren. Niemand hatte das klarer erkannt als Prinzregent Wilhelm. Hatte der „Romantiker auf dem Thron",, Friedrich Wilhelm IV., das äußere Bild des Heeres mit seiner Pickelhaube geprägt, so galt die Arbeit Wilhelms, seit er Regent geworden war, der tatsächlichen Reorganisation und Verstärkung der Armee, unterstützt zunächst vom Kriegminister Roon. Die von ihm eingebrachte Heeresvorlage beinhaltete im wesentlichen drei Punkte: Erhöhung der Friedenspräsenzstärke der Armee, Stärkung der Reserve aus den Beständen der Landwehr (und damit deren Schwächung), sowie die Beibehaltung der dreijährigen Dienstpflicht. Das schuf einen harten, sich über Jahre hinziehenden Konflikt mit der bürgerlich-liberalen Landtagsmehrheit. Der sozialistische Publizist Friedrich Engels machte in seiner Schrift „Die preußische Militärfrage und die deutsche Arbeiterpartei" (1865) auf das Unlogische der liberalen Position aufmerksam: Man kann nicht einerseits vom Staat machtvolles Auftreten nach außen verlangen, ihm aber andererseits die dazu nötigen Machtmittel verweigern.

12. September 1809 General der Infanterie Friedrich Wilhelm Graf v. Bose geboren

General von Bose führte im Krieg von 1866 die 4. Brigade im IV. Armeekorps. Im Gefecht bei Blumenau wurde ihm aufgetragen, die Karpaten zu überschreiten und dem 2. österreichischen Korps in die Flanke zu marschieren. Diese schwierige Aufgabe führte Bose mit Bravour aus und stieß feindliche Truppen, die ihn hindern wollten, energisch aus dem Wege. An der Spitze seiner Einheiten erstürmte General Graf Bose in einem nächtlichen Gefecht den Ort Podol. Im

Krieg gegen Frankreich führte er das II. Armeekorps im Verband der III. Armee unter dem Befehl des Kronprinzen. In dieser Stellung nahm er erfolgreich an den Schlachten bei Wörth und Sedan teil und trug dort wesentlich zum Erfolg der deutschen Waffen bei.

12. September 1819   Generalfeldmarschall Fürst Blücher von Walstatt verstorben

Der populärste Heerführer der Befreiungskriege, wenn nicht gar der gesamten preußischen Geschichte, starb friedlich auf seinem schlesischen Gut Krieblowitz. Der kernige „Marschall Pascholl – Marschall Vorwärt"", wie ihn zuerst die russischen Soldaten seiner Schlesischen Armee nannten, hat auch sprachliche Spuren hinterlassen: Die Wendung "Jemand geht 'ran wie Blücher" kann man heute noch hören. Was die wenigsten wussten: seine energievolle Husarennatur war kein Geschenk des Himmels, sondern Frucht bewusster und tapferer Haltung – Blücher neigte zur Depression und trug sich zuweilen mit Selbstmordgedanken.

13. September 1801   General der Infanterie Adolf Heinrich von Zastrow geboren

Bereits als junger Offizier trat Zastrow mit einem mehrfach aufgelegten Handbuch über das Befestigungswesen hervor. Im Krieg gegen Österreich kommandierte er die 11. Division, mit der er sich vor allem bei Königgrätz durch Erfolg und persönliche Tapferkeit hervortat. Die ihm unterstellten Truppen liebten und vertrauten ihm aufgrund seiner Fürsorge und seiner Führungsqualitäten. 1866 – 1871 war er Kommandierender General des VII. Armeekorps, welches aus Westfalen bestand. Mit dieser Truppe focht er bei Colombey, bei der Belagerung von Metz und, in Manteuffels Südarmee, gegen Bourbaki, dessen Übertritt auf schweizer

Territorium mit folgender Internierung er durch seinen Angriff erzwang. Unmittelbar nach dem Krieg erbat er vom König altershalber seinen Abschied, den er unter ehrenvollen Umständen erhielt. General von Zastrow starb am 12.8.1875.

13. September 1892 Geburt der Kaisertochter Viktoria Luise, der nachmaligen Herzogin von Braunschweig-Lüneburg (1913)

Die einzige Tochter Kaiser Wilhelms II. und seiner Gemahlin Kaiserin Auguste Viktoria heiratete am 24. Mai 1913 den Herzog Ernst August von Braunschweig-Lüneburg, einen Enkel des 1866 gestürzten Königs Georg von Hannover. Beim Unfalltod von Ernst Augusts älterem Bruder, dem österreichischen Offizier Prinz Georg Wilhelm (1912) hatte Kaiser Wilhelm II. mit der Stellung einer Ehrenwache eine freundliche und versöhnliche Geste getan. Sich für dieselbe zu bedanken, war Ernst August nach Berlin gekommen, bei dieser Gelegenheit lernten er und die Prinzessin einander kennen. Ihre Hochzeit wurde in großem Stil mit unzähligen Gästen aus dem europäischen Hochadel begangen. Viktoria Luises Tochter Friederike wurde 1938 die Frau des Königs Paul I. von Griechenland. Sie starb 1981 – ein Jahr nach ihrer Mutter.

14. September 1793 Gefecht bei Pirmasens

Man hat sich im Nachhinein gewundert, woher die Preußen 1806 den Optimismus nahmen, sie könnten die Franzosen besiegen. Selbst bei Leuten, denen durchaus Urteil zuzutrauen ist, findet sich begeisterte Siegeszuversicht. Die einzigen Erfahrungen, die man indessen mit den Franzosen seit der Revolution hatte, stammten aus den Kriegen am Rhein, wo nicht Napoleon Bonaparte der Gegner war. Und da schnitt Preußen, trotz lauen Engagements, recht gut ab. Der Krieg gegen das revolutionäre Frankreich brachte für seine Truppen keine echte Niederlage, aber mehrere klare Siege. So wurde der Feind allein bei Kaiserslautern dreimal geschlagen, zuletzt unter Fürst Hohenlohe (dem späteren Verlierer von Jena) im September 1794. Und auch General Moreau wurde von Ferdinand von Braunschweig bei Pirmasens besiegt und zurückgedrängt. Diese Erfahrungen flossen unmittelbar in die Erwägungen der preußischen Führung ein, die zum Frieden von Basel führten.

15. September 1814   Der Platz vor dem Brandenburger Tor erhält per Allerhöchster Kabinettsorder den Namen „Pariser Platz"

In den Jahrzehnten nach den Befreiungskriegen sind viele Straßen und Plätze Berlins nach Orten von Schlachten oder Namen von verdienten Generalen benannte worden. So kann man die Straßennamen vor allem im weiteren Umfeld des Kreuzberges, auf dem ein gusseisernes gotisches Denkmal der Befreiungskriege entstand, geradezu als eine Geschichte derselben lesen: Blücherstraße, Gneisenau- und Yorckstraße, Möckernbrücke, Großgörschenstraße, Großbeerenstraße, Wartenburgstraße, Belle-Alliance-Platz (heute Mehring-Platz). – Der Pariser Platz soll an den Einzug der verbündeten Monarchen in die feindliche Hauptstadt am 31. März erinnern. Es war eine subtile Rache für Napoleons Einzug durch das Brandenburger Tor 1806 und die Demontage der Quadriga.

15. September 1843   General der Infanterie v. Grolman gestorben

General der Infanterie Karl Wilhelm Georg von Grolman, vor 1809 Mitarbeiter Scharnhorsts bei der Militärreform, hat sich nach den Befreiungskriegen vor allem um die Gestaltung des Generalstabes verdient gemacht. 1815 – 1819 war er Direktor des II. Departments des Kriegsministeriums, wie der Stab damals hieß. In dieser Funktion reorganisierte er denselben und gab ihm 1816 die Struktur, die er bei allen Erweiterungen bis zum 1. Weltkrieg behielt. Der Stab wurde in drei „Kriegstheater" gegliedert, ein westliches, ein mittleres und ein östliches, dazu kam die Kriegsgeschichtliche Abteilung sowie eine Trigonometrische und eine Topographische Abteilung. Auf Grolman geht auch der in der preußischen Armee übliche Wechsel der Offiziere zwischen Stabs- und Truppendienst zurück, der geeignet war, Einseitigkeiten zu vermeiden. General v. Grolman starb an einer Herzkrankheit in Posen. Zweifellos ist er ein Mann gewesen, der niemals ein seinen wirklichen Fähigkeiten entsprechendes Kommando bekommen hat.

16. September 1753 Georg Wenceslaus von Knobelsdorff
in Berlin gestorben

König Friedrich II. verstand es vor allem in seinen frühen Regierungsjahren, bedeutende Künstler und Intellektuelle an seinen Hof zu ziehen. Er war ihnen nicht nur Auftraggeber, sondern oft auch anregender Partner. In durchaus schöpferischem Austausch zwischen dem Monarchen und seinem Architekten, Gartenarchitekten, Baumeister und Maler Knobelsdorff entstanden die Königliche Oper und 1745 – 1748 Friedrichs Schloss Sanssouci. Die Zusammenarbeit war nicht frei von Auseinandersetzungen und auch zeitweiligen Spannungen. Beide waren starke Charaktere und verstanden es, einen Bau zu schaffen, bei dem keiner von ihnen seine Handschrift verleugnen musste. Auch der Neuaufbau des 1740 niedergebrannten Städtchens Rheinsberg geschah nach Plänen des Architekten. 1748 verlieh der König Knobelsdorff Ministerrang. Nach dem Tod des Künstlers ließ Friedrich vor der Akademie der Wissenschaften einen selbstverfassten Nachruf verlesen, in dem er ihm eine angemessene Würdigung zuteil werden lässt, welche jedoch die Differenzen nicht verschwieg, die beide hatten.

17. September 1788   General der Kavallerie Karl Graf von der Groeben geboren

Groeben machte die Befreiungskriege mit Aus-zeichnung mit, er war dabei in der unmittelbaren Umgebung des Generals von Gneisenau, von dem er viel lernte. Mit dem Kronprinzen und späteren König Friedrich Wilhelm IV., dessen Generaladjutant er – neben seiner Stellung als Brigadekommandeur – lange Zeit war, verband ihn tiefe gegenseitige Achtung und sogar Freundschaft, waren doch beide in ähnlicher Weise religiösen Fragen offen. Bei der Mobilisierung anläßlich der Olmützer Punktation (29. 11. 1850) hatte er das Kommando über die in Kurhessen zusammengezogenen Truppen inne, konnte aber – ein Opfer der schwachen und schwankenden Politik Berlins in jenen Tagen – keinen Ruhm erwerben. Der intelligente, befähigte Offizier hat darunter schwer gelitten, da es darob zu einiger journalistischer Häme kam. Von 1853 bis 1858 war von der Groeben Kommandierender General des Gardekorps in Berlin. Er konnte aufgrund seines hohen Alters die Einigungskriege nicht mehr mitmachen und starb am 13.7.1876.

18. September 1637   Hans Georg von Hake in Cölln hingerichtet

Hans Georg von Hake, der fähige, aber jähzornige Herr der Hakeburg im heutigen Kleinmachnow bei Berlin, hatte am 9.9.1637 den Bürgermeister im Rathaus Cölln mit einem Hirschfänger getötet. Eigentlich war er nur dorthin geritten, um vom Magistrat eine geringfügige Schuld einzutreiben. Es kam zu einer Auseinandersetzung, in deren Verlauf die Bluttat erfolgte. Georg v.Hake (oder Hacke) wurde verhaftet und neun Tag später mit dem Schwert hingerichtet. Dass sein Kopf und seine Hand zur Schau gestellt wurden, erregte den Unwillen des märkischen Adels, der darum beim Kurfürsten Georg Wilhelm vorstellig wurde. Dieser bewilligte daraufhin eine Bestattung im Familienkreise.

19. September 1763 König Friedrich II. unterschreibt den Kaufvertrag, mit dem er die 1761 von Johann Ernst Gotzkowsky gegründete Porzellanmanufaktur erwirbt

Schon Wilhelm Caspar Wegely hatte eine erste Berliner Porzellan-Manufaktur 1751 gegründet, die aber bereits 1757 wieder einging. König Friedrich hatte bereits damals lebhaften Anteil an den Versuchen zur Porzellan-herstellung genommen. Die großzügige Summe von 225.000 Reichsthalern ließ er es sich nach dem Ende des Siebenjährigen Krieges kosten, Gotzkowksys unverschuldet bankrott gegangene Manufaktur aufzukaufen und daraus die Königliche Porzellanmanufaktur (KPM) zu machen. August der Starke, Kurfürst von Sachsen und König von Polen, hatte sein Dienstwappen als Erzmarschall des Römischen Reiches – die gekreuzten Schwerter – in Blau auf weißem Grund als Signet seiner Porzellanfertigung gewählt. Friedrich II. handelte analog: Das Dienstwappen der Kämmerer des Reiches – das war das Erzamt, welches die Kurfürsten von Brandenburg traditionell innehatten - war das Szepter. Dieses, mit wechselnden Initialen umgeben, ist das offizielle Signet seiner Manufaktur geworden.

20. September 1440 Kurfürst Friedrich I. gestorben

Der erste Hohenzoller in der Mark hatte in den 29 Jahren von 1411 an seine Herrschaft fest etablieren können. Er brach – gestützt auf die Hilfe der Städte und benachbarter Fürsten, die unter den Raubritterallüren des märkischen Adels zu leiden hatten – den offenen Widerstand der Familien Rochow, Quitzow, Gans von Putlitz und Alvensleben und entriss später auch den Nachbarn ihren Raub, den sie vor seiner Zeit an sich gebracht hatten, so 1421 und 1427 im Kampf mit Mecklenburg die Uckermark, wodurch zusätzlich auch die Prignitz zu Brandenburg kam, weil mit diesem Gebiet die vielen Gefangenen des nördlichen Nachbarn ausgelöst wurden.

20. September 1792   Schlacht von Valmy

Militärisch gesehen ist kaum zu verstehen, warum die Schlacht kein preußischer Sieg wurde. Von der generellen Überlegenheit der revolutionären Truppen kann man nicht ausgehen, denn auf den Tag genau zwei Jahre später besiegte sie Feldmarschall von Möllendorff bei Kaiserslautern – übrigens schon zum zweiten mal. Nach heftiger Kanonade gingen die Preußen zum Angriff über, der dann ohne ersichtlichen Grund abgebrochen wurde. Eine Erklärung bietet die lokale Überlieferung: die Schlacht ging verloren, weil die schlecht verpflegten preußischen Truppen sich auf eigene Faust mit unreifen Pflaumen aus der Umgebung versorgt hatten, was ihre Mobilität und Einsetzbarkeit nachhaltig beeinträchtigt haben soll ... Daher vielleicht die gängige Bezeichnung „Kanonade von Valmy".

20. September 1898   Theodor Fontane verstorben

Fontane hat neben seinen märkischen Geschichten auch eine Reihe klassischer Frauenromane geschrieben, wie „L'Adultera" (1880), „Effi Briest" (1894/95) „Frau Jenny Treibel" (1892) und „Mathilde Möhring" (geschrieben 1891, erschienen erst 1906). In ihnen wird auch die Berliner Bourgeoisie gezeigt, zum Teil mit scharfer Ironie. Unbestechlich kritisch, aber mit viel mehr Liebe, hatte sich Fontane allzeit der Darstellung des brandenburgischen Adels gewidmet. Ein Jahr vor seinem Tode erschien sein Alterswerk „Der Stechlin", wo er in der Gestalt des alten, weisen Dubslav von Stechlin, der nach seinem eigenen Äußeren gezeichnet ist, die Vornehmheit und Herzensgüte, die er so sehr schätzte, in ein idealisiertes Bild gebracht hat. So hätte sich – vielleicht auch unter dem Einfluss seiner Englanderfahrungen – Fontane den Adel gewünscht: lebensklug, ein wenig resigniert und gütig, nicht so, wie er in den Garderegimentern der Hauptstadt viel zu oft anzutreffen war: dümmlich und arrogant.

21. September 1372   Der nachmalige Kurfürst Friedrich I. (1415/17 – 1440) geboren

Der Hohenzoller Burggraf Friedrich VI. von Nürnberg war eine gewichtige Figur in der Machtkonstellation des Reiches bereits vor seiner Bestallung mit der Mark Brandenburg. Er besaß und rechtfertigte das Vertrauen König Sigismunds. Im Jahre 1410 hatte der aus Ungarn unabkömmliche Monarch ihn ermächtigt, seine Kurstimme zu führen. Im Herbst 1414 war er Feldhauptmann des Königs gegen Herzog Friedrich von Österreich. Seine Aktivität in dieser Stellung machte das Zustandekommen des Konzils von Konstanz erst möglich. Schon als Markgraf und Kurfürst von Brandenburg eingesetzt, gab es eine Klausel in den entsprechenden Papieren, dass er die Mark zurückzugeben habe, sollte er zum Römischen Kaiser gewählt werden – womit also bei der damaligen Kräftekonstellation im Reich durchaus gerechnet wurde.

22. September 1862   „Einstellungsgespräch"   zwischen König Wilhelm I. und Bismarck

Bereits vorher hatte König Wilhelm die Person Bismarcks – damals Botschafter in Paris –, der vom Kriegsminister Grafen Roon protegiert wurde, zur Kenntnis genommen, jedoch ohne besondere Sympathie. Im Park des Schlosses Babelsberg fand das historische Gespräch zwischen dem König und Bismarck statt. Er sei zur Abdankung entschlossen, äußerte Wilhelm, weil er keine Minister mehr fände, die sein Programm durchzusetzen imstande seien.

23. September 1862   Wilhelm I. ernennt Otto v. Bismarck
zum Ministerpräsidenten

Das ungewöhnlich feste, auf gegenseitiger Loyalität beruhende Verhältnis der beiden Männer währte sechsundzwanzig Jahre. Es war keinesfalls konfliktfrei, Bismarck ließ es sich später geradezu zur Gewohnheit werden, den Monarchen mit Entlassungsgesuchen unter Druck zu setzen, wenn dieser sich seiner Sicht auf die Dinge partout nicht anschließen wollte. Unter das erste dieser Gesuche setzte Wilhelm die lakonische Antwort: „Niemals!" und blieb dabei. Damals aber mußte sich der Ministerpräsident erst einmal eine Stellung erwerben. „Bismarck, das ist der Staatsstreich", sagten Liberale zu der unpopulären Berufung, mit der die Krone ihrerseits die Kampfansage des Parlaments annahm. Aber auch der Neuberufene selbst äußerte sich – Jahre später – unkonventionell über seine Ziele: „Außer mir hatten damals noch mindestens zwanzig andere Schwindler den Traum von der deutschen Einheit."

24. September 1753   Friedrich der Große befasst sich mit
Alchemies

Die Anregung dazu kam von seinem treuen Kammerdiener und Freund Michael Gabriel Fredersdorf. Dieser hatte Kontakte zu einer gewissen Madame Nothnagel, welche behauptete, Gold herstellen zu können. Obwohl Friedrich zunächst sehr distanziert und ungläubig auf Fredersdorfs diesbezügliches Engagement reagierte, begann er allmählich gewisse Hoffnungen in die Idee zu setzen. Es kommt in der zweiten Septemberhälfte 1753 zu einer Begegnung des Königs mit der Goldmacherin. Er bleibt zwar immer noch skeptisch, hält aber der Frau den guten Willen und ihre ehrliche Überzeugung zugute und lässt sie durch Fredersdorf unter Vertrag nehmen. Zu verlockend waren die finanziellen Möglichkeiten, die sich für den König abzeichneten, wenn das Undenkbare vielleicht doch gelänge! Aus dem November 1753 ist ein Brief überliefert, in dem er bereits ausrechnet, wieviel Heeresverstärkung er mit den neuen Mitteln finanzieren könnte. Gegen Ende des Monats wurde jedoch klar, dass die Experimente mit den damaligen Mitteln nicht zum Erfolg führen können, und Friedrich war wieder um eine Illusion ärmer.

25. September 1744 Der nachmalige König Friedrich Wilhelm II. geboren

Ob Friedrich der Große beim Anblick seines Neffen und Nachfolgers vielleicht einmal an die Meinung gedacht hat, die sein eigener Vater von ihm hatte? Der Soldatenkönig war lange Zeit von der völligen Unfähigkeit seines Sohnes zur Herrschaft überzeugt. Ähnlich beurteilte Friedrich seinen Thronfolger, dessen Vater, Prinz August Wilhelm, in seinen Augen auch schon den Beweis gänzlicher Nichteignung geliefert hatte – zumindest auf militärischem Gebiet. Prinz Friedrich Wilhelm bildete schon in seiner äußeren Erscheinung einen vollkommenen Gegensatz zum König: groß, eher dicklich und eine sinnliche Natur, wurde er „der Vielgeliebte" genannt. Die größte Liebe seines Lebens galt Wilhelmine Encke, die er linkerhand ehelichte und zur Gräfin Lichtenau machte. Aber auch die Gräfinnen Sophie von Dönhoff und Julie von Voss gehörten zu seinen namhafteren Geliebten.

26. September 1759   Generalfeldmarschall (seit 1821) Yorck
v. Wartenburg in Potsdam geboren

Nach seiner frühen Entlassung aus den preußischen trat Yorck, dessen Großvater noch ein biederer Pfarrer namens Jarke gewesen war, in holländische Dienste. Für sie kämpfte er in der Kapkolonie und in Ceylon gegen die Engländer. Unter Friedrich Wilhelm II. kehrte er nach Preußen zurück und führte eine der Jägereinheiten, die noch Friedrich der Große in Auswertung des amerikanischen Unabhängigkeitskrieges aufgestellt hatte. Mit diesem Verband machte er sich im allgemeinen Chaos von 1806 einen Namen durch einige recht erfolgreiche Gefechte und deckte den Rückzug des Herzogs von Weimar, wie auch General Blüchers. In seinem Wesen war etwas Galliges, Sarkastisches, ein Hang zum Räsonnieren. Yorck war ein schwieriger Vorgesetzter und Untergebener. „Le petit diable" wurde er genannt.

26. September 1815   Heilige Allianz zwischen Russland, Österreich und Preußen unterzeichnet

Die Idee stammte von Zar Alexander I., der von der schwärmerischen Frau v. Krüdener beeinflußt war. Mit dem Sieg bei Belle Alliance waren die Nachwehen der französischen Revolution endgültig überwunden. Viele Veränderungen dieser Epoche waren auch bei den Siegern nicht rückgängig zu machen: aber man konnte wenigstens versuchen, weiteren Fortschritt zu vermeiden. Die Heilige Allianz, das Bündnis der drei Monarchen, die auf dem Schlachtfeld von Leipzig die Siegesmeldung Fürst Schwarzenbergs entgegengenommen hatten, war das Werkzeug dieses Versuches. Aber auch die Völker waren der vielen Kriege und Unruhe des vergangenen Vierteljahrhunderts müde und sehnten sich nach Ruhe und Stabilität – das traf zusammen. Führend in diesem Bündnis waren der österreichische Staatskanzler Fürst Metternich und Russland. Preußen war die Macht, die am wenigsten Einfluß und Initiative hatte – was zweifellos auch eine Folge der Kaltstellung hervorragender Männer der Reformzeit war.

27. September 1772 Westpreußen kommt zu Preußen

Die Huldigung der westpreußischen Stände besiegelt die Ergebnisse der 1. Polnischen Teilung und schafft damit erstmals die Landverbindung zwischen Brandenburg und Ostpreußen. Fortan führt Friedrich II. den offiziellen Titel „König von Preußen", nicht mehr „in Preußen", wie zuvor. Und auch in den katholischen Ländern gewöhnt man sich daran, in ihm nicht mehr nur den Marquis de Brandebourg zu sehen. Kaiserin Maria Theresia hatte – anders als Friedrich – moralische Vorbehalte gegen die Teilung gehabt, griff aber dennoch zu. „Sie weinte, aber sie nahm", spottete der Preußenkönig.

27. September 1817 Kabinettsordre König Friedrich Wilhelm III. zur Union der reformierten und der lutherischen Kirche in Preußen

Bereits 1613 war der Kurfürst Johann Sigismund mit seiner Familie zum Calvinismus übergetreten, ohne indessen die Bevölkerung seines Landes zu demselben Schritt zu veranlassen. Mit den französischen Hugenotten, die nach 1685 in Brandenburg heimisch geworden waren, erhielt das reformierte Element eine weitere Stärkung in Brandenburg-Preußen. Das Ziel des Königs ist die Bildung einer einheitlichen evangelischen Landeskirche unter dem Monarchen als oberstem Kirchenherrn, die auf dem Wege der Vereinigung der so genannten Reformierten mit den Lutheranern erreicht werden sollte. Diese Politik bleibt nicht ohne Widerstand seitens der letzteren; wie sie es auch vorher bisweilen nicht war: unter dem Großen Kurfürsten sah sich z.b. der protestantische Liederdichter und Pfarrer Paul Gerhardt aus ähnlichen Gründen Repressalien ausgesetzt. Auch im 19. Jahrhundert führt die Kirchenpolitik der Krone zu Verhaftungen von Pfarrern. Mit dem Regierungsantritt Friedrich Wilhelm IV. entspannt sich die Atmosphäre, ohne dass die Union aufgegeben wird.

28. September 1717 Einführung der allgemeinen Schulpflicht in Preußen

König Friedrich Wilhelm I. war bewusst, dass er seinen Untertanen ein Mindestmaß an Bildung zuteil werden lassen musste, wollte er die effiziente Verwaltung, die ihm für sein Königreich vorschwebte, umsetzen. So bestimmte er in einem Edikt, dass die Eltern ihre Kinder dort, wo es Schulen gäbe, in diese zu schicken hätten. Die eigentliche Zeit schulischen Lernens – es ging um Lesen und Schreiben, Rechnen und die Beherrschung des Katechismus – sei der Winter. Im Sommer beschränkte sich der Schulbesuch auf ein oder zweimal in der Woche, damit die Kinder nicht alles Gelernte wieder vergessen. Ihre eigentliche Beschäftigung in dieser Zeit jedoch sei die Hilfe in der Ernte.

28. September 1870 Kapitulation von Straßburg

Nach Belagerung und Beschießung kapituliert die tapfere französische Besatzung unter General Uhrich vor den preußischen Belagerungstruppen unter Generalleutnant von Werder. Trauriger Nebeneffekt des Kampfes um die wertvolle alte Kulturstadt ist es, dass die berühmte Bibliothek der Universität in Flammen aufgeht, wobei unwiederbringliche Schätze an Manuskripten und Drucken ein Raub der Flammen werden.

29. September 1412   Potsdam huldigt dem neuen
Markgrafen Friedrich I.

Die Einsetzung des hohenzollerschen Statthalters durch Kaiser Sigismund bedeutete zunächst keine Standeserhöhung oder Ehrung, sondern einfach nur eine Aufgabe. Davon, wie der neue Mann sie lösen würde, hing sein weiteres politisches Schicksal ab. Es galt nun, Widerstand, wo er auftrat, zu brechen, angemaßten Privilegien zu trotzen und mögliche Verbündete zu gewinnen. Die Städte waren von der Chance auf eine stabile Landesherrschaft, die dem wirtschaftsfeindlichen Adelschaos ein Ende bereiten konnte, erbaut. Und so huldigte auch das kleine Potsdam Friedrich I.

29. September 1789   Peter Josef Lenné in Bonn geboren

Lenné entstammte einer alten rheinischen Gärtnerfamilie. Nach seiner Ausbildung unternahm er weite Studienreisen durch Europa. 1816 bewarb er sich beim preußischen Hof, wo er einen Auftrag zur Umgestaltung des Parks von Sanssouci bekam. Offensichtlich war man zufrieden mit seinen Veränderungen, denn er machte fortan stetig Karriere. 1818 wird er Mitglied der Gartendirektion, 1824 Gartendirektor. Ab 1828 hat er die alleinige Verantwortung für alle Potsdamer Parks und Gärten, die bei seinem Tode immerhin einen Umfang von über 300 Hektar hatten. Bereits 1833 erstellte er einen „Verschoenerungsplan der Umgebung von Potsdam", der für lange Zeit maßgebliche Direktive werden sollte und eine Kulturlandschaft bilden half, die noch heute die Stadt und ihre Umgebung dem Weltkulturerbe zuschreibt. Das Besondere an seinem gärtnerischen Stil war eine zeitgemäß harmonische Verbindung von Natur und Bauwerken, wie sie außer ihm nur sein großer Konkurrent Fürst Pückler-Muskau beherrscht hat. Lenné starb am 23.1.1866.

30. September 1745   Schlacht bei Soor

Bei Soor hatten die Österreicher alle Trümpfe in der Hand: das Überraschungsmoment eines Angriffes im frühesten Morgengrauen, starke, gut platzierte Artillerie und den Vorteil, einen wichtigen Höhenrücken, die Granerkoppe, besetzt zu halten. Die Schnelligkeit der Aufstellung der Preußen aber und Friedrichs rasche, sichere Dispositionen vermögen den Nachteil auszugleichen. Die hervorragend ausgebildete Armee Friedrichs pariert den gefährlichen Angriff gekonnt. Die preußischen Reiter attackieren erfolgreich auf ansteigendem Gelände – eine bemerkenswerte Leistung –, die Infanterie setzt zu wuchtigen Gegenangriffen an, und am zeitigen Nachmittag ist der Feind zum Rückzug gezwungen. Zu den Verlusten von Soor gehörte Friedrichs persönliche Habe sowie sein geliebtes Windspiel Biche – beides fiel österreichischen Husaren in die Hände.

30. September 1811 Prinzessin Augusta von Sachsen-Weimar, die nachmalige Kaiserin und Königin von Preußen, geboren

Die Kinder des damaligen Erbprinzen Karl Friedrich von Sachsen-Weimar und seiner Gattin, Großfürstin Maria Pawlowna, Prinzessin Augusta und ihre Schwester Marie wuchsen in Weimar heran und nahmen die geistvolle Atmosphäre des dortigen Hofes in sich auf. Auf ihre Ausbildung hatte unter anderen der alte Goethe Einfluss ausgeübt. Politisch huldigte Augusta dem Liberalismus. Die künstlerisch gebildete Fürstin – ein Kind ihrer Zeit und der Romantik – war eine Anhängerin des gotischen Stiles und besaß gediegene Kenntnisse über die entsprechende Architektur vor allem der englischen Gotik. Nachdem sie 1829 den Prinzen Wilhelm von Preußen geheiratet hatte, beeinflusste sie den Bau des gemeinsamen Schlosses Babelsberg und geriet darüber mit dem Baumeister Schinkel in Auseinandersetzungen.

OKTOBER

1. Oktober 1756   Schlacht bei Lobositz

Nachdem Friedrich der Große die sächsische Armee bei Pirna eingeschlossen hatte, eilte der österreichische Feldmarschall Browne zu deren Entsatz herbei. Friedrich marschierte ihm entgegen und griff bei Lobositz an, weil der Nebel die tatsächliche Stärke der feindlichen Verbände verschleierte. Das führte zur ersten großen Schlacht des Siebenjährigen Krieges. Zwei Attacken der preußischen Kavallerie scheiterten, so daß Friedrich, ähnlich wie bei Mollwitz, die Schlacht schon verloren gab. Ein wuchtiger Infanterieangriff des Herzogs von Braunschweig gegen den österreichischen rechten Flügel stellte die Lage jedoch wieder her, der Gegner zog sich zurück. Trotz des taktischen Erfolges der Preußen, der blutig genug bezahlt war, konnte Browne seine Armee intakt halten. Der Entsatz der sächsischen Armee war mit ihr allerdings nicht mehr zu bewerkstelligen.

2. Oktober 1348   König Karl IV. erkennt den „falschen Woldemar" an

Der letzte askanische Markgraf Woldemar starb 1319. Danach war die Mark zum Objekt der Hausmachtpolitik Ludwigs des Bayern geworden. Die Bayern verwalteten sie, und zwar ziemlich schlecht. Nach dem Tod Kaiser Ludwigs versuchte König Karl IV. ihn zu beerben und u.a. selbst in der Mark Fuß zu fassen. In dieser Situation tauchte nach fast dreißig Jahren ein alter Mann auf, der behauptete, jener Woldemar zu sein; er sei auf einer langen Pilgerreise gewesen. Karl IV. sah seine Chance, er erkannte den

„Markgrafen" als echt an und sagte ihm Unterstützung zu, um ihn gegen den wittelsbachischen Markgrafen Ludwig den Älteren auszuspielen. Später, als der König sich mit Wittelsbach vorerst geeinigt hatte, ließ er ihn ohne Umstände wieder fallen. 1373 gewann er den Bayern die Kurmark endgültig ab und regierte von Tangermünde aus, das er nach dem Vorbild Prags zu einer zweiten Residenz ausgestaltete.

2. Oktober 1847   Generalfeldmarschall (1914) von Beneckendorff und Hindenburg geboren

Hindenburg verkörpert wie wenige außer ihm Geschichte und Kontinuität des deutschen Kaiserreiches. Er nahm als junger Offizier an den Einigungskriegen teil und war bei der Kaiserproklamation am 18. 1. 1871 im Spiegelsaal zu Versailles zugegen. Langsam, aber stetig stieg er bis zum Kommandierenden General des IV. Armeekorps in Magdeburg auf. 1905 wurde sein Name als Nachfolger Schlieffens im Großen Generalstab gehandelt. Er galt indessen als zu alt, und trat daher 1911 in den Ruhestand. Ohne den 1. Weltkrieg wäre es eine Biographie geblieben wie unzählige andere, brav, aber unspektakulär. Auch der 1. Weltkrieg brachte ihm aus Altersgründen keine sofortige Aktivierung. Erst als nach der Niederlage von Gumbinnen die Führung der 8. Armee vakant war, entsann man sich seiner, und sein Aufstieg zum deutschen Nationalsymbol begann. Vielleicht kann man unter diesem Aspekt seine makaber anmutende Bemerkung verstehen, der Krieg bekomme ihm wie eine Badekur. Der formal korrekte Doppelname von B. und H. resultiert aus dem Ehevertrag seiner Eltern, in der ausdrücklich der Wunsch artikuliert war, beide Namen zu erhalten.

3. Oktober 1813   General Yorck erzwingt mit seinem Korps den Elbübergang bei Wartenburg

Der offensive Gedanke, den Blücher, sein Stabschef Gneisenau und ihre Schlesische Armee stärker als die anderen Kräfte der Verbündeten verkörperten, drückt sich in diesem Elbübergang aus, der ins unmittelbare Vorfeld der Völkerschlacht bei Leipzig gehört und wesentlich dazu beitrug, den französischen Kaiser dort mit überlegenen Kräften stellen und besiegen zu können. Denn selbst bei den in der Folge notwendigen Ausweichbewegungen achteten die Führer der Schlesischen Armee darauf, daß diese nicht nach Osten, sondern offensiv, also nach Westen, durchgeführt wurden.

4. Oktober 1809   Generalfeldmarschall   (1871)   Prinz Albrecht (Vater) v. Preußen geboren

Prinz Albrecht war der jüngste Sohn der Königin Luise und des Königs Friedrich Wilhelm III. – wobei böse Zungen eine fatale Ähnlichkeit des Prinzen mit dem Adjutanten der Königin, Graf Schmettau, behaupteten. Ohne mit großen strategischen Fähigkeiten gesegnet zu sein, tat er gewissenhaft und mit Können militärischen Dienst und hat sich als Kavallerieführer bewährt. Im Feldzug gegen Österreich 1866 befehligte er das Kavalleriekorps der 1. Armee und nahm an der Schlacht bei Königgrätz teil. 1870/ 71 hatte er den Befehl über die vier Kavalleriedivisionen der III. Armee inne. Prinz Albrecht war mit der Prinzessin Marianne der Niederlande verheiratet. Er starb am 14. Oktober 1872; sein Denkmal steht gegenüber dem Charlottenburger Schloss.

4. Oktober 1830   Generalfeldmarschall   (seit   1821)   Yorck v. Wartenburg in Klein Oels gestorben

Die Erinnerung an Yorck lebt u.a. im Yorckschen Marsch weiter, der von Beethoven ursprünglich für die böhmische Landwehr gedacht war, dann aber im Korps des preußischen Generals zur Berühmtheit gelangte. Yorck war kein einfacher Mann, er war ein harter Konservativer, ein widerborstiger Untergebener. Blücher hatte seine liebe Not mit ihm und nannte ihn den „alten Isegrimm". Er wusste indessen, dass er sich bei allem Frondieren auf Yorck verlassen konnte, wenn es in den Kampf ging: Mit eiserner Härte, doch gerecht gegen seine Soldaten, führte der General die ihm übertragenen Aufgaben aus. Die Schlachten bei Möckern und Leipzig, die Forcierung der Elbe und der Rheinübergang bleiben mit seinem Namen eng verbunden.

5. Oktober 1813   Tod der Eleonore Prochaska

„Freiwillige aufrufen, ganz gut. Aber werden keine kommen." So hatte Friedrich Wilhelm III. resigniert auf Scharnhorsts entsprechenden Vorschlag geantwortet. Er sollte sich täuschen. Nicht nur kamen große Mengen begeisterter Männer, um unter Preußens Fahne gegen Napoleon zu kämpfen, sondern auch vereinzelte Frauen. Eine von ihnen war Eleonore Prochaska, die sich, als Mann verkleidet unter dem Namen August Renz, bei den Freiwilligen Jägern eingeschrieben hatte und in diesem Verband die Kampfhandlungen der Befreiungskriege mitmachte. Die am 11. 3. 1785 geborene Tochter eines Unteroffiziers aus dem 2. Bataillon Garde hatte die seit der Revolution schwelenden Auseinandersetzungen mit Frankreich nach der schweren Verwundung des Vaters als familiäre Tragödie erlebt. So schloss sie sich den Lützowern an und stieg zum Unteroffizier auf. Im Gefecht an der Görde (16.9.) wurde sie, eine Trommel zum Angriff schlagend, durch eine Kartätschenkugel schwer verwundet und erlag dieser Verletzung dreizehn Tage vor der Völkerschlacht.

6. Oktober 1713   Schwedter Vertrag

Nach der schwedischen Niederlage bei Poltawa (1711) kam nun der russische Zar Peter der Große zum Zuge. Am 29.9. 1713 hatten die Russen Stettin erobert. Im Vertrag von Schwedt überlässt der Zar dem Preußenkönig Friedrich Wilhelm I. die Stadt und das Land bis zur Peene gegen die Erstattung der Belagerungskosten. Durch den russischen Erfolg war der unruhige Nachbar Schweden ausgeschaltet worden, was der preußischen Territorialsituation an der Odermündung nur zugute kommen konnte. Der Soldatenkönig wusste, warum er dem Zaren das kostbare Geschenk des Bernsteinzimmers für dessen Schloss Peterhof machte!

7. Oktober 1641   Kurfürst Friedrich Wilhelm wird vom polnischen König mit dem Herzogtum Preußen belehnt

Der Hohenzollernbesitz bestand zu diesem Zeitpunkt aus zwei Kernländern – der Mark Brandenburg, die zugleich Kurfürstentum war, und dem Herzogtum Preußen, welches vor einem Jahrhundert aus den Resten des Deutschordensstaates gebildet worden war und unter polnischer Oberhoheit stand. So war der Polenkönig auch Friedrich Wilhelms Lehnsherr. Der Kurfürst, welcher im Dreißigjährigen Krieg hinreichend Gelegenheit hatte, Machtpolitik kennen zulernen, wusste, dass es in seiner Zeit zu ihr bei Strafe des Unterganges keine Alternative gab. So waren die Aufgaben gestellt: Er musste genügend militärische Macht gewinnen, um sich in den Auseinandersetzungen der anderen zu halten und eigene Ziele zu erreichen. Eines derselben war zweifellos das Abwerfen der polnischen Lehnshoheit über Preußen, ein anderes, ferneres musste es sein, eine Landverbindung zwischen beiden Gebieten zu schaffen. Das sollte indessen erst beinahe anderthalb Jahrhunderte später Friedrich dem Großen in der ersten polnischen Teilung gelingen. Damit war die brandenburgische Politik a priori latent antipolnisch.

7. Oktober 1858   Der kranke Friedrich Wilhelm IV. unterzeichnet das Dekret über die Regentschaft

Friedrich Wilhelm IV. hatte einst zu großen Hoffnungen Anlass gegeben, die durch ein zufälliges Spiel der Jahreszahlen noch verstärkt wurden: 1640 war der Große Kurfürst an die Regierung gekommen, 1740 Friedrich der Große, daher erwartete man auch 1840 etwas Besonderes. Bei allen glänzenden Gaben und allem guten Willen aber hatte der König wenig umsetzen können, weil es ihm an Willensstärke und klarem politischen Denken gebrach. So hatte er mit seiner Zeit nicht in Harmonie gelebt. Die Gebäude, die er in Potsdam anlegen ließ: das Kronprinzenschloss Charlottenhof, die römischen Bäder, die Orangerie und die Friedenskirche, sprechen von seiner Sehnsucht nach einer anderen Zeit und anderen Breiten, als es das rauhe, politisch aufgewühlte Deutschland bot. Als er an diesem Tag das Dekret unterzeichnete, das die Regentschaft auf seinen Bruder Wilhelm übertrug, war ihm bewusst, dass er gescheitert war.

8. Oktober 1742   Friedrich II. wird erstmals „der Große" genannt

An diesem Tag wird ein Gedicht des Ruppiner Rektors Dietrich Hoppe veröffentlicht, welches den Titel trägt: „Gedanken über den herrlichen Sieg und die glückliche Zurückkunft Ihro Königlichen Majestät Friderici II. des Großen". Zu diesem Zeitpunkt ist Friedrich 30 Jahre alt, seit zwei Jahren König und hat Schlesien erobert.

8. Oktober 1787   kapituliert Amsterdam vor preußischen Truppen

In den Niederlanden stellten die sog. „Patrioten" die Herrschaft des Erbstatthalters Wilhelms V. von Oranien infrage. Es kam zu langwierigen Kämpfen und Auseinandersetzungen. Friedrich Wilhelm

II. hatte sich bisher um die unübersichtlichen innerholländischen Querelen wenig gekümmert. Als aber die Gattin des Statthalters, des Königs Schwester Wilhelmine, von den Patrioten auf einer Reise aufgehalten und gefangen genommen wurde, marschierte Preußen mit 24 000 Mann ein und besetzte das Land, ohne auf viel Widerstand zu stoßen. Auch Amsterdam hatte sich nur kurz gewehrt, bevor es seine Tore öffnete. Die Intervention des Preußenkönigs führte zur Wiederherstellung der Oranierherrschaft.

8. Oktober 1858   Wilhelm, Prinz von Preußen, übernimmt die Regentschaft für seinen Bruder, den erkrankten König Friedrich Wilhelm IV.

Mit dem Regentschaftsbeginn des Prinzen Wilhelm verknüpft sich der Begriff der „Neuen Ära". Der Bruder des Königs hatte bereits seit langem in stiller Opposition zur Regierung gestanden. Als Militärbefehlshaber und Gouverneur der Rheinlande hielt er sich fern vom Hof und residierte von 1851 – 58 in Koblenz. Zu loyal, um offen zu widersprechen, hatte er doch eine sehr andere Auffassung davon, wie bestimmte Fragen gehandhabt werden sollten. Er wurde sogar – sicher zu Unrecht – des Liberalismus verdächtigt. Deshalb entstand in der Kamarilla um General Leopold v. Gerlach die Idee, seine Regentschaft zu hintertreiben und statt seiner Königin Elisabeth als Regentin zu etablieren. Doch diese war nicht dazu bereit, weil sie für ihren kranken Mann da sein wollte. So konnte Prinz Wilhelm nun beginnen, seine Vorstellungen in die Tat umzusetzen. Im Kern ging es ihm um die Wiederherstellung der Armee, die in langen Friedensjahren an Schlagkraft und Stärke eingebüßt hatte, wie sich bei der Mobilmachung von 1850 zeigte.

9. Oktober 1807   „Edikt, den erleichterten Besitz und freien Gebrauch des Grundeigentums sowie die persönlichen Verhältnisse der Landbewohner betreffend." (Oktoberedikt)

Friedrich der Große hatte niemals wirklich an der Leibeigenschaft gerüttelt, sie bildete die soziale Grundlage der preußischen Agrarökonomie, des Adels und damit auch der Armee. All das war mit dem Krieg von 1806 gescheitert und als untauglich erwiesen. So brachte nun das Oktoberedikt die Aufhebung der Leibeigenschaft, der wahrscheinlich wichtigste und grundlegendste Teil der Steinschen Reformen. Das Privileg des Adels auf Grundbesitz wurde abgeschafft. Das Edikt machte die Standesschranken durchlässig, ohne sie indessen ganz aufzuheben. Auch Bürger und Bauern konnten nunmehr – wenn sie ökonomisch dazu in der Lage waren – Boden erwerben. Und die Adligen durften, wenn sie denn einen Drang danach verspürten, einem bürgerlichen Gewerbe nachgehen. Damit wird die Entwicklung der bisher ständischen Gesellschaftsstruktur hin zur kapitalistischen freigegeben.

9. Oktober 1841   Karl Friedrich Schinkel gestorben

Als Architekt, vielleicht noch als Maler ist Schinkel ein Begriff. Er konnte jedoch mehr. So betätigte er sich als Stadtplaner; in den Plänen von 1817 und 1833 verbesserte er die Gesamtanlage Berlins durch die großzügige Gestaltung von Straßen und Plätzen. In der Zeit nach den Befreiungskriegen bekam Eisen einen hohen Symbol- und Stellenwert; der Eisenguss als Material für Denkmäler und Architekturdetails kam für eine bestimmte Zeit in Mode. Schinkel hat sich um die Berliner Eisengießerei verdient gemacht, indem er sie zu großer künstlerischer Blüte führte; das Kreuzbergdenkmal und das erstaunlich modern wirkende vor der Nikolaikirche in Spandau wurden von ihm entworfen. Auch als Möbeldesigner und Kunsttischler hat er gewirkt. Auf diesem Feld publizierte er auch anleitende Fachliteratur. Schinkel entwarf Bühnenbilder und war

Bildhauer. Auch hinterließ er eine Reihe von Schülern wie L.Persius und A. Stüler, die in seinem Sinne weiterwirkten.

10. Oktober 1806   Tod des Prinzen Louis Ferdinand

Louis Ferdinand gehörte vor dem Ausbruch der Feindseligkeiten zur preußischen Kriegspartei, wie auch Königin Luise, General v. Blücher und Oberst von Scharnhorst. Darunter verstand man diejenigen, die bereits 1805 gefordert hatten, sich dem Kampf Österreichs und Russlands gegen Napoleon anzuschließen. Dazu konnte sich König Friedrich Wilhelm III. unterm Einfluss seines Ministers Haugwitz jedoch nicht verstehen. Das Ergebnis war, dass Preußen nach Napoleons Sieg von Austerlitz diesem ohne Verbündete gegenüberstand. Zweifellos war bei der Kriegspartei eine Überschätzung der eigenen Kräfte und eine folgenschwere Verkennung der Gefahr, die von Napoleon ausging, im Spiel. Dennoch zeigen Kolberg, Graudenz und Preußisch Eylau, was selbst diese alte Armee bei entschlossener und guter Führung zu leisten vermochte. Der „preußische Alkibiades" – so ist Louis Ferdinand auch bezeichnet worden – bezahlte als einer der wenigen Hohenzollern, die im Kampf fielen, seinen Wagemut im Gefecht bei Saalfeld mit dem Leben.

11. Oktober 1760   Der „Mollwitzer Schimmel" wehrt sich gegen seine Gefangennahme

Trotz des glänzenden Sieges bei Liegnitz war Friedrich der Große noch keineswegs gerettet. Wie mehrfach im Siebenjährigen Krieg, waren österreichische und russische Truppen vor Berlin erschienen und hatten die Stadt am 9. 10. zur Kapitulation gezwungen. Vor allem zur Ehre der Österreicher muss gesagt werden, dass sie schonend mit Sanssouci und den Berliner Schlössern umgingen. Friedrich verbreitete nach Liegnitz auch wieder genügend Respekt, dass die Nachricht von seinem Näherrücken eine übereilte Flucht der Verbündeten bewirkte. Gern hätten österreichische Husaren den berühmten „Mollwitzer Schimmel" als Beute mitgenommen, jenes Pferd, auf dem Friedrich einst von seinem ersten Schlachtfeld geflohen war und das er – sich selbst zur Mahnung – in Ehren hielt. Aber das Tier hatte eigene Vorstellungen über seinen Lebensabend, und es gelang den Österreichern nicht, es zu reiten, sie mussten es zurücklassen. So blieb es im königlichen Marstall, wo es noch jahrelang bis zu seinem Tode lebte.

12. Oktober 1815   Die Ergebnisse des Wiener Kongresses werden für Preußen mit Fürst Hardenbergs Unterschrift ratifiziert

Preußen hatte sich bei den Verhandlungen in Wien ziemlich über den Tisch ziehen lassen. Obwohl wesentlich am militärischen Erfolg des Krieges gegen Napoleon beteiligt, erlangte es zwar einen großen Teil seines Besitzstandes von vor 1807 wieder; weitergehende Forderungen oder gar Einflüsse auf den Lauf der von Metternich dominierten Gestaltungen des Deutschen Bundes und der europäischen Angelegenheiten erlangte es nicht. In den Augen vieler Militärs und Patrioten hatte die Diplomatie versagt, indem sie verspielte, was das Schwert erworben hatte. Blücher äußerte undiplomatisch, aber mit treffendem Scharfblick, der Wiener Kongress gleiche einem Markt, wo jeder sein Vieh hintreibe, um es zu verkaufen oder zu vertauschen. Preußen habe einen tüchtigen Bullen hingebracht und sei mit einem schäbigen Ochsen heimgekehrt.

13. Oktober 1941   Das Bernsteinzimmer zum letzten Mal an seinem Ort

Friedrich Wilhelm I. hatte die kostbare Zimmerverkleidung aus ostpreußischem Bernstein dem russischen Herrscher Peter I. geschenkt. Diese große Geste des Preußenkönigs brachte zum Ausdruck, daß der Sieg des Zaren über den Schwedenkönig Karl XII. auch für das aufstrebende Preußen eine Entlastung bedeutete. Karls sprunghafte, riskante Politik und seine Expansionsabsichten hätten Preußens nördliche Ausbreitung niemals zugelassen. Der Zar baute die einmalige Gabe in sein Schloss Peterhof ein und hat sie sehr geschätzt.

Im Zweiten Weltkrieg wurde das Bernsteinzimmer am 14.10. von den Nazis demontiert und im kommenden Frühjahr im Schloss von Königsberg neu aufgestellt. Als sich gegen Ende des Krieges die Front Ostpreußen näherte, ist es bekanntlich aufs Neue verpackt und mit unbekanntem Ziel aus Königsberg versandt worden. Seither gilt es als verschollen, viele Mythen und Spekulationen knüpfen sich daran. In Russland wird an einer Rekonstruktion gearbeitet.

Der 13.10.1941 war der letzte Tag, an dem es sich in Peterhof befand, wo es hingehörte – an dem Ort, für den es König Friedrich Wilhelm I. bestimmt hatte.

14. Oktober 1758   Schlacht bei Hochkirch

Napoleon soll das Lager von Hochkirch den schwersten Fehler seit der Erfindung des Schießpulvers genannt haben. Friedrich war fest überzeugt, daß die Österreicher im Begriffe standen, sich nach Böhmen zurückzuziehen. Deshalb wählte er eine Position, von der er hoffte, dass ihre herausfordernde Exponiertheit den Feind in dieser Absicht bestärken würde. Auf die Vorhaltung Keiths, die Österreicher müssten des Hängens wert sein, wenn sie die Preußen in dieser ungünstigen Stellung nicht angriffen, erwiderte Friedrich nur zynisch: So hoffen wir, dass sie uns mehr fürchten als den Strick! Feldmarschall Daun jedoch ließ die Gelegenheit nicht vorübergehen und lancierte einen nächtlichen Überraschungsangriff auf Friedrichs Stellungen. Die Preußen bezahlten des Königs Arroganz mit schweren Verlusten. Auch Feldmarschall Keith war unter ihnen.

14. Oktober 1806   Schlachten bei Jena und Auerstädt

Wenn man die 217 Jahre des Königreichs Preußen in zwei Hälften teilen will, dann markiert dieser Tag die Zäsur, denn hier endet das Preußen Friedrichs des Großen, und im Gefolge des Desasters werden die Grundlagen für das Preußen Bismarcks gelegt, wenn auch mit einiger zeitlicher Verzögerung. Natürlich waren die Truppen, die nicht besonders gut verpflegt und ausgerüstet waren, in denen im wesentlichen die Einrichtungen Friedrichs konserviert worden sind, den moderner ausgerüsteten und mit einer neuen Strategie, Taktik und Motivation kämpfenden Franzosen auch substantiell unterlegen. Dass die Niederlage aber zur Katastrophe geriet, war eine Folge der unentschlossenen, miserablen Führung. Häufig hat man das Alter der Generalität dafür verantwortlich gemacht. Das allein ist nicht überzeugend, denn die Generale von 1870 / 71 waren auch nicht viel jünger.

15. Oktober 1795   König Friedrich Wilhelm IV. in Berlin geboren

Der älteste Sohn König Friedrich Wilhelms III. und seiner Königin Luise war von weicher, romantischer Gemütsart, und neigte im Erscheinungsbild zu einer gewissen Korpulenz. Dennoch bestach er durch Liebenswürdigkeit sowie intelligenten, schlagfertigen Witz. Im Kreise seiner Geschwister gab man ihm den Spitznamen „der Butt", den er auch akzeptierte. Ein für ihn gefertigtes Service trägt dieses Tier als Symbol, auch in den Römischen Bädern in Potsdam ist der Butt als Brunnenfigur präsent. Friedrich Wilhelm ist künstlerisch begabt und beseelt vom Geist der Romantik. Eine Reise nach Italien prägt seine architektonischen und sonstigen künstlerischen Interessen aus. Vor allem die Malerei Raffaels hinterließ einen tiefen Eindruck bei ihm. Er ist vielleicht der einzige Hohenzoller, der – obschon von hohem fürstlichen Selbstbewusstsein – der Armee keine Begeisterung entgegenzubringen vermochte.

16. Oktober 1756   Kapitulation der sächsischen Armee bei Pirna

Friedrich der Große eröffnete den Siebenjährigen Krieg mit einem Angriff auf Sachsen, welches sich durch die preußenfeindlichen Zetteleien seines Ministers Grafen Brühl einerseits seinen besonderen Hass zugezogen hatte, dessen Besitz andererseits von wesentlicher wirtschaftlicher und strategischer Bedeutung für das weitere Vorgehen gegen das österreichische Böhmen war. Die ca. 19 000 Mann sächsischer Truppen unter Graf Rutowski entzogen sich Anfang September dem Zugriff der viel stärkeren preußischen Armee und verschanzten sich auf dem Hochplateau zwischen der Festung Königstein und Pirna. Dieses stellte sich als uneinnehmbar heraus, so daß Friedrich nichts anderes übrigblieb, als den Feind dort auszuhungern. Einen Entsatzversuch des österreichischen Feldmarschalls Browne wies er in der Schlacht bei Lobositz blutig ab. Damit war die Lage der Sachsen aussichtslos geworden, und Feldmarschall Rutowski kapitulierte. Nun preßte der Preußenkönig sämtliche gefangen genommenen Mannschaften mit brutalem Druck in seine eigenen Dienste. Auf den Einwand eines ausländischen Gastes, dies habe es noch niemals gegeben, erwiderte er zynisch : „Ich weiß nicht, ob Sie wissen, daß ich mir etwas darauf zugute tue, originell zu sein." Es war klar, dass sich die Zuverlässigkeit dieser Soldaten in sehr engen Grenzen bewegte.

16. Oktober 1757   Der österreichische General Hadik besetzt Berlin

Im Siebenjährigen Krieg wurde die preußische Hauptstadt mehrmals von feindlichen Truppen besetzt. Das erste Mal gelang es 3500 österreichischen Husaren unter dem Kavalleriegeneral Grafen Hadik. Die in der Stadt befindlichen fünf Landmiliz-Bataillone konnten die Stadt nicht lange verteidigen. Hadik erhob Kontributionen von rund 200 000 Talern, verließ aber auf die Nachricht vom Nahen König Friedrichs am nächsten Tag Berlin wieder. Folgende Anekdote knüpft sich an dieses Ereignis: Um Kaiserin Maria Theresia ein Souvenir aus der feindlichen Hauptstadt mitzubringen, und als ritterliche Geste gegenüber seiner Herrin verlangte er von einer Berliner Manufaktur ein Dutzend kostbarer Damen-Handschuhpaare. Die Berliner gaben ihm zwölf Paar – linker Handschuhe ...

16. Oktober 1813   Beginn der Völkerschlacht bei Leipzig

Die Schlacht zog sich bis zum 19. Oktober hin. Napoleon hatte das Gros seiner Kräfte im Süden von Leipzig aufgestellt, dazu südöstlich und einiges im Norden; die Verbündeten begannen mit einer entsprechenden Umfassung seiner Positionen. Der erste Tag brachte Kämpfe um Wachau im Süden und um Möckern im Norden, wo das Yorcksche Korps in erbittertem Kampf die Verbände des Marschalls Marmont band und aufrieb, so dass Napoleon auf diese als Reserve für den Hauptkampf im Süden gedachten Truppen nicht mehr zurückgreifen konnte.

17. Oktober 1682   Generalfeldmarschall (1747) Christoph Wilhelm von Kalckstein geboren

Den bewährten General von Kalckstein bestimmte Friedrich Wilhelm I. zum Gouverneur des Kronprinzen Friedrich. In dieser Stellung hätte er eigentlich alles falsch machen können. Dass er es nicht tat, spricht für seinen Charakter und sein Können. Er versuchte zwischen dem König und Friedrich zu vermitteln. Dieser hat ihn über das Militärische hinaus sehr geschätzt. Briefe zeugen noch heute von der Anteilnahme und Sorge um das Wohl seines alten Erziehers. Noch als sein Bruder August Wilhelm starb, bestellte der König Kalckstein auch zum Erzieher der Söhne des Prinzen. Tatsächlich ist Kalckstein vielleicht eher ein militärischer Pädagoge als ein Feldherr gewesen, denn auch seine Verdienste um die Armee liegen vor allem auf dem Gebiet der Soldatenausbildung. Kalckstein verstarb am 2.6.1759 in Berlin.

17. Oktober 1813   Völkerschlacht bei Leipzig, 2. Tag

Der relativ ruhige Tag brachte eine Pause und die Zuführung neuer verbündeter Kräfte unter Bennigsen und später dem Kronprinzen von Schweden. Insgesamt haben auf Seiten der Verbündeten etwa 300.000 Mann mit 1360 Geschützen gekämpft, gegen ca. 190.000 Franzosen und Rheinbundtruppen mit 630 Geschützen. Die Schlacht ist eine Art Kompendium der Kriegsgeschichte: erste moderne Technik in Form einer englischen Raketeneinheit traf sich mit Uraltem – baschkirischen Bogenschützen des russischen Heeres. Es war der preußische Oberst Müffling vom Stabe Blüchers, der angesichts der gewaltigen bewaffneten Menschenmengen am Morgen des 18. Oktober den Namen „Völkerschlacht" prägte.

18. Oktober 1777   Der Dichter Heinrich von Kleist geboren

Ursprünglich versuchte Heinrich von Kleist die klassische militärische Karriere, die seine Familienzugehörigkeit vorgab, und brachte es zum Leutnant im 1. Garderegiment. Weder das, noch die folgenden wissenschaftlichen Studien befriedigten ihn, und er begann, sich als

Dichter zu betätigen. Kleists Werk reicht von Lustspielen (Amphitryon, Der zerbrochene Krug) über Anekdoten, Erzählungen (Michael Kohlhaas) und Novellen (Die Marquise von O...) bis zu diversen weiteren Dramen (Die Familie Schroffen-stein, Penthesilea, Käthchen von Heilbronn, Der Prinz von Homburg, Die Hermannsschlacht). Er ist Zeit seines Lebens ein unruhig Getriebener geblieben. Breite Anerkennung erlangte Kleists Werk erst nach seinem Tode.

18. Oktober 1813   Völkerschlacht bei Leipzig: 3. Tag

Dieser Tag sah den Hauptangriff der Verbündeten auf die französische Armee im Nordosten, Süden und Osten von Leipzig. In erbittertem, lange unentschieden hin und her wogendem Kampf wurden Napoleons Kräfte auf die Stadt zurückgeworfen. Am Abend befanden sie sich im Rückzug, der teilweise schon zur Flucht zu werden drohte.

18. Oktober 1831   Kaiser Friedrich III. geboren

Friedrich Wilhelm, der Sohn des Prinzen Wilhelm und seiner Gemahlin, Prinzessin Augusta, würde einmal den Thron besteigen – niemand konnte damals wissen, dass es nur für 99 Tag sein würde. Er genoss eine gute, ziemlich umfassende Erziehung, wobei seine Mutter dafür sorgte, dass der musische und intellektuelle Teil nicht zu kurz kam. U.a. war es Marie von Clausewitz, die Witwe des Militärtheoretikers, die sich um das Kind in frühen Tagen kümmerte. Die Familie wohnte in Schloss Babelsberg, dem Prinzen wurde das sog. Kleine Schloss zugewiesen, welches mit Blick auf Potsdam am Ufer des Sees liegt. Neben der üblichen Prinzenerziehung lernte „Fritz", wie er meist genannt wurde, auch Handwerkliches: Tischlerei und, aus eigenem Interesse, Buchdruckerei. Später studierte

Friedrich Wilhelm in Bonn, wo er u.a. die Bekanntschaft des alten Ernst Moritz Arndt und der Sängerin Jenny Lind machte. Bestimmend für seinen weiteren Weg war aber doch die militärische Laufbahn, die über das für einen preußischen Prinzen Übliche hinaus erfolgreich wurde.

19. Oktober 1813   Völkerschlacht bei Leipzig: 4. Tag

Im Schlussakt des blutigen Ringens erstürmten die Verbündeten Leipzig. Napoleon ist gezwungen, seine verbleibenden Truppen geschlagen in Richtung Westen hinwegzuführen. In der Stadt kommt es zu chaotischen Szenen, nachdem die Sprengung der Elsterbrücke den Rückzug zur panischen Flucht werden lässt. Bei der Begegnung der verbündeten Monarchen, die am späten Mittag in die eroberte Stadt einziehen, mit Blücher begrüßt König Friedrich Wilhelm III. diesen als Feldmarschall. Dieser drängt auf eine wirksame Verfolgung des geschlagenen Feindes, die er mit Kavalleriekräften seiner eigenen Truppen selbst einleitet.

19. Oktober 1878   Annahme des Sozialistengesetzes

Die Attentate auf den alten Kaiser Wilhelm waren nur der Anlass. Man sagt, dass Bismarck beim zweiten Anschlag zuerst in fieberhafter Eile die nochmalige Einbringung der nach dem ersten noch gescheiterten Gesetzesvorlage" gegen die gemeingefährlichen Bestrebungen der Sozialdemokratie" in die Wege geleitet habe, und sich erst danach nach dem Zustand seines Herrn erkundigt haben soll. Tatsächlich wurde das Gesetz diesmal mit 221 gegen 149 Stimmen im Reichstag angenommen. Der Reichskanzler hat keinen Konflikt gescheut, weder mit den Liberalen, noch mit dem Zentrum, noch jetzt gegen die Arbeiterschaft, deren soziale Bestrebungen er als reichsfeindlich einstufte. Das Repressionsgesetz erwies sich jedoch als stumpfe Waffe: Unter seiner Dauer nahm die Sozialdemokratie an Stärke und Organisiertheit eher zu. Deshalb ergänzte er den Kampf in den 80er Jahren noch durch eine Sozialgesetzgebung.

20. Oktober 1740   Tod Kaiser Karls VI. in Wien

Der Kaiser hatte keinen männlichen Thronfolger, und die Bemühungen, eine so genannte „Pragmatische Sanktion" zugunsten der Thronfolge seiner Tochter Maria Theresia bei den Nachbarn durchzusetzen, stießen auf nicht allzuviel Gegenliebe. Als er starb, war dies eine Art Startschuss für das Rennen um eine Neuverteilung der Machtpositionen und einiger Territorien in Europa, welches seit dem Ende des Spanischen Erbfolgekrieges und des Nordischen Krieges eine Friedenszeit erlebt hatte. Der junge König Friedrich II. von Preußen erkannte sofort seine Chance, alte Ansprüche auf die österreichische Provinz Schlesien geltend zu machen und brachte die Armee in kriegsfertigen Zustand, indem er große Mengen Getreides aufkaufen ließ. Bei den folgenden Beratungen mit seinen Ministern Graf Schwerin und Graf Podewils handelte es sich lediglich noch darum, dem bereits von ihm Beschlossenen eine akzeptable Form zu geben. Bemerkenswert ist der Zynismus, mit dem Friedrich sich als Verbündeten Maria Theresias darstellte, der ihr Territorium und ihre Ansprüche vor fremdem Zugriff schützen helfe – wofür die Überlassung der Provinz Schlesien eine angemessene Entlohnung darstelle.

21. Oktober 1415   Markgraf Friedrich I. von Brandenburg nimmt die Erbhuldigung der Bürger in Berlin entgegen

Der neue Markgraf und Kurfürst – der erste aus dem Hause Hohenzollern – fand zu Anfang große Schwierigkeiten und wenig Zustimmung im Lande. Obwohl er bereits 1414 die wichtigsten Adelsburgen mit Gewalt gebrochen hatte, gab sich der Adel noch keineswegs geschlagen. Die Huldigung der Berliner war dennoch ein Ausdruck der zunehmenden Anerkennung, die sich Friedrich verschaffte, weil sein energisches Auftreten das Raubritterwesen eindämmte, unter welchem vor allem die Wirtschaft der Städte zu leiden hatten.

22. Oktober 1858   Prinzessin Auguste Viktoria von Schleswig-Holstein-Augustenburg geboren

Auguste Viktoria – Dona, wie sie vor allem als junges Mädchen im Familienkreis genannt wurde – trat zeit ihres Lebens durch keine besonderen Leistungen oder Äußerungen hervor. Sie wird 1881 Gattin des nachmaligen Kaisers Wilhelm II. Darin ist eine Versöhnung des Augustenburger Hauses für die Zurückweisung seiner Ansprüche auf Schleswig-Holstein nach 1864 zu sehen. In ihrem geistigen Horizont bescheiden und sehr fromm, förderte sie in Zusammenarbeit mit ihrem Oberhofmeister Ernst v. Mirbach (1844 - 1925) und dessen „Evangelisch-Kirchlichem Hülfsverein" vor allem den Kirchenbau in Deutschland. Sie versuchte, den Deutschen eine echte Landesmutter zu sein, und fand viel Verehrung.

23. Oktober 1842   Per AKO wird die Pickelhaube für die preußische Armee eingeführt

Es liegt eine gewisse Ironie in der Tatsache, dass ausgerechnet der einzige Preußenkönig, der kaum Interessen fürs Militärische hatte, der preußischen Armee ihr klassisches Erscheinungsbild bis zum Anfang des 1. Weltkrieges gab. Der romantisierende Haubenaufsatz

– Spitze bei der Infanterie und Teilen der Kavallerie (Dragoner, Kürassiere), Kugel bei der Artillerie, Tschapka in Erinnerung an die alte polnische Tschakoform bei den Ulanen und ein auffliegender, gekrönter Adler beim Garde du Corps sowie dem Garde-Kürassier-Regiment – trug der Mittelalterbegeisterung der Zeit Rechnung. Nach den Waffenerfolgen von 1864, 1866 und 1870 – 71 wurde die Pickelhaube von Armeen in der ganzen Welt nachgeahmt, so von Teilen der britischen (1890), der norwegischen (ebenfalls 1890), der amerikanischen (1881), der chilenischen (nach 1890) und der mexikanischen (1910).

23. Oktober 1806   Fürst Hohenlohe kapituliert mit seinen Truppen bei Prenzlau

Der sechzigjährige Fürst von Hohenlohe-Ingelfingen, seit 1768 in preußischen Diensten und 1794 siegreich bei Kaiserslautern, kommandierte bei Jena die rechte Flügelarmee der Preußen. Nach der Schlacht Oberbefehlshaber anstelle des tödlich verwundeten Herzogs von Braunschweig, versuchte er die Trümmer der Armee in Richtung der Oder zu führen. Elf Tage nach der vernichtenden Niederlage sind seine flüchtenden Truppen bei Prenzlau umstellt, er selbst zur Kapitulation gezwungen. Bald danach nimmt er seinen Abschied und lebt bis 1818 auf seinen schlesischen Besitzungen, da über Napoleons Umgestaltung Deutschlands auch sein Fürstentum verloren ging.

24. Oktober 1795   3. Polnische Teilung

Um für dieses Geschehen die Hände freizuhaben, schloss Preußen mit Frankreich den Kompromissfrieden von Basel. Denn längst waren Österreich und Russland bereit, sich auch ohne Preußen an den Resten des polnischen Kuchens gütlich zu tun. Das wollte Friedrich

Wilhelm II. und mit ihm die preußische Führung nicht zulassen. Nachdem er sein gesamtes politisches und militärisches Gewicht in die Waagschale geworfen hatte, erhielt auch die Hohenzollernmonarchie einen beträchtlichen Anteil an der polnischen Beute: u.a. Warschau fällt an Preußen. Damit ist der eigenständige polnische Staat von der Landkarte verschwunden.

25. Oktober 1684   Generalfeldmarschall (1740) Christoph Graf Schwerin geboren

Schwerin, der Sohn eines in schwedischen Diensten stehenden Offiziers, war erst 1720 als Generalmajor in das preußische Heer eingetreten. Vorher hatte er in holländischen und schwedischen Diensten Erfahrungen gesammelt. Als Mann von Welt und Sanguiniker schätzte er einen kultivierten Lebensstil. Das hinderte ihn nicht, in dienstlichen Fragen mit großer Gewissenhaftigkeit und zuweilen auch Härte zu verfahren und auf vorbildliche Disziplin unter seinen Truppen zu halten.

26. Oktober 1800   Generalfeldmarschall (1871) Hellmuth Graf Moltke geboren

Ein einfaches Reihenhaus einer alten Straßenzeile in Parchim war die Geburtsstätte des späteren Feldmarschalls. Als Kind bekam er die Wirren der napoleonischen Zeit zu spüren. Da sein Vater Offizier war, trat auch er in zunächst dänische Militärdienste. Seit 1822 Offizier der preußischen Armee, stieg er stetig in Hof- und Generalstabsdienst auf. 1836 – 39 war er als Militärinstrukteur in der Türkei tätig. Seine Bemühungen um eine Reorganisation und Verbesserung der osmanischen Armee fruchteten indessen nicht viel. So widmete er sich kulturhistorischen und archäologischen Studien, was dazu führte, dass auch er – wie so viele bedeutende Preußen –

sich im Grunde ein anderes Leben hätte vorstellen können, als er es tatsächlich geführt hat. Mit unerhörtem Fleiß erwarb er sich Wissen, so dass er Dänisch, Englisch, Französisch, Italienisch und Türkisch sprechen und schreiben konnte. Unter ihm wurde der Generalstab das anerkannte Hirn der Armee. Das war nicht immer so. Noch bei Königgrätz hatte General von Manstein auf einen Befehl, den Moltke unterschrieben hatte, dem Überbringer geantwortet, das sei ja alles sehr richtig; wer aber wäre der General Moltke? Ein Jahr später wäre eine solche Antwort undenkbar gewesen.

26. Oktober 1919   Generalfeldmarschall   Gottlieb   Graf   Haeseler gestorben

Graf Haeseler hatte die drei Einigungskriege als Stabsoffizier bei Prinz Friedrich Karl mitgemacht. Später war er als Chef der Kriegsgeschichtlichen Abteilung des Stabes federführend an der Herausgabe des Generalstabswerks über den Krieg 1870 – 71 beteiligt. Seine Erfahrungen als Kavallerieoffizier flossen in eine Neubearbeitung des Exerzierreglements der Kavallerie und in die Felddienstordnung von 1887 ein. Erst nach seiner Entlassung aus dem aktiven Dienst ernannte ihn der Kaiser zum Feldmarschall. Als er 1919 in Harnekop starb, hatte er die Niederlage Deutschlands und den Sturz der Dynastie Hohenzollern noch miterleben müssen.

27. Oktober 1760   Generalfeldmarschall   (1825)   August   Wilhelm Anton Graf Neidhard von Gneisenau geboren

Der gebürtige Schildaer lernte in ansbachischen Diensten Amerika kennen, und hatte dort 1782 / 83 Gelegenheit, die moderne Taktik der aufgelösten   Schützenschwärme   (Tirailleurs)   noch   vor   der französischen Revolution zu beobachten. Im Zusammenbruch Preußens von 1806 setzte er eines der Fanale des Widerstandes gegen den Siegeslauf der französischen Waffen: Er hielt – gemeinsam mit dem Bürgermeister Joachim Nettelbeck – die Ostseefestung Kolberg bis zum Waffenstillstand. Nachdem General v. Scharnhorst während des Frühjahrsfeldzuges von 1813 seiner Verwundung erlegen war, avancierte der bisherige Generalquartiermeister Gneisenau zum Stabschef von Blüchers Schlesischer Armee und leistete in dieser Stellung Hervorragendes.

27. Oktober 1806   Einzug Kaiser Napoleons I. in Berlin

Mit dem triumphalen Einmarsch in die preußische Hauptstadt macht der französische Kaiser aller Welt die totale Niederlage seines Gegners klar. Der König und der Hof waren längst in Richtung Ostpreußen geflohen. Zuvor hatte Friedrich Wilhelm III. noch alles veranlasst, damit der Sieger in seinen Berliner Schlössern allen Komfort zu seiner Zufriedenheit vorfinden würde. Die Bevölkerung nahm die Veränderungen willenlos hin, die Beamtenschaft leistete Napoleon anstandslos den geforderten Treueid. Für kurze Zeit lenkte er von hier die Geschicke seines europaweiten Imperiums, so wurde im Berliner Schloss am 21.11. das Dekret über die Kontinentalsperre gegen England unterzeichnet. Aber auch großzügig konnte sich Napoleon zeigen: die Potsdamer Garnisonkirche mit dem Grab Friedrichs des Großen stellte er unter seinen persönlichen Schutz.

28. Oktober 1870   Kronprinz Friedrich Wilhelm und Prinz Friedrich Karl in den Rang eines Generalfeldmarschalls erhoben

Das war eine Neuerung: Niemals zuvor war ein preußischer Prinz zum Feldmarschall ernannt worden. Noch für den Prinzen Wilhelm von Preußen wurde 1854 eigens der Rang des Generaloberst en kreiert, um ihn zu befördern, ohne gegen diese Regel zu verstoßen. Er selbst hob sie als König für seinen Sohn und seinen Neffen auf.

Ob er ihnen damit einen Gefallen tat, wäre zu fragen. Der Kronprinz war zu diesem Zeitpunkt 39 Jahre alt, Prinz Friedrich Karl 42. Mit diesem Rang waren sie für jedes interessante militärische Friedenskommando „überqualifiziert", so daß die Rangerhöhung in der nachfolgenden langen Friedenszeit einer sehr frühen Kaltstellung gleichkam, unter der beide gelitten haben. Ob sie, wären sie keine Prinzen gewesen, auch so schnell den höchsten Rang erklommen hätten, ist ebenfalls mehr als fraglich. Da sie es jedoch waren, gab man ihnen die Chance, und sie haben sie im wesentlichen gut genutzt.

29.Oktober 1762   Schlacht bei Freiberg

Der Siebenjährige Krieg ging seinem Ende entgegen. Es war inzwischen klar, daß Katharina II. von Russland den Krieg gegen den Preußenkönig nicht erneuern würde, wenn sie auch das von Peter III. geschlossene Bündnis auflöste. Für die künftigen Verhandlungen wollte Friedrich möglichst viel sächsisches Territorium als Pfand behalten. Daher wies er Prinz Heinrich an, ein letztes Mal gegen die bei Freiberg stehende Reichsarmee loszuschlagen. Gemeinsam mit dem General von Seydlitz besiegte er dieselbe in offener Feldschlacht. Friedrichs Kalkül erwies sich als richtig: Sachsen wurde zum Austauschobjekt für die von den Österreichern noch besetzt gehaltene Grafschaft Glatz.

29.Oktober 1811   Prinz Adalbert von Preußen geboren

Prinz Adalbert – ein Neffe Friedrich Wilhelms III. – hatte sich von klein auf für Marinefragen interessiert und im Mai 1848 durch eine „Denkschrift über die Bildung einer deutschen Kriegsflotte" auf sich aufmerksam gemacht. Ende des Jahres wurde von der Regierung des Reichsverwesers Erzherzog Johann eine Technische

Marinekommission gebildet, der Prinz Adalbert vorstand. Später wurde er Chef der preußischen Marine und 1852 „Admiral der preußischen Küsten mit dem Range eines Generals der Infanterie" – welcher Titel etwas über die unselbständige Stellung der Marine zu diesem Zeitpunkt aussagt. Noch sprechender ist die hämische Bezeichnung „Oberkahnführer", mit dem die Höflinge den Prinzen abtaten. Der Prinz war in morganatischer Ehe mit der bürgerlichen Therese Elßler verheiratet, die indessen mit der Hochzeit den Titel einer Gräfin Barnim erhielt.

30. Oktober 1668   Königin Sophie Charlotte von Preußen geboren

Preußens erste Königin war eine bedeutende Frau. Sie war nicht allein schön und musisch begabt, sondern auch sehr intelligent und gebildet. Wenn Friedrich der Große einmal gesagt haben soll, lieber einen Freund verlieren, als einen guten Witz für sich behalten, so drückt er nur aus, was seine Großmutter praktizierte und was er offensichtlich von ihr geerbt hatte: ihre Scherze waren geistreich, witzig und oft verletzend. Sophie Charlotte von Braunschweig aus dem Hause Hannover war die zweite Gemahlin von Friedrich III./I. In ihrer Jugend hatte sie einige Jahre in Paris verbracht, wo sie Lebensart lernen konnte. Ihre Berliner Hofgesellschaften waren denn auch für ihren Glanz und Esprit berühmt.

30. Oktober 1785   Hermann Ludwig Heinrich Fürst von Pückler-Muskau geboren

Fürst Pückler genoss in der adligen Gesellschaft Europas einen exotischen Ruf als Gartenarchitekt, Reisender und Weltmann. Pückler gestaltete seinen Besitz Muskau, wie auch später Branitz in einer für seine Zeit völlig neuen Weise als Landschaftspark. Berühmt wurden auch seine abenteuerlichen Reisen in den Orient. Vielfältig waren seine Beziehungen zum preußischen Königshaus. Mit Friedrich Wilhelm IV. verstand er sich überhaupt nicht, er war ihm wohl zu ähnlich. Außerdem gingen dem König die liberalen, manchmal revolutionären Anschauungen Pücklers auf die Nerven. Viel besser war das Verhältnis zu Wilhelm I., der ihn schätzte. Pückler hatte sich in den Befreiungskriegen ausgezeichnet und stand im Range eines preußischen Generalleutnants. Als solcher wollte er trotz hohen Alters unbedingt den Feldzug von 1866 mitmachen. Die Schlacht bei Königgrätz verschlief er aber zu seinem Verdruß, weil man den alten Herrn nicht eigens wecken wollte. Zu sehr hätte er sich gewünscht, sein abenteuerliches Leben mit einem romantischen Heldentod an der Spitze einer Kavallerieattacke zu beenden: Wilhelm I. aber lehnte die Teilnahme des 85jährigen am Krieg von 1870 ab. Also starb Fürst Pückler am 4.2.1871 friedlich auf seinem Besitz Branitz bei Cottbus. Er verkörperte einen interessanten, lebensvoll-widersprüchlichen Typus des Aristokraten, der in Deutschland seinesgleichen sucht.

30. Oktober 1864   Der Wiener Frieden beendet den deutsch-dänischen Krieg

Bereits 1848 war das Schicksal der beiden nördlichen Herzogtümer Schleswig-Holstein den Deutschen nicht gleichgültig gewesen. Man akzeptierte im wesentlichen die Personalunion, die sie mit der Krone Dänemarks verband - aber keinesfalls die Trennung beider oder die Einverleibung in den dänischen Staatsverband. Diese Gefahr war nun endgültig gebannt durch die militärischen Siege der preußischen und der österreichischen Truppen. Damit hatten diese ein nationales Problem gelöst und zogen zweifellos Sympathien auf sich. Schleswig-Holstein und Lauenburg fallen unter gemeinsame preußische und österreichische Verwaltung. Wie dies im Detail aussehen sollte, blieb weiteren Verhandlungen zwischen den Siegermächten vorbehalten und wurde 1865 für eine Weile durch den Vertrag von Bad Gastein geregelt.

31. Oktober 1712   Generalfeldmarschall (1757) Prinz Moritz von Anhalt-Dessau geboren

Das Haus Anhalt-Dessau hat eine lange Tradition des Dienstes in der preußischen Armee. Begründet wurde sie durch Fürst Leopold I. von Anhalt, den „Alten Dessauer". Seine Söhne dienten ebenfalls alle in Friedrichs Armee; Moritz von Dessau war der vierte und jüngste Sohn. Der Überlieferung nach ohne Erziehung aufgewachsen, ermangelte er jeglicher Bildung und gab sogar vor, Analphabet zu sein. Im Felde jedoch bewies er immer wieder praktisches Geschick und große Tapferkeit in der Führung der Infanterie – etwa bei Leuthen oder bei Zorndorf – so dass ihn Friedrich II. zum Feldmarschall machte, obwohl mit ihm schwer auszukommen war. Bei Hochkirch wurde er gefährlich verletzt und musste den Dienst verlassen, eine Erkrankung führte zu seinem frühen Tod im Jahr 1760.

NOVEMBER

1. November 1877   Generalfeldmarschall (1856) Graf Wrangel in Berlin gestorben

Die militärischen Führungsfähigkeiten des einst schneidigen Kavalleristen werden zum Teil sehr skeptisch beurteilt. Da, wo er wirklich Kommando führte, wie 1864 gegen Dänemark, hat er wenig Ruhm erworben. Zu diesem Zeitpunkt zählte er allerdings auch schon 80 Jahre. Frühere große Gelegenheiten der Bewährung sind ihm nicht gegeben worden. So bleiben die unzähligen wohlwollenden Anekdoten, die über ihn kursierten und von denen vielleicht die wenigsten wahr sind. Dennoch sagen sie etwas über ihn aus, denn die sie mit seinem Namen verbunden erzählten, konnten wissen, was zu ihm passte. So ist es immer wieder eine bestimmte treuherzige, derbe, aber niemals brutale Sorte von Schlagfertigkeit und Humor, die mit ihm in Verbindung gebracht wird. Als ihm Major Rimpler von der Berliner Bürgerwehr 1848 erklärte, er habe den Befehl, die Nationalversammlung zu verteidigen und werde nur der Gewalt weichen, meinte Wrangel trocken: „Dann sollten Se jetzt weichen, Herr Major, de Jewalt is nämlich da." Ein Intellektueller wie Gneisenau, Scharnhorst oder Moltke ist er wirklich nicht gewesen, eher stilisierte er sich in der Art des alten Blücher.

1. November 1539 Einführung der Reformation in Brandenburg

Während Kurfürst Joachim I. Nestor ein erbitterter Gegner der Reformation war, kann sich sein Nachfolger, Joachim II. Hektor, ihr nicht mehr verschließen. Am 1. November 1539 nimmt er das Abendmahl im Berliner Dom nach evangelischem Ritus, also „in beiderlei Gestalt" – d.h. Brot und Wein. Bei den Katholiken war es üblich, nur das Brot der Gemeinde zu geben, wohingegen der Priester stellvertretend für alle den Wein trinkt: „pro omnibus bibo" (Ich trinke für euch alle.) Dieser persönliche Schritt des Landesherren bringt es nach der Regel „cuius regio, eius religio" (Wes die Herrschaft, des der Glauben) mit sich, dass die Mark Brandenburg damit offiziell protestantisch wird. Das wird durch eine neue Kirchenordnung gefestigt.

2. November 1810 Edikt über die Einführung einer allgemeinen Gewerbesteuer

Im Zuge der Reformen und Neuordnung des preußischen Staates war auch das Steuerwesen auf eine neue Grundlage zu stellen. Das bürgerliche Element hatte bereits unter dem Soldatenkönig und

Friedrich dem Großen Ermutigung und Förderung erfahren, aber doch nach einem sehr feudalen, merkantilistischen Prinzip. Die Aufgabe, die sich den Reformern um Stein und Hardenberg stellte, war, eine bürgerliche Revolution nach dem französischen Vorbilde von oben durchzuführen. Damit war klar, dass das agrarische in seiner Bedeutung zurückgehen und die bürgerlich bestimmte Ökonomie gleichberechtigt oder sogar bevorzugt an seine Seite zu treten hatte. Bürgerliche Wirtschaft aber bedeutete allgemeine bürgerliche Steuern – eine neue finanzielle Grundlage der preußischen Staates.

3. November 1760 Schlacht bei Torgau

Friedrich hatte beschlossen, Feldmarschall Daun bei Torgau anzugreifen. Er teilte seine Kräfte in zwei unabhängig voneinander operierende Korps. Die Hauptmacht unter seinem eigenen Befehl sollte den Österreichern vom Norden her in den Rücken fallen. Es kam alles anders: Daun durchschaute die Absicht und machte kehrt, so daß Friedrich den Angriff gegen ihn eröffnen musste. Offensichtlich geschah das zu früh, denn das zweite Treffen unter General von Zieten brauchte lange, bis es zu Hilfe kommen konnte. Die Situation der preußischen Armee wurde aufgrund des furchtbaren Artilleriefeuers der Österreicher prekär. Der König selbst wurde durch eine Musketenkugel vom Pferd geschleudert, aber nicht weiter verwundet. Endlich tauchte der alte Husar mit seinen Einheiten am späten Mittag überraschend aus den Wäldern im Rücken des Feindes auf – „Zieten aus dem Busch". Auch er bedurfte indessen zweier Angriffe, um den Feind zu werfen. So wurde die drohende Niederlage doch noch in einen Sieg umgewandelt.

4. November 1805   Zar Alexander I., König Friedrich Wilhelm III. u. Königin Luise geloben einander Freundschaft am Sarge Friedrich des Großen

Der lebhafte, imponierende Zar Alexander – nach dem Besuch in Berlin erhielt der Alexanderplatz seinen Namen – bildete in vielem einen vorteilhaften Gegensatz zu König Friedrich Wilhelm III. Das verfehlte auf Königin Luise seine Wirkung nicht; sie hat zeitlebens eine gewisse Schwäche für den russischen Herrscher gehabt, wie er für sie. So kam es beim Besuch in Potsdam zu jener emotionalen Szene, bei der die drei sehr wohl gewußt haben, gegen wen und welche Gefahr sie sich verbinden. Kein Jahr später stand Napoleon an derselben Stelle in der Garnisonkirche und sagte über Friedrich den Großen: „Wenn dieser noch lebte, stünde ich nicht hier." In den Wirren, die dem romantischen Schwur folgten, hat sich Alexander I. nicht immer als sehr zuverlässiger Freund erwiesen, zumal auch er die militärische Macht der Franzosen mehrmals hart zu spüren bekam. Aber er hat in Tilsit verhindert, daß Preußen ganz von der Landkarte verschwand. Und er hat – Friedrich Wilhelms Treubruch von 1812 verzeihend, der Napoleon ein Hilfskorps gegen den Schwurbruder stellen musste – mit diesem und dem österreichischen Kaiser gemeinsam den Korsen besiegt und vom Thron gestoßen.

4. November 1741   Erbhuldigung in Breslau

Die schlesischen Honoratioren leisteten König Friedrich als ihrem neuen Landesherrn den Treueid. Der improvisierte Rahmen des Aktes mutet nicht sehr überzeugend an: Vom österreichischen Doppeladler, der den Thron schmückte, welcher von früheren habsburgischen Kaiserbesuchen in der Stadt übrig geblieben war, wurde einer der Köpfe abmontiert und zusätzlich ein Band mit Friedrichs Namen um das heraldische Symbol drapiert. Auch ein Reichsschwert, auf welches zu schwören gewesen wäre, fehlte. Friedrich ersetzte es durch seinen Degen.

5. November 1757 Schlacht bei Roßbach

Nach anfänglichem blutigen Erfolg bei Prag waren Friedrichs Pläne bei Kolin gescheitert. Bei Roßbach nun stand er mit 21.000 Mann den Franzosen unter Marschall Soubise und der Reichsarmee unter dem Herzog von Hildburghausen gegenüber, zusammen ca. 41.000 Mann. Am zeitigen Nachmittag befand sich die verbündete Armee in vier Kolonnen im vollen Anmarsch, in der Meinung, die abziehenden Preußen zu verfolgen. Da plötzlich wurde die Kavallerievorhut von der gesamten preußischen Reiterei unter dem genialen Generalmajor von Seydlitz (36 J.) überraschend angegriffen und in erbittertem Kampf zersprengt. Dann liefen die Marschsäulen der Verbündeten in das Artillerie- und Infanteriefeuer der königlichen Armee. Inzwischen hatte Seydlitz seine 38 Schwadronen zu einem zweiten gewaltigen Schlag gesammelt, den er in die rechte Flanke der Verbündeten führte. Das entschied den Sieg. Die feindliche Armee verlor etwa 10.000 Mann, die preußischen Verluste beliefen sich auf 548 Mann. Damit war Friedrichs Ansehen wiederhergestellt und seine strategische Situation spürbar verbessert.

6. November 1730 Hinrichtung des Leutnants Hans Hermann v. Katte (1704 – 30)

Die unhaltbaren, unwürdigen Zustände, denen die Mitglieder der königlichen Familie unter der Tyrannei Friedrich Wilhelms I. ausgesetzt waren, bewogen den Kronprinzen Friedrich, aus dem Machtbereich des Vaters fliehen zu wollen. Das Unternehmen scheiterte, und der tobende König stellte sowohl Friedrich als auch Leutnant von Katte, einen Helfer der Flucht, vor Gericht. Wenig fehlte und er hätte den Thronfolger zum Tode verurteilt. Das konnten seine Umgebung und der Wiener Hof verhindern. Katte jedoch war nicht zu retten: vor den Augen des Kronprinzen Friedrich wurde er in der

Festung Küstrin mit dem Schwert hingerichtet. Damit hatte der Soldatenkönig dem Sohn seinen blutigen Ernst klargemacht, und der düstere Novembertag brach Friedrich, und formte ihn fortan im Sinne des väterlichen Willens, ohne ihn jedoch zu zerstören.

6. November 1852   Der erste preußische Marschallstab soll angefertigt werden

Der Brauch, den höchsten militärischen Dienstgrad auch in Preußen durch ein zusätzliches Zeichen seiner Würde zu ehren, geht direkt auf ausländisches Vorbild zurück. Bis dahin war das hierzulande nicht üblich gewesen. Während der Vorbereitung der feierlichen Beisetzung des am 14.9.1852 verstorbenen britischen Feldherrn und Staatsmannes Herzogs von Wellington meldete der Chef der preußischen Abordnung, General der Kavallerie Graf Nostitz, seinem König, daß hinter dem Verstorbenen die Marschallstäbe verschiedener Nationen, welche ihn mit diesem Titel geehrt hatten, nachgetragen werden sollten. Friedrich Wilhelm IV. reagierte sofort, indem er Nostitz aus Sanssouci unter dem Datum des 6. November die Anfertigung eines solchen Ehrenzeichens anzeigte, so dass auch die Preußen den einstigen Alliierten von Belle Alliance dergestalt würdigen konnten. Als nächsten wurden dem russischen Feldmarschall Fürst Paskjewitsch und 1856 dem preußischen Grafen Wrangel ein Marschallstab verliehen.

7. November 1806   Kapitulation Blüchers bei Ratkau

Generalleutnant v. Blücher hatte nach der Niederlage bei Auerstedt einige halbwegs intakte Verbände zusammengefasst und diese, verfolgt von mehreren französischen Korps, quer durch Deutschland nach Nordosten geführt. Dabei hatte sich Oberst v. Scharnhorst zu ihm gesellt, und es entwickelte sich spontan eine Zusammenarbeit des Taktikers und Haudegens mit dem Denker und Organisator, wie sie später in der Konstellation Heerführer - Stabschef für die preußische Armee typisch werden sollte. Doch viele Hunde waren des Hasen Tod: trotz großer Tapferkeit und Entschlossenheit stellte der Franzosen Übermacht Blücher bei Ratkau in der Nähe von Lübeck. Dem alten Husaren war es widerwärtig, die Waffen strecken zu müssen, aber es gab keinen Ausweg: „Ich kapituliere, weil ich kein Brot und keine Munition mehr habe." Später wurde er gegen den französischen Marschall Victor ausgetauscht.

8. November 1572 Kurfürst Johann Sigismund geboren

Unter der Herrschaft dieses Kurfürsten wird der entscheidende Schritt zur Verbindung zwischen Brandenburg und Preußen getan: Als Albrecht von Brandenburg, der letzte Hochmeister des deutschen Ritterordens, das Land in ein erbliches Herzogtum umwandelte, kam mit ihm die ansbach-bayreuthische Linie der Hohenzollern dort an die Macht. Sein Sohn Albrecht Friedrich jedoch war nicht regierungsfähig, weshalb Kurfürst Joachim Friedrich von Brandenburg das Herzogtum für seinen Schwiegervater administrieren musste. Sein Sohn Johann Sigismund heiratete ebenfalls eine Tochter Albrecht Friedrichs, Anna von Preußen, die Schwester seiner Stiefmutter. Als er selbst 1609 Kurfürst wurde, übernahm Johann Sigismund auch die Vormundschaft über Annas Vater. 1611 wurde er formell mit dem Herzogtum belehnt, das nach Albrecht Friedrichs Tod (1618) endgültig an das Haus Brandenburg fiel.

8. November 1685 Der Große Kurfürst erläßt das Edikt von Potsdam

Einst hatte König Heinrich IV. von Frankreich im Edikt zu Nantes den Protestanten Religionsfreiheit und Feste Plätze zugestanden. Das wurde im Zuge der Zentralisierungsbestrebungen Kardinal Richelieus 1685 aufgehoben, und die Hugenotten sahen sich gezwungen, auszuwandern, wenn sie nicht konvertieren wollten. Bei ihnen handelte es sich meist um Kleinadel, Händler und Handwerker, die sich auf Manufakturwesen verstanden. Nur zu gern nahm Kurfürst Friedrich Wilhelm ca. 20 000 Réfugiés – Flüchtlinge, wie man die Exilanten nannte – in seine von langen Kriegen entvölkerten Lande auf, wohl wissend, dass er damit Bürger gewinnen würde, die für das wirtschaftliche Gedeihen seines Staates wertvoll werden könnten. Die Überlegung bewährte sich; die Berliner Hugenotten förderten die Ökonomie und sind in den kommenden Jahrhunderten treue Preußen gewesen; auch mancher hervorragende Name in den Annalen der preußischen Armee hatte einen französischen Klang.

8. November 1773 General der Kavallerie Friedrich Wilhelm von Seydlitz gestorben

Seydlitz' Name ist wie kein anderer mit den Erfolgen der preußischen Schlachtenkavallerie in den friederizianischen Kriegen verbunden. Seinen für damalige Verhältnisse kometenhaften Aufstieg – er war mit 36 Jahren bereits Generalmajor – verdankte der geniale Reiter seiner Befähigung als taktischer Führer großer Kavalleriegruppen. Er war einer der wenigen in Friedrichs Umgebung, der sich Widerspruch leisten konnte. Mit diesen Qualitäten trug er wesentlich zu den Siegen von Roßbach und Zorndorf bei. Seydlitz' 8. Kürassierregiment im schlesischen Ohlau, das er auch nach den Kriegen als eine Mustertruppe führte, war die Akademie der europäischen Kavallerie schlechthin. Friedrich der Große war über das Siechtum und den frühen Tod des erst 52-jährigen tief erschüttert.

8. November 1945 Generalfeldmarschall (1915) August v. Mackensen gestorben

Mit Feldmarschall von Mackensen starb einer der letzten Preußen. Er gehörte zu den erfolgreichsten deutschen Heerführern des 1. Weltkrieges. Seine politische Instinktlosigkeit brachte ihn später in fatale Nähe zu den Nazis, die ihn umwarben. Seine markante Gestalt fehlte – vor allem anfangs – bei den vielen repräsentativen Anlässen des Dritten Reiches selten. So schenkte ihm Hitler 1935 das uckermärkische Gut Brüssow. Dennoch wahrte er eine gewisse Distanz; den obligatorischen Hitlergruß pflegte er zum Beispiel stets mit einem einfachen „Guten Tag!" zu beantworten. Noch im Dezember 1944 pilgerte die OKW-Spitze zu v. Mackensens pommerschem Gut Falkenwalde, um dem Senior der deutschen Generalität zum Geburtstag zu gratulieren.

9. November 1414 Kurfürst Albrecht Achill geboren

Der – seit 1470 – dritte Kurfürst und Markgraf von Brandenburg war eine bemerkenswerte und kraftvolle Persönlichkeit. Von frühester Jugend an schlug er sich in allen Fehden und Händeln, derer er gewärtig werden konnte, herum - auch wenn sie ihn selbst gar nichts angingen. Bei ausgeprägtem Adels- und Fürstenstolz war er ein jähzorniger Raufbold, den man auf Grund seiner vielen Blessuren bald „den Vernarbten" nannte. Doch verfügte er auch über eine beträchtliche Intelligenz und die Fähigkeit, komplizierte Verhandlungen mit Geschick und Erfolg zu führen. Als geschworener Feind städtischer Selbstständigkeit brachte er gegen das mächtige Nürnberg, dessen Burggraf er war, 1448 den Koburger Fürstenbund zusammen und kämpfte mit wechselndem Erfolg, bis die Nürnberger, der Sache überdrüssig, den Frieden erkauften.

10. November 1848 General Graf Wrangel rückt mit seinen Truppen in Berlin ein

Der Einmarsch Wrangels in die Hauptstadt und die folgende Entwaffnung der Bürgerwehr markiert das eigentliche Ende der Revolution in Preußen. Dass es dabei, anders als in Prag oder Wien, zu keinem Blutvergießen kam, ist einerseits der Unentschlossenheit der Revolutionäre, andererseits aber auch Wrangels jovialem Geschick im Umgang mit jedermann zu danken. Eine finstere Drohung allerdings hatte man ihm angeblich vor dem 10. zugehen lassen: Sollte er es wagen, Berlin zu besetzen, würde man seine noch in der Stadt weilende Gattin aufhängen. Wrangel blieb unbeeindruckt und marschierte mit seinen Truppen in die Stadt ein, aber die Anekdote will es, dass ihm beim Passieren des Stadttores leichte Zweifel kamen. Er fragte, zu seinem Adjutanten gewendet: „Ob se ihr woll uffjehängt haben?"

11. November 1772 General Freiherr Hiller von Gaertringen geboren

Johann August Friedrich Freiherr Hiller von Gaertringen war 1813 zunächst Adjutant General Yorcks gewesen und kommandierte von der Schlacht an der Katzbach bis zum Ende des Krieges 1814 mehrfach die Infanterie in Blüchers Avantgarde. Er war es, der 1815 in der Schlacht bei Waterloo den Todesstoß gegen die französische Armee führte. Während Feldmarschall Blücher mit seiner Armee dem Feind in die Flanke marschierte, fiel Hiller von Gaertringen an der Spitze der 16. Infanterie-Brigade den letzten intakten Verbänden von Napoleons Garde in den Rücken, rieb sie völlig auf und nahm Plancenoit. Sein Sohn fiel 1866 in der Schlacht bei Königgrätz, indem er mit der Erstürmung von Chlum ein ganz ähnliches Manöver ausführte.

12. November 1755 General von Scharnhorst geboren

Gerhard Johann David Scharnhorst wurde als Sohn bäuerlicher Eltern in Bordenau bei Hannover geboren. Zum Bauern bestimmt, wurde ihm zuerst wenig Bildung zuteil. Da er gern Soldat, vielleicht Unteroffizier geworden wäre, gelang es ihm, auf das Fort Wilhelmstein im Steinhuder Meer zu kommen, eine Kriegsschule. Dort erwarb er sich mit außergewöhnlicher Hingabe soviel Fähigkeiten und Kenntnisse, dass eine Karriere in hannoverschen, ab 1801 in preußischen Diensten möglich wurde. Er zeigte im Kampf enorme Energie und Kühnheit. Bei Auerstedt war er bereits Oberst und Generalquartiermeister des Herzogs von Braunschweig. Scharnhorst muss ein wirklich ungewöhnlicher Mann gewesen sein: persönlich anspruchslos, niemals verletzend, und doch voller Ideen und Energie, sie durchzusetzen.

13. November 1741 Generalleutnant Hans Rudolf von Bischoffswerder geboren

Der General, den in seinen jungen Jahren bereits Friedrich der Große schätzte, ist ein enger Vertrauter des Königs Friedrich Wilhelm II. geworden. Er und der zivile Minister Johann Christoph von Wöllner hatten auf diesen einen Einfluss, der widersprüchlich bewertet wird. Bischoffswerder war eine glänzende und weltmännische Persönlichkeit, ein in mancher Hinsicht wertvoller Ratgeber. Andererseits soll er des Königs Hang zum Wohlleben gefördert und seine mystischen Neigung zum Orden der Rosenkreuzer unterstützt haben. Man könnte Schlimmeres über einen Mann sagen; preußischer Tradition schien es doch sehr fragwürdig. 1790 allerdings hat er sich wirklich verdient gemacht als Chef des Feldjägerkorps, um dessen Ausbau und Ausbildung er sich umsichtig und gewissenhaft kümmerte. Mit dem Tode Friedrich Wilhelms II.

endete sein politischer Einfluss. General von Bischoffswerder starb am 30.10.1803 in Potsdam.

13. November 1801 Königin Elisabeth von Preußen geboren

Die Prinzessin, eine Tochter von Bayern-König Max Joseph, und der preußische Kronprinz Friedrich Wilhelm (IV.) verliebten sich bereits bei ihrer ersten Begegnung in Baden-Baden im Sommer 1819 ineinander, und diese Liebe hat lebenslang gehalten. Sie war auch nötig, um die enormen Schwierigkeiten der Heirat der katholischen Wittelsbacherin mit einem protestantischen Thronfolger im Jahre 1823 zuwege zu bringen. Ursprünglich wollte König Friedrich Wilhelm III. der Ehe aus diesem Grunde nicht zustimmen. Die ehrliche Katholikin ihrerseits hätte es als Sünde angesehen, nur um der Liebe willen zum Protestantismus überzutreten. So wurde ein Kompromiss gefunden: Die Heirat fand statt, nachdem Prinzessin Elisabeth versprochen hatte, dann zu konvertieren, wenn sie innerlich dazu bereit sei. Das war erst am 4.5.1830 der Fall.

14. November 1831 Der Philosoph Georg Wilhelm Friedrich Hegel gestorben

Die Cholera von 1831 hatte Preußen einige hervorragende und geistreiche Männer gekostet: Neben Feldmarschall Gneisenau und dessen Stabschef Clausewitz starb auch der Philosoph Hegel an der grassierenden Seuche. Seine enorme Bedeutung im Preußen der ersten Hälfte des 19. Jahrhunderts mag auf einem Missverständnis beruhen: Der „Staatsphilosoph" war keineswegs so konservativ, wie ihn der Hof und die Regierung verstehen wollten, beriefen sich doch auch die Revolutionäre Marx und Engels zwar nicht auf die Inhalte seiner Lehre, wohl aber auf seine dialektische Methode von den Widersprüchen, in denen sich die Entwicklung vollzieht.

15. November 1748 König Friedrich II. eröffnet das Invalidenhaus in Berlin

Die beiden ersten Schlesischen Kriege hatten eine Menge Kriegsversehrter hinterlassen. König Friedrich nahm sich ihrer Probleme an, indem er das an der heutigen Berliner Invalidenstraße gelegene Haus für sie und ihre Familien stiftete. Auch der Invalidenfriedhof wird bei dieser Gelegenheit seiner Bestimmung übergeben. Was der Dorotheenstädtische Friedhof für die deutsche Geistesgeschichte und Kultur dieses Jahrhunderts ist, war der Invalidenfriedhof für die preußische Militärgeschichte. Ihn zu durchwandern, muss in früherer Zeit einem Gang durch dieselbe gleichgekommen sein. Aber nicht nur Scharnhorst, Graf Schlieffen und Generaloberst v. Seeckt etwa fanden hier ihre letzte Ruhe, der Friedhof wurde auch während der Nazizeit genutzt; hier befand sich das inzwischen unkenntlich gemachte Grab von R. Heydrich und – heute noch – das von Generaloberst Udet. Durch den Bau der Berliner Mauer sind weite Teile des Friedhofes zerstört worden.

16. November 1807 General der Infanterie Friedrich Karl von Fransecky geboren

Der in Gedern geborene General führte 1866 die 7. Division im Verband der 1. Armee des Prinzen Friedrich Karl. In der Schlacht bei Königgrätz hielt er mit seinen Truppen stundenlang den Svibwald unter schwerstem Beschuss und trug damit ganz wesentlich zum Sieg bei. 1870/71 war er Kommandierender General des II. Armeekorps und nahm mit demselben an den Kämpfen um Metz und Paris teil. Nach dem Krieg kommandierte er das neu gebildete XV. Armeekorps in Straßburg. General von Fransecky starb am 21.5.1890 in Wiesbaden.

16. November 1797 Tod Friedrich Wilhelm II. Regierungsantritt Friedrich Wilhelm III.

Günstlingswirtschaft, Okkultismus und Maitressenwirtschaft – das hat es auch in Preußen gegeben, wenn auch nur für kurze Zeit. Und es war vielleicht kein Zufall, dass dies nach der harten und rationalen Herrschaft Friedrichs des Großen Raum griff, gleichsam als eine Entspannung nach der langen Zeit der Strenge. Unter Friedrich Wilhelms Regierung (1786 – 97) trat mit einer Milderung und vorsichtigen Modernisierung der staatlichen und militärischen Zustände auch eine allgemeine Erschlaffung ein. Obwohl ihm bei den polnischen Teilungen großer territorialer Gewinn zufiel, gelang es seiner kurzen Herrschaft nicht, Preußen nachhaltig zu prägen. Friedrich Wilhelm war persönlich wohlwollend und nicht ohne Sinn für Politik, wie der oft geschmähte, aber sehr vernünftige Sonderfrieden von Basel (1795) mit dem revolutionären Frankreich beweist.

Zweimal war Friedrich Wilhelm verheiratet, zuerst mit Elisabeth Christine von Braunschweig (Scheidung 1769), später mit Friederike Luise von Hessen-Darmstadt; daneben hatte er mehrere Geliebte.

17. November 1950 Sprengungen des Berliner Stadtschlosses

Die Sprengung des Schlosses begann am 7.9.1950 und setzte sich bis zum 30. Dezember des Jahres fort. Dabei hatte es bei den alliierten Luftangriffen nur mäßigen Schaden genommen. Die hasserfüllte, gezielte Zerstörung des alten Hohenzollernschlosses ist oft und berechtigt getadelt worden. Der dadurch gewonnene Aufmarschplatz für Maidemonstrationen kann gegenüber dem wertvollen Kulturgut, welches das Schloss ja auch war, nicht als Gewinn gesehen werden – heute weniger denn je. Ulbricht, der die Barbarei anordnete, verstand man gelegentlich als die „historische

Rache Sachsens" an Preußen. Wie auch immer – diese Zerstörung ist, ebenso wie der jahrhunderte lange Bau des Schlosses, ein historischer Akt. Denen, die ihn befahlen und ausführen ließen, kann man mit Nietzsche nur „die unhistorische Atmosphäre" zugute halten, „in der jedes große geschichtliche Ereignis entstanden ist." Man glaubte damals daran, am Aufbau eines solchen mitzuwirken. Wird sich so etwas wiederholen?

18. November 1772 Prinz Louis Ferdinand geboren

Prinz Ludwig von Preußen – Louis Ferdinand, wie er genannt wurde - war eine für preußische Verhältnisse außergewöhnliche Gestalt. Von blendendem Aussehen, intelligent, witzig und musisch, hatte der Neffe des Großen Friedrich wenig im Sinn mit dem langweiligen Gamaschendienst, den ihm sein Land zu bieten hatte, im Krieg gegen die französische Republik zeichnete er sich jedoch aus. Als Musiker war er von Mozart und Beethoven beeinflusst, der ihm sein 3. Klavierkonzert widmete. Nach 1795 wurde er Chef des 20. Infanterie-Regiments in Magdeburg. Im Oktober 1799 genehmigte er sich selbst einen Urlaub in Hamburg, wo er das Leben genoss, bis ihm das Geld ausging. Dann versetzte er – ein Fall ohne Parallele in der Geschichte Preußens – seinen Stern des Schwarzen Adlerordens. Allmählich wurde man auch in Preußen auf den Skandal aufmerksam, zumal hohe Schuldforderungen auf seinen Namen im Lande einliefen. So bekam er Mitte Februar des darauf folgenden Jahrs strenge Weisung, sich wieder zurückzumelden, womit sein Ausbruch endete.

19. November 1413 Kurfürst Friedrich II. geboren

Der erste Hohenzoller in der Mark Brandenburg hatte den Übermut des Adels in die Schranken gewiesen, sein Sohn Friedrich II., der von 1440 – 1471 Kurfürst war, nahm sich die Städte vor und setzte diesen gegenüber den landesherrlichen Willen durch. 1442 nutzte er innerstädtische Konflikte, Berlin und Kölln zu besetzen und die bisherigen Stadtrechte zu beschneiden. Um seiner Macht Nachdruck zu verleihen, begann er auf dem Gebiet von Kölln eine Burg zu errichten. Die Spannung nahm zu, und 1447/48 kam es zum so genannten „Berliner Unwillen". Im Verlaufe des Aufstandes wurden die kurfürstlichen Errungenschaften zunächst rückgängig gemacht, die Fundamente der Burg zerstört. Der Kurfürst schlug zurück und zwang die beiden Schwesterstädte mit militärischer Gewalt, die Festlegungen von 1442 anzuerkennen. Er ließ die Burg neu errichten; aus ihr wurde später das Stadtschloss. Es ist eine Ironie der Geschichte, daß 1808 – auf den Tag genau 405 Jahre nach dem Geburtstag des Herrschers, der die brandenburgische Städteselbständigkeit beseitigt hatte – im Rahmen der Steinschen Reformen die „Preußische Städteordnung" erlassen wurde, welche die Selbstverwaltung der Kommunen festlegte.

20. November 1656 Vertrag von Labiau zwischen Brandenburg und Schweden

Friedrich Wilhelm, der Große Kurfürst, benutzte den Krieg zwischen König Karl X. Gustav von Schweden und Johann Kasimir von Polen, um die Souveränität in seiner Eigenschaft als Herzog von Preußen zu erlangen. Die Anstrengungen des Kurfürsten, ein stehendes Heer zu schaffen, begannen sich auszuzahlen: Zwar war Brandenburg noch zu schwach, eigene Großmachtpolitik zu betreiben, aber es sah sich als ein willkommener und umworbener Alliierter. So erlangte Friedrich Wilhelm nach der Eroberung Warschaus zunächst die polnische, im Vertrag von Labiau die schwedische Akzeptanz der Unabhängigkeit des Herzogtums Preußen – gegen eine Reihe militärischer Bündnisverpflichtungen zugunsten Schwedens. Damit war der Weg für die Königswürde „in Preußen" prinzipiell frei.

20. November 1759 „Finkenfang bei Maxen"

Nach der katastrophalen Niederlage von Kunersdorf verlagerte sich der Krieg wieder nach Sachsen. König Friedrich II. detachierte gegen den Rat seiner Umgebung ein selbstständiges ca. 14.000 Mann starkes Korps unter General Finck von Finckenstein in die Flanke der Österreicher unter Feldmarschall Daun, wo es auf dem Plateau von Maxen ein Lager aufschlug. Daun schloß die Preußen mit überlegenen Verbänden (32 000 Mann) ein und lieferte ihnen eine Schlacht, die sie in ausweglose Lage brachte. Hier machte sich auch die Angewohnheit Friedrichs, kriegsgefangene Soldaten in seine eigene Armee einzugliedern, durch Massendesertionen besonders negativ bemerkbar. Finck mußte, wenn seine Truppen nicht völlig vernichtet werden sollten, kapitulieren. Er ging am folgenden Tag, dem 21. November mit 8 Generalen, 500 Offizieren, 12.500 Mann und 96 Fahnen in Gefangenschaft. Friedrich hat ihm diese Schande niemals verziehen und ihn später zum Festungsarrest verurteilt. Wieder, wie auch im Falle des Prinzen August Wilhelm, nicht berechtigt: Finck hatte nach seinen eigenen Weisungen operiert.

21. November 1811 Freitod des Dichters Heinrich von Kleist

Kleists Existenz hatte immer an einem seidenen Faden gehangen, war stets gefährdet gewesen. All seinen Unternehmungen haftete etwas Gehetztes, Verzweifeltes an, und oft schlugen sie fehl. Seine Hoffnungen hatte er zuletzt auf die Aufführung seines „Prinzen von Homburg" in Berlin gerichtet, zu der es aber nicht kam. Diese Enttäuschung ließ zugleich seine wirtschaftlichen Schwierigkeiten immer drängender werden. So mußte er sich in fast jeder Hinsicht als gescheitert ansehen, denn auch die nationalen Hoffnungen und Erwartungen, die er hegte, blieben unerfüllt. Die Herrschaft Napoleons über Deutschland schien unerschütterlich. An jenem trüben Novembertag wählte er für sich und seine unheilbar kranke Freundin Henriette Vogel den Freitod, indem er sie und sich selbst am Kleinen Wannsee bei Potsdam erschoß, um einem Leben zu entfliehen, in dem er keine Hoffnungen mehr sah.

21. November 1840 Princess Royal Victoria, die nachmalige Kaiserin Friedrich, geboren

Das erste Kind der englischen Königin Victoria und ihres Gatten, Albert von Sachsen-Coburg-Gotha, erfuhr eine hervorragende Ausbildung. Albert, durch die Strenge der englischen Gesetze zur undankbaren Rolle des Prinzgemahl verdammt, widmete den Kindern viel Aufmerksamkeit und achtete darauf, daß sie eine umfassende geistige und künstlerische Erziehung bekamen. So wuchs die attraktive Prinzessin, die erst durch die Geburt ihres Bruders, des nachmaligen Königs Edward VII., nicht mehr Thronfolgerin war, unter glücklichen Umständen auf.

22. November 1746 König Friedrich II. bestätigt den Berliner Katholiken die Genehmigung zum Bau einer eigenen katholischen Kirche

Mit Schlesien hatte Friedrich der Große seinem – überwiegend protestantischen – Staat eine weitgehend katholische Provinz hinzugefügt. Wenn das zusammenhalten sollte, konnte er sich religiöse Intoleranz gar nicht leisten. Sie lag ihm indessen auch so nicht – man tut ihm wohl nicht unrecht, wenn man ihm Indifferenz zumindestens gegenüber den einzelnen Konfessionen unterstellt. Bereits früher hatte er ein großartiges Forum für Berlin geplant, zu dem ein Pantheon gehörte, eine Kirche, die allen christlichen Konfessionen offenstehen sollte. Schon sein Vater, Friedrich Wilhelm I., erlaubte in bescheidenem Rahmen katholischen Gottesdienst in Berlin. Nun entstand eine repräsentative katholische Kirche in der Hauptstadt, die den Namen der Heiligen Jadwiga oder Hedwig, einer polnischen Königstochter, nicht zufällig tragen sollte: sie war die Schutzpatronin Schlesiens. Legeay erstellte 1747 die Entwürfe des Baues. Unter der Leitung von Johann Boumann wurde sie 1773 vollendet. Anekdoten knüpften sich an die Form der Kirche: ihre Kuppel ähnelte der umgedrehten Kaffeetasse – König Friedrichs. Wessen auch sonst.

22. November 1757 Schlacht bei Breslau

Nach dem Sieg von Roßbach wandte sich Friedrich der Große seinem Hauptgegner, den Österreichern, zu. Er hatte gehofft, sich dabei auf die preußischen Truppen stützen zu können, die unter dem Herzog von Braunschweig-Bevern Schlesien gegen den überlegenen Feind halten sollten. Dieser aber griff unter dem General von Nádasdy die Preußen bei Breslau mit fast dreifacher Übermacht an und fügte ihnen eine verheerende Niederlage zu. Die Festungen Schweidnitz und Breslau gefallen, die Österreicher kampfeslustig und nach gewonnener Schlacht in Siegesstimmung – das war die Situation, in welcher sich Friedrich zum Angriff bei Leuthen entschloss. Dem Herzog von Bevern und den für die Niederlage verantwortlichen Generalen v.Lestwitz, v.Katte und v.Kyau aber hat er den Misserfolg niemals verziehen, die letzteren wurden zu jahrelanger Festungshaft verurteilt.

23. November 1745 Gefecht bei Katholisch-Hennersdorf

Nach der Schlacht bei Soor (30.9.1745) war Friedrich II. überzeugt, daß der 2. Schlesische Krieg vorbei sei. Er musste aber zur Kenntnis nehmen, dass die Österreicher und Sachsen sich noch nicht geschlagen geben wollten und einen Winterfeldzug vorbereiteten. So entschloss er sich zu einem schnellen Gegenangriff. Im Zuge dieser Operationen, zu denen auch die Schlacht bei Kesselsdorf gehört, gelang es dem General v. Zieten mit seinen Husaren, ein sächsisches Korps im Quartier in Katholisch-Hennersdorf in der Nähe von Görlitz zu überraschen und völlig zu besiegen. Daraufhin zogen sich die Österreicher unter Prinz Karl von Lothringen zurück; die Preußen nahmen Görlitz. Auf diesem Spätherbstfeldzug macht Friedrich übrigens auch ökonomische Beute: er warb Arbeiter der Meißner Porzellanmanufaktur ab, dazu eine große Menge Damastweber.

24. November 1774 König Friedrich II. erläßt ein Edikt gegen Hazard- und Glücksspiele

In den Jahren nach dem Siebenjährigen Krieg leistet Friedrich der Große viel, um das verwüstete und ausgelaugte Land wieder aufzubauen. In diesen versucht er, die Landwirtschaft sowie Handel und Gewerbe zu fördern und leistungsfähig zu machen. Er folgt darin den Wegen, die bereits sein Vater, der Soldatenkönig, beschritten hatte. Friedrich legt großen Wert darauf, dass das Geld im Lande bleibt und sinnvoll und sparsam verwendet wird. So war es nur natürlich, daß ihm Glücksspiele und Luxus zuwider waren; das von ihm erlassene Edikt ordnet sich in diese Bemühungen ein. Die Schwäche des von ihm praktizierten Herrschaftsstiles lag darin, dass er alles selbst überblicken und regeln wollte. Wenn der Staat noch größer werden würde, oder wenn weniger energische und arbeitsame Herrscher ihm folgen würden – beides geschah in der Folge – war abzusehen, daß ein Einzelner diese Herrschaftspraxis nicht aufrecht erhalten könnte. Und die Untertanen waren nicht darauf vorbereitet, als selbstständige Staatsbürger zu handeln.

25. November 1864 König Wilhelm I. zeichnet Militärs für den dänischen Krieg aus

Trotz diverser Pleiten, die passiert waren, trotz einiger Unzulänglichkeiten seitens der Armeeführung (Generalfeldmarschall Graf Wrangel und Prinz Friedrich Karl) hatte sich die neue Heeresorganisation recht gut bewährt, vergleicht man mit den erschreckenden Unzulänglichkeiten, welche die Mobilisierung anläßlich der Olmützer Punktation von 1850 offenbart hatte. Seit fast einem halben Jahrhundert hatte man keinen militärischen Sieg mehr errungen, und der Befehl König Wilhelms, anlässlich des Sieges an den Düppeler Schanzen in Berlin Salut schießen zu lassen, stieß auf Schwierigkeiten, weil sich niemand mehr erinnerte, wieviel Schuss Salut aus solchem Anlass üblich waren. So war die Freude nach dem gewonnenen Krieg gegen Dänemark groß, und Wilhelm I., der sich besonders für die Heeresreform eingesetzt hatte, mochte ihn als einen persönlichen Erfolg ansehen. Er geizte denn auch nicht mit Auszeichnungen für seine Generale und Offiziere: so erhielt u.a. der General der Infanterie Herwarth von Bittenfeld, dessen 1. Kombiniertes Armeekorps die Besetzung der Insel Alsen vollzogen hatte und damit kriegsentscheidend wurde, das „Großkreuz des Rothen Adler-Ordens mit Eichenlaub und Schwertern".

26. November 1822 Fürst Hardenberg in Genua verstorben

Vor Bismarck hatte kein Staatsmann in Preußen eine solche Machtfülle neben und unter dem König innegehabt, wie Hardenberg. Friedrich Wilhelm III. war froh, sich auf ihn stützen zu können, und gewährte ihm relativ freie Hand. Der Staatskanzler – so sein Titel – nutzte sie, um die von Stein begonnenen Reformen zu vollenden und die preußische Verwaltung in einen mustergültigen Zustand zu versetzen. Seine außenpolitische Bedeutung jedoch nahm ab, als Preußen ins Fahrwasser der Heiligen Allianz geriet und sich dem Einfluß Metternichs öffnete. Hardenbergs Amtsführung fand auch Kritik, z.B. durch W. v. Humboldt. Der alternde Staatsmann war nicht frei von persönlichen Eitelkeiten. Im Unterschied zu Blücher legte er großen Wert auf den Fürstentitel, den er 1814 erhielt. Für seinen Tod hatte er festgelegt, dass sein Herz einbalsamiert und im Altar der Kirche von Neuhardenberg (östlich von Berlin) sichtbar beigesetzt werden solle – der einzige Fall dieser Art im protestantischen Bereich. Man kann es noch heute dort betrachten.

27. November 1676 Errichtung des Leib-Regimentes der Churfürstin

Das Leibregiment der Churfürstin gilt als Stammtruppe des späteren 2. Garde-Regimentes zu Fuß, das am 19. 6. 1813 entstand. Seine Garnison war, wie bei den meisten Garde-Regimentern, Berlin, wo dieselben zum Garde-Korps zusammengefasst wurden. Das Regiment der Kurfürstin Dorothea trug rote Leibröcke mit weißem Futter und entsprechende Mäntel. Zu diesem Zeitpunkt hatte sich die blaue Uniformierung der brandenburgisch-preußischen Truppen noch längst nicht allgemein durchgesetzt.

28. November 1918 Kaiser Wilhelm II. unterzeichnet im Niederländischen Exil den Verzicht auf den preußischen Königs- und damit auch auf den deutschen Kaiserthron

Damit bestätigte der Kaiser die am 9. November ohne sein Wissen von Reichskanzler Prinz Max von Baden bekanntgegebene Abdankung. Der Verzicht, sowie die Erklärung, sich hinfort nicht politisch betätigen zu wollen, machten Wilhelm zu einer Privatperson. Das war die Grundvoraussetzung für die Bereitschaft der niederländischen Regierung, ihm Asyl in Holland zu gewähren. Es gab in der Folge durchaus Versuche der Alliierten, die Auslieferung und Aburteilung des Ex-Monarchen zu erwirken, den sie als Kriegsverbrecher ansahen. Aber weder wurden diese Absichten mit letzter Konsequenz verfolgt noch waren die Niederlande bereit, diesem Druck nachzugeben. Der Ex-Kaiser machte im Exil durch enorme Mengen gefällter Bäume und gehackten Holzes von sich reden. Den Verzicht auf seine frühere Würde hat er innerlich niemals vollzogen, bis an sein Lebensende 1941 ließ er nicht von der Hoffnung, auf den Thron zurückkehren zu können.

29. November 1850 „Punktation zu Olmütz"

Österreich übte 1850 massiven Druck auf Berlin aus, die Unionspolitik zur Einigung Deutschlands ohne die Habsburger Staaten zu beenden. Also entließ Friedrich Wilhelm IV. den Exponenten dieser Politik, Außenminister (vom 27.9. bis 3.11.1850) Joseph v. Radowitz, und beauftragte Otto v. Manteuffel, die guten Beziehungen zu Wien, an denen ihm so viel lag, wiederherzustellen. Der maßgebende österreichische Minister Felix Fürst zu Schwarzenberg verlangte 1. die Aufhebung der Union, 2. die Wiederherstellung des alten Deutschen Bundes und 3. die sofortige Räumung Kurhessens, in dem damals preußische Truppen standen. Diese Forderungen wurden durch österreichische Militärbewegungen unterstützt, so dass Preußen auf Drängen des Prinzen Wilhelm v. Preußen doch mobil machte – vergeblich. Manteuffel gab bei dem in Olmütz anberaumten Treffen dem Fürsten Schwarzenberg in allen Punkten nach. Preußen war diplomatisch geohrfeigt worden. Letztlich scheiterte die Unionspolitik, weil Preußens damalige Führung nicht wirklich bereit war, für sie zu den Waffen zu greifen und diese auch zu gebrauchen.

30. November   Eine preußische Anekdote

Dieser Tag zeichnet sich dadurch in der preußischen Geschichte aus, daß an ihm nichts wirklich Wichtiges geschah, wenigstens den Autoren ist nichts bekannt. Es könnte also – wie an jedem anderen Tag auch – folgendes sich zugetragen haben: Der Spandauer Festungskommandant General v. Petery war für seine Schwierigkeiten mit der deutschen Sprache bekannt. Gleichsam als Ersatz verfügte er über Witz und Schlagfertigkeit. In einem schriftlichen Dienstbericht an den König, den v. Petery aufgesetzt hatte, wimmelte es von Fehlern. Der Adjutant macht seinen Chef darauf aufmerksam, worauf dieser antwortete: „Mein Lieber, Seine Majestät wissen: seit mich die Franzosen in den rechten Arm geschossen haben, kann ich nicht mehr orthographisch richtig schreiben."

DEZEMBER

1. Dezember 1640   Tod des Kurfürsten Georg Wilhelm

Der schwache Kurfürst Georg Wilhelm hatte nicht vermocht, in den Wirren und Machtkonstellationen des Dreißigjährigen Krieges eine starke Rolle zu spielen, weil die Markgrafschaft über keine eigenen Truppen verfügte – von gelegentlichen Volksaufgeboten abgesehen. Brandenburg war nur Objekt, nicht handelndes Subjekt gewesen, und nur allzu oft Schauplatz der Kämpfe zwischen den Kaiserlichen und Gustavs II. Adolf Schweden. Das hatte fürchterliche Verheerungen des Landes zur Folge. So war es ein schweres Erbe, das der junge Kurfürst Friedrich Wilhelm, der spätere Große Kurfürst, antrat – mit dem eisernen Willen ausgestattet, sich im Spiel der Mächte zu behaupten.

2. Dezember 1815 Stationierung des 1. Garde-Regimentes zu Fuß in Potsdam

Sie nannten sich stolz das „Erste Regiment der Christenheit", ihr volkstümlicher Spitzname war aber „die Heufresser" – kein Mensch weiß, warum. Seine Errichtung datierte Wilhelm II. auf den 1.8.1688 (in einer A.K.O. vom 27.1.1889), aber das ist eine Frage der Interpretation von Traditionslinien. In die des 1. G.-Rgt.z.F. gehörten nach kaiserlichem Willen ebenso die „Langen Kerls" des Soldatenkönigs wie das berühmte friederizianische (15.) Regiment Garde. So mußten auch die Soldaten des 1. G.Rgt. z.F. eine Mindestgröße von 1,82 m haben. Es war die Leib-Kompagnie dieses Regimentes (welches in der Form seit 1808 bzw. seit 1813 auch unter diesem Namen bestand), in welches die Hohenzollernprinzen im Alter von 10 Jahren als Sekonde-Lieutenant eintraten; sie bekamen hier ihre ersten Eindrücke vom Alltag der Infanterie und der Armee überhaupt. Anlässlich des Regimentsjubiläums 1894 stattete Kaiser Wilhelm II. dieses Nobelregiment mit neuen Grenadiermützen aus, welche denen aus der Zeit Friedrichs des Großen nachempfunden waren.

3. Dezember 1870 Die deutsche II. Armee unter Generalfeldmarschall Prinz Friedrich Karl von Preußen besiegt die französische Loire-Armee

Nach der Schlacht bei Sedan bildete sich die französische Republik, die den Kampf gegen die deutschen Armeen fortführte. Das Hauptziel war der Entsatz des eingeschlossenen Paris. Prinz Friedrich Karl wurde nach der Kapitulation von Metz mit allen verfügbaren Truppen nach Westen geschickt, um diese „Loirearmee" genannten Verbände zu zerschlagen. Dies gelang ihm Ende November bis Anfang Dezember 1870. Auch in den späteren Kämpfen um Le Mans (Mitte Januar) bewies er echtes Feldherrentalent, zumal ihn hier kaum Weisungen des Oberkommandos leiteten, und er auf sich selbst und seine eigene Initiative gestellt war. Die 2. Loirearmee hat sich von den Schlägen, die sie erhielt, nicht mehr erholen können. Diese Schlachtenerfolge, zu denen auch die Einnahme von Orleans zählt, waren eine Voraussetzung für die allgemeine Kapitulation der Franzosen im Januar des folgenden Jahres.

4. Dezember 1703 Errichtung eines Oberappellationsgerichtes in Berlin

Das neuinstallierte Gericht sollte die oberste juristische Instanz für alle hohenzollernschen Lande mit Ausnahme der Kurmark und Preußens werden. Was bleibt, wenn man vom Besitzstand der Hohenzollern zu jenem Zeitpunkt die Mark und Preußen abzieht? Die westelbischen Besitzungen Kleve, Mark und Ravensberg, Pommern sowie Magdeburg! Die Bestimmung zeigt, wie heterogen „Preußen" zu Beginn des Geschichte des Königreiches war, und wieviel Arbeit vonnöten sein würde, es zu einem einheitlichen Staatsgebilde zu entwickeln.

5. Dezember 1757 Schlacht bei Leuthen

Leuthen wird zurecht als die wohl klassischste Schlacht Friedrich des Großen angesehen. Die Voraussetzungen waren nicht gut: die Niederlage von Kolin hatte die preußische Armee moralisch empfindlich geschwächt, und wenn auch Roßbach einen Monat zuvor ein großer Erfolg war, so war das Kräfteverhältnis – 39 000

Preußen gegen 66 000 Österreicher – alles andere als ermutigend. Doch was bei Kolin fehlschlug, gelang glänzend bei Leuthen: Mit der „schiefen Schlachtordnung" (der König nannte das „Schrägan-griff") überrumpelte Friedrich den militärisch nur mäßig begabten Schwager der Kaiserin Maria Theresia, Prinz Karl von Lothringen, und vermochte sich damit erneut in den Besitz Schlesiens zu bringen.

5. Dezember 1841 Stiftung des Hohenzollernschen Hausordens

Der Orden war ursprünglich eine Stiftung der Fürstentümer Hohenzollern-Hechingen und Sigmaringen. Am 7.12.1849 legen beide Fürsten ihre Würde zugunsten des Königs von Preußen nieder; der Orden wird 1851 in einen Fürstlichen Hausorden und einen Königlichen Hausorden umgewandelt. Letzterer sollte für besondere Verdienste um die Dynastie oder die Person des Monarchen verliehen werden. In ihm ist der Aufstieg der Familie symbolisiert. Die Ordensdevise lautete: „Vom Fels zum Meer" und spielte auf die allmähliche Ausweitung der Hohenzollernherrschaft vom Felsen ihrer Stammburg bis an die nördlichen Küsten an. Die Kollane zeigt den Nürnbergischen Wappenschild in Erinnerung an die Zeit als Burggrafen der Stadt, und das Szepter des Kur-Erzkämmerers des Heiligen Römischen Reiches, um der Jahrhunderte als Markgrafen und Kurfürsten desselben zu gedenken. Das Ordenskreuz endlich ist von der Königskrone überhöht.

6. Dezember 1834 Generalmajor von Lützow gestorben

Lützows Name ist untrennbar mit seiner Freischar verbunden, deren Kavallerie im Frühjahr 1813 durch eine Reihe erfolgreicher Überfälle auf französisches und rheinbündisches Militär auf sich aufmerksam machte: „Lützows wilde verwegene Jagd". Seine Aufgabe war es gewesen, im Rücken des Feindes zu operieren. Durch Ungunst der

Umstände konnte er ihr nur sehr bedingt gerecht werden. Immerhin war die Vernichtung der Freischar den Franzosen wichtig genug, um ihretwegen Verrat zu begehen. „Der Waffenstillstand gilt für alle, außer für Euch!" äußerte der französische Befehlshaber. 1822 wurde Lützow, der sich auch danach im Befreiungskrieg ausgezeichnet hatte, zum General ernannt. Seine hervorragende Pferdekenntnis nutzte der König, indem er ihn mehrfach Remonten - neue Pferde für die Kavallerie – mustern ließ. Beerdigt wurde er auf dem Garnisonsfriedhof in der Linienstraße, wo sein Grab noch heute besichtigt werden kann.

6. Dezember 1849 Generalfeldmarschall (1915) August v. Mackensen geboren

August Mackensen hatte seine Erziehung in den Franckeschen Stiftungen in Halle erhalten und war vom Pietismus dieser Anstalt beeinflusst. Er diente bei der Kavallerie und nahm an den Einigungskriegen teil. Danach unterbrach er seinen Militärdienst, um Landwirtschaft zu studieren. Nach seinem Wiedereintritt in die Armee wurde er schließlich Kommandeur der Danziger Leib-Husaren, bei denen auch der Kronprinz Dienst tat. Deren schwarze Uniform pflegte Mackensen auch später mit Vorliebe zu tragen. Am 27.1.1899 erhob der Kaiser anlässlich seines 40. Geburtstages Mackensen in den erblichen Adelsstand. Im 1. Weltkrieg kommandierte er zunächst das XVII. Armeekorps, bald aber eine Armee und vom 30.9.1915 bis zum 2.12.1918 die Heeresgruppe Dobrudscha, mit der er unerwartet erfolgreich operierte und bis Kriegsende in Rumänien unbesiegt blieb. Hierbei bewies er beachtliches integratives Talent, denn ihm waren nicht nur deutsche, sondern auch österreichische und bulgarische Einheiten unterstellt.

7. Dezember 1901 Kaiser Wilhelm II. jagt in Neudeck (Schlesien)

Kaiser Wilhelm II. litt bekanntlich seit seiner Geburt an einem Defekt des linken Armes, hatte sich aber mit Ausdauer und Willensstärke zu einem sehr guten Reiter und hervorragenden Schützen trainiert, was er ständig zu beweisen trachtete. Er übte das Waidwerk mit Hingabe und Können aus, neigte aber auch dabei, wie in allem, was er tat, zu Übertreibungen. Von ihm besonders geschätzte Jagdgebiete waren das ostpreußische Rominten und Cadinen, sowie die Umgebung von Hubertusstock in der Schorfheide. Aber auch andernorts war er erfolgreich: Bei einer kleinen Privatjagd im schlesischen Neudeck erlegte der Kaiser eigenhändig 873 Fasane, bei einer anderen Jagd auf den Besitzungen des Fürsten Lichnowsky am 11.11.1897 sogar 1224 in ca. 3 Stunden. Die Jagden, wie auch die vielen Reisen des Kaisers, von denen die jährlichen Norwegenfahrten nur die bekanntesten waren, dienten ihm als willkommene Unterbrechung des Arbeits-, Hof-, und Familieneinerleis, das er haßte.

8. Dezember 1815   Adolph von Menzel geboren

Ursprünglich Lithograph, eignete sich Menzel auch die Kunst des Zeichnens und Malens an und trat mit Illustrationen literarischer Texte hervor. Bekannt wurde er durch seine Federzeichnungen, mit denen Kuglers „Geschichte Friedrichs des Großen" erschien. In den vierziger Jahren beauftragte Friedrich Wilhelm IV. Menzel, die Werke des Großen Königs mit 200 Holzschnitten zu illustrieren. Er schuf 436 Federlithographien zu dem dreibändigen Werk „Die Armee Friedrich des Großen in ihrer Uniformierung" und leistete bei der Rekonstruktion des Erscheinungsbildes auch die Arbeit eines Historikers, wie er auch später noch bedeutende Historiengemälde schuf. Dennoch war Menzel kein reiner Hofmaler, er achtete auf Unabhängigkeit seines Urteils und bekundete gelegentlich künstlerisch und verbal Sympathie für den demokratischen Gedanken. Trotzdem ehrte ihn der preußische Hof: 1870 erhielt er den Pour le Merite, Wilhelm II. erhob ihn 1898 in den Adelsstand. Menzel, „die kleine Exzellenz", starb am 9.2.1905 in Berlin.

9. Dezember 1870   Beschluss zur Beschießung von Paris gefasst

Bereits zwei Wochen nach dem Sieg bei Sedan war Paris so fest von deutschen Truppen eingeschlossen, daß die Kommunikation mit dem übrigen Frankreich nur per Ballon stattfinden konnte. Noch hoffte die stark befestigte Hauptstadt auf Entsatz von außen. So gab es heftige Auseinandersetzungen im preußischen Hauptquartier über die einzuschlagende Taktik. Um den Krieg nicht unnötig in die Länge zu ziehen und Paris nicht zu einem Fanal des Widerstandes werden zu lassen, sprachen sich Ministerpräsident Graf Bismarck und Kriegsminister Graf Roon für die baldige wirkungsvolle Beschießung der Stadt aus, Stabschef v. Moltke und der Kronprinz indessen dagegen. Ihre Gründe waren rein sachlicher Natur: bevor nicht genügend schweres Geschütz mit entsprechender Munition vor Ort war, hätte ein solcher Versuch kaum die gewünschte Wirkung gehabt. Die tatsächliche Beschießung der Forts konnte denn auch erst am 27. Dezember beginnen.

10. Dezember 1816 General der Infanterie Karl Friedrich Christian von Goeben geboren

Obschon Sproß einer alten Offiziersfamilie, war Goeben zum zivilen Beruf bestimmt, denn seine Physis schien nicht mehr herzugeben. Der junge Adlige war aber nicht willens, sich damit abzufinden und trat ins Militär ein. Dort trug ihm seine Brille, die er früh zu tragen gezwungen war, den Spitznamen „Professor" ein. Da ihm die Dinge in preußischen Diensten zu langsam gingen, und wohl auch, um sich selbst und den anderen etwas zu beweisen, ließ er sich beurlauben und nahm 1836 – 40 am Krieg um die spanischen Erbfolge auf seiten der Karlisten teil. Er wurde mehrfach verwundet und gefangen genommen und stieg bis zum Oberstleutnant auf. Zurückgekehrt in die preußische Armee, musste er sich wieder mit dem Leutnantsrang begnügen. Aber er machte mit großem Fleiß, Begabung und hervorragenden Führungseigenschaften eine Karriere, die ihn in den erlauchten Kreis der Korpskommandeure von 1870/71 führte: Er wurde, zunächst auf Dauer des Feldzuges, Kommandierender General des VIII. Armeekorps. Bei Spichern, Gravelotte, Amiens, Hallue und Bapaume siegte Goeben mit seinen Truppen und wurde Nachfolger Manteuffels in der Führung der neugebildeten Nordarmee, mit der er bei St. Quentin Erfolg hatte. Nach dem Krieg behielt er das Generalkommando des VIII. Korps. Er war ein in jeder Hinsicht bemerkenswerter Offizier, den nicht nur seine großen Führungsqualitäten, sondern auch menschliche Güte auszeichneten. General von Goeben starb am 13.11.1880 in Koblenz.

11. Dezember 1980 Herzogin Viktoria Luise von Braunschweig-Lüneburg gestorben

Die einzige Tochter Kaiser Wilhelm II. heiratete 1913 den Herzog von Braunschweig. Dieser Tag war eines der letzten großen Feste des europäischen Hochadels vor dem 1. Weltkrieg; unter den Gästen waren trotz unübersehbarer politischer Spannungen auch König Georg V. von England und Zar Nikolaus II. von Russland. Der Krieg und die Revolution ließen ihr wenig Zeit, den Rang einer Herzogin von Braunschweig zu genießen. Viktoria Luise trat später durch Memoiren und Bildbände über die Kaiserzeit in Erscheinung. Die Achtundachtzigjährige starb in Hannover.

12. Dezember 1716 Friedrich Wilhelm I. ermuntert in einem Patent zur Anpflanzung von Maulbeerbäumen zugunsten der Seidenindustrie in Berlin

Auf alle Arten versuchte der Soldatenkönig Friedrich Wilhelm I. auch den Handel und die Industrie in seinem Lande zu fördern.

Entsprechend der merkantilistischen Wirtschaftslehre wollte er die Einfuhr von Gütern drosseln. Für einen in militärischen Kategorien denkenden Herrscher, der sich und sein Land auf kommende Auseinandersetzungen vorbereiten wollte, war zudem die Vorstellung, von ausländischen Gütern abhängig zu sein, ein Greuel. So tat er alles, um das Geld im Lande zu halten und dieses möglichst authark zu machen. In derartige Bemühungen ist das Patent einzuordnen. 1719 verbot Friedrich Wilhelm I. den Import von Textilwaren generell.

13. Dezember 1714 Verbot der Hexenprozesse in Preußen

Das hohe Mittelalter kannte kaum Hexenprozesse. Erst als die Infragestellung der katholischen Kirche nachdrücklicher wurde, begann diese zurückzuschlagen und ließ die Inquisition die Ketzer- und Hexenprozesse inszenieren. Auf den Scheiterhaufen wurden unzählige Menschen verbrannt. Leider hat auch die Einführung des Protestantismus dem Greuel nicht sofort ein Ende bereitet. Der fromme, aber ansonsten rational denkende und handelnde Soldatenkönig Friedrich Wilhelm I. befahl bald nach seinem Regierungsantritt, mit solchem Unsinn endgültig aufzuhören.

14. Dezember 1871 Gesetz, das den Missbrauch des geistlichen Amtes zur politischen Agitation unter Strafandrohung stellt

Das oftmals – unter Schwedens Gustav II. Adolf und angeblich auch von General v. Winterfeldt - angedachte protestantische Kaisertum war eine Realität geworden und schuf für die Katholiken ein

Loyalitätsproblem. Sie orientierten sich gen Süden, nach Wien und Rom – ultramontan, wie man es nannte. Trotz der objektiv notwendigen Trennung von Staat und (katholischer) Kirche trug der Kulturkampf des preußisch-deutschen Staates gegen die ultramontanen Bestrebungen des katholischen Klerus auch die Züge eines Missverständnisses: Beide Seiten sahen sich von der jeweils anderen in Frage gestellt und reagierten mit übertriebener Gereiztheit.

14. Dezember 1873 Königin Elisabeth in Dresden verstorben

Königin Elisabeth, die Gattin Friedrich Wilhelms IV., war in Preußen niemals populär gewesen. Die ruhige, freundliche Frau traf einfach den Nerv der Berliner nicht. Stets mehr Frau des Königs als Königin, verfügte sie auf ihre stille und zurückhaltende Art über einen gewissen politischen Einfluß, der von der so genannten Kamarilla um den erzkonservativen General Leopold v. Gerlach genutzt wurde. Der 1858 von diesen Kreisen geäußerten Vorstellung aber, selbst die Regentschaft für den erkrankten König zu übernehmen, hat sie sich entschlossen verweigert, wohl vor allem, weil sie ihn persönlich pflegen wollte. Sie sah indessen ein, daß eine Lösung gefunden werden musste. Und so war sie es, die den König bewegte, seinen Bruder Wilhelm als Prinzregenten einzusetzen. Seit dem Tod ihres geliebten Mannes 1861 spielte sie keine Rolle mehr am Hof, sondern lebte ein ganz zurückgezogenes Witwendasein bis zu ihrem Tode.

15. Dezember 1745 Schlacht bei Kesselsdorf

Feldmarschall Fürst Leopold v. Anhalt-Dessau hatte wenig Lust, in seiner voraussichtlich letzten Schlacht den ganzen militärischen Ruhm eines langen, redlichen Soldatenlebens aufs Spiel zu setzen. Es bedurfte massiven Druckes durch König Friedrich auf den alten

Herrn, um ihn zum Schlagen zu bewegen. Hier war es, wo der Alte Dessauer in seinem berühmt gewordenen Gebet Gott wenigstens um Neutralität bat: „Lieber Gott, hilf mir heute; aber willst Du nicht, so hilf dem da drüben auch nicht, sondern siehe zu, wie alles kommt." In erbittertem Frontalangriff durch meterhohen Schnee besiegte er die Sachsen und Österreicher und gab so den letzten Anstoß zur Aufnahme von Friedensverhandlungen, die den für Preußen kurzfristig noch einmal gefährlich gewordenen 2. Schlesischen Krieg beendeten.

16. Dezember 1740 Beginn des 1. Schlesischen Krieges

Der von Friedrich mit dem Einmarsch seiner Truppen in Schlesien einigermaßen willkürlich vom Zaun gebrochene Krieg beendete eine Periode relativen Friedens in Europa (1714 – 1740) und war der Anfang des preußisch-österreichischen Dualismus, der erst auf dem Schlachtfeld von Königgrätz sein Ende fand – was die Militärmusik ausdrückt, indem im Trio des Königgrätzer Marsches der „Hohenfriedberger" aufklingt. Mit dem Tode Kaiser Karls VI. starb der Mannesstamm des Hauses Habsburg aus. Friedrich nutzte die prekäre Situation der deshalb nicht unumstrittenen neuen Herrscherin Maria Theresia aus, um sich in Wahrnehmung alter, fast vergessener Rechtstitel den Besitz der reichen Provinz Schlesien zu sichern.

16. Dezember 1742 Generalfeldmarschall (1813) Gebhard Leberecht Fürst Blücher von Wahlstatt in Rostock geboren

Blücher war zuerst in schwedischen Diensten, später in preußischen bei den Belling-Husaren. Friedrich dem Großen war er viel zu renitent, er bedeutete ihm 1772 nach längerem Arrest: „Der Rittmeister v. Blücher kann sich zum Teufel scheren." Nach dem Tod des Alten Fritzen und der für ihn wenig befriedigenden Arbeit als Landwirt trat Blücher der Armee wieder bei und zeichnete sich in den Kriegen gegen die französische Republik als erfolgreicher Vorpostengeneral und Kavallerieführer aus – wovon sein so genanntes „Campagne-Journal" Zeugnis gibt. Ein Intellektueller ist er niemals gewesen, seine treuherzigen und anrührenden Briefe wimmeln von orthographischen Fehlern. Wie hoch er auch später stieg, er blieb immer ein echter Husar voll Schneid und Tapferkeit.

17. Dezember 1712 Grumbkow wird zum Generalkriegskommissar ernannt

Der General und spätere Feldmarschall Friedrich Wilhelm von Grumbkow ist eine zentrale Gestalt im politischen Leben des frühen Königreiches Preußen. Er stand für eine an Österreich orientierte Politik. Er begann seinen Aufstieg bereits unter Friedrich I., galt aber auch dessen Sohn und Nachfolger, dem Soldatenkönig, als wichtiger Berater. Das mag erstaunen, denn Friedrich Wilhelm I. hielt sonst auf mehr Effizienz. Aber Grumbkow gehörte zur Stammbesetzung des Tabakskollegiums! Allerdings hat er sich auch für den Kronprinzen Friedrich eingesetzt und diesem oft aus finanziellen Nöten geholfen. Es kann aber nicht behauptet werden, dass Grumbkows Stellung als Generalkriegskommissar nennenswerte Folgen für die preußische Armee gehabt hätte.

18. Dezember 1767 Einweihung der jüdischen Synagoge in Potsdam

In Anwesenheit des Thronfolgers, des Prinzen Friedrich Wilhelm von Preußen und seiner Frau sowie weiterer hoher Standespersonen wurde die Synagoge am heutigen Platz der Einheit' eingeweiht. Ein schönes Beispiel für die Toleranz der friederizianischen Innenpolitik in Religionsfragen. Ein anderer Aspekt der Einbeziehung der Juden ins öffentliche Leben Preußens war weniger erfreulich für diese: Friedrich verband seit 1769 jede noch so kleine Konzession – wofür auch immer – damit, dass die seiner Meinung nach wohlhabenden Juden Porzellan der Königlichen Porzellanmanufaktur kaufen mussten, und sicherte sich so Abnehmer für die übertrueten Produkte seines ökonomischen Lieblingskindes.

18. Dezember 1901 Letzte Denkmalgruppe der Siegesallee enthüllt

Die 750 Meter lange Siegesallee, die vom Königsplatz zum Kemperplatz führte, lag Kaiser Wilhelm II. besonders am Herzen. Mit 32 Denkmalsgruppen verherrlichte er die Markgrafen von Brandenburg von Albrecht dem Bären bis zu Wilhelm I. Das Ganze war ein Geschenk des Monarchen an seine Hauptstadt. Die Berliner nannten die Historienmeile respektlos „Puppenallee". Der Kaiser hingegen war überzeugt, mit den von ihm vergebenen Aufträgen Berlin auf die kulturelle Stufe gehoben zu haben, die die großen italienischen Metropolen zur Zeit Michelangelos hatten. Die Fertigstellung des Projektes nahm er zum Anlass, nicht nur sein eigenes Tun als Kunstmäzen in einer Rede begeistert zu feiern, sondern auch gegen die moderne Kunst zu polemisieren. Bekannt wurde das Aufsatzthema, welches damals in einer Schule gestellt wurde: "Die Beinstellung der Hohenzollern auf den Denkmälern der Siegesallee". Heute stehen die z.T. beschädigten Statuen im Berliner „Lapidarium".

19. Dezember 1788 „Erneuertes Censur-Edikt für die Preußischen Staaten exclusive Schlesien"

Friedrich der Große hatte sich viel darauf zugute getan, dass unter ihm Pressefreiheit herrschte. Das bezog sich zwar vor allem auf unpolitische Meinungsäußerungen, wie Wissenschaft, Kunst,

Literatur und Religion, galt aber seit dem Beginn seiner Herrschaft als preußische Tugend. Und es hatte etwas mit dem Desinteresse des Königs an religiösen Fragen zu tun. Das verhielt sich bei König Friedrich Wilhelm II. anders. Und so kam es, dass gerade die wenigen Freiräume, die der Alte Fritz gelassen hatte, nunmehr Restriktionen unterworfen wurden, während andererseits brutale Härten des friederizianischen Systems Milderungen erfuhren. Bemerkenswert ist die Sonderstellung, welche Schlesien auch jetzt noch innerhalb der Monarchie innehatte.

20. Dezember 1795 Leopold von Ranke geboren

Ranke, der 1865 geadelt wurde, erhielt 1825 eine außerordentliche Professur für Geschichte an der Berliner Universität. 1832 wurde er Mitglied der Akademie der Wissenschaften, 1834 ordentlicher Professor. Friedrich Wilhelm IV. ernannte ihn 1841 zum preußischen Staatshistoriographen, 1867 wurde er Kanzler des Ordens Pour le Mérite (Friedensklasse). Ranke übte einen beträchtlichen Einfluss auf die deutsche Geschichtswissenschaft aus. Seine Geschichtsauffassung geht davon aus, dass alle Epochen und Generationen gleichberechtigt vor Gott stehen. In der Konsequenz dieses Gedankens verneinte er jede Höherentwicklung und allen Fortschritt im historischen Prozess. Er strebte die höchstmögliche Objektivität seiner Darstellungen an und leugnete, dass in ihnen Wertungen oder Ideologie enthalten sein könnten. Er „wolle nur zeigen, wie es eigentlich gewesen." Leopold von Ranke starb am 23.5.1886 in Berlin.

20. Dezember 1808 Das Leib-Husaren-Regiment wird geteilt

Nachdem das einst von Friedrich dem Großen begründete „Regiment Schwarze Husaren (Nr. 5)" am 7.9.1808 den Namen „Leib-Husaren-Regiment"erhalten hatte, wurde es zu Jahresende in das 1. und das 2. Leib-Husaren-Regiment aufgeteilt – „zwei Regimenter, aber ein

Korps". Der Totenkopf war ihr Emblem – angeblich geht dies auf das Vorbild österreichischer Panduren zurück. Bei insgesamt sehr ähnlichen Uniformen – schwarz mit silberner Verschnürung – war bei den 1. Leib-Husaren Mützenkolpak und Schabrackenumrandung rot, die 2. Leib-Husaren trugen weißen Kolpak und schwarze Schabrackenumrandung. In der zweiten Hälfte des 19. Jahrhunderts stand das 1. Regiment in Danzig-Langfuhr, ab 1901 war auch das 2. Regiment dort garnisoniert. Des exklusiven 1. Regimentes Kommandeur war von 1893 bis 95 der spätere Feldmarschall v. Mackensen, ab 1911 Kronprinz Wilhelm. Vor dem 1. Weltkrieg bildeten beide Regimenter die Leibhusaren-Brigade im Verband der 36. Division, die zum XVII. Armeekorps gehörte.

21. Dezember 1806 Die Quadriga vom Brandenburger Tor wird nach Paris verschifft

Nach dem Sieg bei Jena und Auerstedt hatte Napoleon am 27. Oktober seinen glanzvollen Einzug in Berlin durchs Brandenburger Tor inszeniert, während König Friedrich Wilhelm III. bereits auf der Flucht nach Osten war. Die Bevölkerung verhielt sich wie betäubt, sie nahm den Zusammenbruch des preußischen Staates teilnahmslos hin. Napoleon bekam ohne Widerstand den Treueid der Minister und Beamten, die in Berlin geblieben waren. Indem er die Quadriga zur Trophäe machte, konnte er den Franzosen ein neues Zeichen eines glänzenden Sieges präsentieren.

22. Dezember 1900 Generalfeldmarschall Graf Blumenthal gestorben

Graf Blumenthal war der klassische Stabschef. In dieser Funktion diente er bereits dem Prinzen Friedrich Karl. An den militärischen Erfolgen des Kronprinzen Friedrich Wilhelm 1866 und 1870/71 war er wiederum als Chef des Stabes wesentlich beteiligt. Zwischen den beiden Männern aber bildete sich jenes Vertrauensverhältnis in vollem Maße aus, das für die Truppenführung so wichtig ist. Bald nach seiner Thronbesteigung dankte der nunmehrige Kaiser Friedrich III. diese Verdienste durch die Ernennung zum Generalfeldmarschall, ihm in taktvoller Würdigung für die erste Parade seinen Marschallstab zur Verfügung stellend, bis ein eigener angefertigt sei. Dem Füsilier-Regiment Nr. 36 wurde nach seinem Tode sein Namen verliehen.

23. Dezember 1619 Kurfürst Johann Sigismund gestorben (1608-1619)

Johann Sigismund konvertierte 1613 mit einem Teil seiner Familie und seines Hofes, ca. 50 Personen, vom lutherischen zum reformierten Glauben. Zum einen spürte er tatsächlich eine innere Beziehung zum Calvinismus. Zum anderen schwelte seit 1609 der Erbschaftsstreit um Kleve, Mark und Ravensberg, auf welche Länder der Kurfürst durch die Ehe mit Anna von Preußen Ansprüche hatte. Indessen glaubten auch der Pfalzgraf und die sächsischen Wettiner, erbberechtigt zu sein. Und zuletzt hatte der Kaiser ein Interesse daran, diese Länder als erledigtes Reichslehen einzuziehen. So suchte Johann Sigismund Beistand: Die Grundlage für ein Bündnis mit der Republik der Niederlande zu schaffen, war der zweite Grund für seine Konversion. Da dieser Schritt bei seinen lutherischen Untertanen wenig populär war, musste er entgegen ursprünglichen Absichten darauf verzichten, den eigenen Konfessionswechsel für sein gesamtes Herrschaftsgebiet durchzusetzen. Das machte später (1817) die Union beider verwandter Glaubensrichtungen zu einer Staatskirche erforderlich.

24. Dezember 1793 Heirat des nachmaligen Friedrich Wilhelm III. mit Prinzessin Luise von Mecklenburg-Strelitz

Die Hochzeit der Mecklenburgerin mit dem preußischen Kronprinzen, der die Eheschließung ihrer Schwester Friederike mit einem Bruder des Kronprinzen folgte, brachte einen Hauch von etwas Neuem nach Berlin: War das weibliche Element vor allem in Friedrichs des Großen späteren Lebensjahren weitgehend an den Rand der preußischen Wirklichkeit gedrängt worden, war es unter Friedrich Wilhelm II. in wohltuend-liederlicher Weise durch die Maitressen des Königs präsent, so kamen mit Luise und der vorbildlich-bürgerlichen Ehe, die sie und Friedrich Wilhelm führten, Anstand und Schönheit gleichermaßen zur Geltung.

24. Dezember 1867 Schleswig-Holstein kommt zu Preußen

Da der Krieg von 1866 die mit Österreich gemeinsam geführte Verwaltung der Herzogtümer beendete, blieb die „Augustenburger Frage" zu klären. Dem Prinzip der Legitimität folgend, hätte, nachdem die Ansprüche des dänischen Königreiches auf Schleswig und die Absicht der Teilung beider Länder zurückgewiesen waren, Herzog Friedrich von Schleswig-Holstein-Augustenburg dort die Macht übernehmen müssen; die Bevölkerung ließ ihre Zustimmung zu einer solche Lösung erkennen. Bismarck war indessen nicht gewillt, einen weiteren deutschen Partikularstaat zuzulassen, der eines Tages vielleicht auch sein Gewicht gegen Preußen in die Waagschale werfen konnte. So wurden die Ansprüche des Herzogs ignoriert und – gegen den lebhaften Einspruch des Kronprinzenpaares, der Königin von Preußen und gegen die Skepsis König Wilhelms selbst annektiert.

25. Dezember 1745 Der Dresdner Frieden beendet den 2. Schlesischen Krieg

Maria Theresia wollte, nachdem sie dem Friedensvertrag bereits zugestimmt hatte, alles noch einmal umwerfen und statt dessen einen Sonderfrieden mit Frankreich schließen. Das hätte die Fortsetzung des Krieges um Schlesien bedeutet. Der so instruierte Eilkurier traf jedoch zu spät beim österreichischen Bevollmächtigten Graf Harrach ein, und so blieb es dabei. Friedrich II. bekommt den Besitz Schlesiens bestätigt. Was aber wichtiger war – das bei Soor „gefangengenommene" Windspiel Biche kehrte zurück! Der österreichische Husarengeneral Nadasdy hatte das Tier seiner Frau geschenkt, die es nicht wieder hergeben wollte. Bei den Verhandlungen wurde seine Rückgabe von preußischer Seite nachdrücklich gefordert, so dass es „beinahe ein Artikel des Friedensvertrages wurde." Generalleutnant Graf Rothenburg übernahm Biche und brachte sie zu ihrem Herrn, der über das Wiedersehen zu Tränen gerührt war.

26. Dezember 1805 Schönbrunner Vertrag zwischen Preußen und Napoleon

Nicht zu allen Zeiten hat Preußen eine energische oder auch nur geschickte Politik betrieben, zum wenigsten unter Friedrich Wilhelm III. und seinem unbegabten Minister Graf Haugwitz. Russland und Österreich hatten sich zur (3.) Koalition gegen Frankreich zusammengeschlossen. Gern hätten sie Preußen als Verbündeten gehabt, aber dazu konnte man sich in Berlin nicht entschließen. Napoleon zerschlug das Bündnis am 2. 12. 1805 auf dem Schlachtfeld von Austerlitz. Ein halbherziges Ultimatum, welches Haugwitz zu seinen Verhandlungen mit dem Korsen mitbrachte, war mit dessen grandiosem Sieg gegenstandslos geworden. Immerhin hätte eine energische Intervention der Preußen den Verbündeten helfen können, zumal beträchtliche österreichische Truppen noch ungeschlagen waren. Doch nichts dergleichen geschah: Der Franzosenkaiser konnte seinen Frieden von Pressburg mit den Österreichern aushandeln, der am 27.12. unterzeichnet wurde. Doch das naive preußische Ultimatum hatte ihn dennoch erzürnt. Zu diesem Zeitpunkt wollte Napoleon allerdings noch keinen Krieg mit dem Hohenzollernstaat. Beim Treffen mit Haugwitz drohte er diesem zuerst, nötigte ihm dann allerdings nur den Schönbrunner Vertrag auf, ein Schutz- und Trutzbündnis, das Preußen völlig seiner Gnade auslieferte und von seinen natürlichen Verbündeten Russland und Österreich isolierte.

27. Dezember 1777 General der Kavallerie August Ludwig Ferdinand Graf von Nostitz-Rieneck geboren

Graf Nostitz war seit 1813 der Adjutant Feldmarschall Blüchers, er verteidigte den mit seinem Pferd Gestürzten in der Schlacht bei Ligny 1815 mit der Pistole in der Hand und rettete ihm damit wohl das Leben. Die Situation war gefährlich, weil eine feindliche Kavallerieattacke bis in die unmittelbare Nähe des verwundeten preußischen Befehlshabers kam. Erst als diese von eigenen Truppen zurückgetrieben war, konnte der geborgen werden. Nach den Freiheitskriegen tat Graf Nostitz bis zu Blüchers Tod 1819 Adjutantendienst bei diesem. Den russisch-türkischen Krieg von 1828/29 machte er im Hauptquartier des Zaren Nikolaus I. mit. Aber danach blieb seine lange und erfolgreiche Karriere meist mit der Zeit der Befreiungskriege verknüpft, als ob die Preußenkönige in ihm ein Stück Erinnerung ehren wollten: Keine Würdigung oder Beförderung verzichtete auf eine entsprechende Anspielung. Teilweise bezogen sie sich direkt darauf, etwa, als Friedrich Wilhelm IV. den verdienten Grafen 1842 anlässlich des 100. Geburtstages des alten Feldmarschalles dem 5. Husaren-Regimentes v. Blücher „aggregierte", zu dessen Chef er einige Jahre danach ernannt wurde. Auch spätere diplomatisch-repräsentative Aufgaben waren gelegentlich noch mit den Napoleonischen Kriegen verbunden, so leitete Nostitz 1852 eine Generalsdelegation zur Beisetzung des Herzogs von Wellington. Hochbetagt starb General Graf Nostitz am 28.5.1866.

27. Dezember 1796 Generalfeldmarschall (1871) Karl Friedrich von Steinmetz geboren

v. Steinmetz wuchs in durchaus dürftigen Verhältnissen auf. Er konnte sich den Eintritt in ein Husarenregiment nicht leisten und mußte daher zur Infanterie gehen. Mit Begeisterung und Auszeichnung schloss er sich den Befreiungskriegen an, wo er besonders Blücher und Yorck bewunderte, die ihm Vorbild wurden. Danach tat er lange Dienst beim 2. Garde-Regiment zu Fuß. Als Kommandeur des Kadettenkorps (1851 – 54) lernte der schon 55jährige noch Englisch und Latein, um die Leistungen seiner Untergebenen angemessen beurteilen zu können. Mit dem V. Armeekorps siegte er 1866 bei Nachod und Skalitz. 1870 führte er die 1. Armee, musste aber von diesem Kommando bereits am 12. 9. des Jahres entbunden werden, weil seine schroffe, rechthaberische und oft verletzende Art zu ständigen Reibereien mit Vorgesetzten (vor allem Prinz Friedrich Karl) und dem Generalstab führten. Steinmetz starb am 3. 8. 1877 in Landeck.

28. Dezember 1745 Feierliche Begrüßung König Friedrichs II. in Berlin, der siegreich aus dem 2. Schlesischen Krieg heimkehrt

Mit dem Lorbeer des Siegers geschmückt, politisch erfolgreich in der Bewahrung seiner Eroberung Schlesien, kehrte Friedrich in seine Haupt-stadt zurück. Es folgten elf Friedensjahre, die vielleicht seine beste Zeit waren. Fern der Verbitterung und Härte, die ihn nach dem

Siebenjährigen Krieg zeichnete, zeigte er eine bemerkenswerte Beweglichkeit und Innovationskraft. In dieser Zeit schuf er – basierend auf den gemachten Erfahrungen – ein Heer, welches qualitativ führend in Europa war. Dabei hat er keinen weiteren Krieg gewollt: er sei entschlossen, keine Katze mehr anzugreifen, ließ er verlauten.

28. Dezember 1781 Peter Christian Wilhelm Beuth in Kleve geboren

Beuth, der heute weithin unbekannt ist – eine kleine Berliner Straße in der Nähe des Spittelmarktes erinnert an ihn – hat in der ersten Hälfte des 19. Jahrhunderts Entscheidendes für die Entwicklung der jungen preußischen Industrie geleistet. Nach dem Studium von Rechts- und Kameralwissenschaft im Staatsdienst tätig, gewann Hardenberg in ihm einen fähigen Mitarbeiter für die bürgerliche Umgestaltung der Monarchie im Zuge der Reformen. Beuth war in verschiedenen Dienststellungen für Handel, Gewerbe und Bauwesen zuständig. In letzterer Funk-tion arbeitete er z.T. mit Friedrich Schinkel zusammen, mit dem er befreundet war. Um Handwerk und Gewerbe zu fördern, gründete er mehrere Vereine und gab entsprechende Schriften heraus. Er leitete die „Allgemeine Bauschule" und die „Technische Gewerbeschule", beides Vorgängereinrichtungen der 1879 gegründeten TH Charlottenburg. Das Ziel Beuths war es, durch sinnvolle staatliche Rahmenbedingungen, Reformen und fortwährende Aktivitäten den Unternehmergeist und die Bereitschaft zur Innovation im preußischen Bürgertum zu ermutigen. Nach 1845 zog er sich ins Privatleben zurück und starb am 27. 9. 1853 in Berlin. Sein Denkmal stand vor dem Krieg mit denen Schinkels und Thaers vor der Bauakademie an der Spree und ist im Sommer 2000 dort wieder aufgestellt worden.

29. Dezember 1846   Bismarck unterschreibt ein „demokratisches" Dokument

Das Ganze wirft ein bezeichnendes Licht auf die ostelbischen Zustände auf dem Lande vor der Revolution. Ein Herr von Bü-low-Cummerow startete eine Initiative zur Lockerung der Gerichtshoheit der Gutsbesitzer über ihre Untertanen. Bismarck unterzeichnete ein entsprechendes Papier Bülows, mit dem die staatliche Kreispatrimonialgerichtsbarkeit gestärkt werden sollte. Doch einige Monate später wechselte er die Fronten und schlug sich auf die Seite von Bülows Gegenspieler Ludwig von Gerlach, der für eine Beibehaltung der ständisch orientierten Regelung der Gerichtsbarkeit eintrat. Bismarck ging es um die „althergebrachten Rechte der Ritterschaft". Warum dieses Lavieren? Immerhin gelang es ihm damit, sich erstmals in die politische Arena zu begeben und in irgendeiner Weise auf sich aufmerksam zu machen.

30. Dezember 1812 Konvention von Tauroggen

Im Rahmen von Napoleons Russlandfeldzug war auch Preußen zur Stellung eines Hilfskorps genötigt worden, das erst von General v. Grawert, später von General Yorck kommandiert und unter Marschall Macdonald zur nördlichen Flankensicherung des Unternehmens eingesetzt wurde. Als die Niederlage der Franzosen offensichtlich war, schloss Yorck nach einigem Zögern auf eigene Verantwortung eine Konvention mit dem russischen General Diebitsch ab, welche eine vorläufige Neutralität des ihm unterstellten Truppenkontingentes sicherte. Damit verhinderte er, daß die preußischen Truppen in das allgemeine Desaster der Grande Armée hineingezogen wurden.

30. Dezember 1819 Theodor Fontane in Neu-Ruppin geboren

Das Werk Fontanes trug viel dazu bei, den märkischen Adel und die Geschichte der Hohenzollern in der Mark in akzeptabler Weise zu literarisieren. 1850 wurde er mit seinen „Preußenliedern. Männer und Helden." bekannt – volksliedartige Gedichte über wichtige Gestalten der preußischen Militärgeschichte wie General von Zieten. Die berühmten „Wanderungen durch die Mark Brandenburg" erschienen über den Zeitraum von 1862 – 82 und etablierten den gelernten Apotheker und Journalisten als Schriftsteller und Chronisten der Mark. Es waren die Adligen, die Lehrer und die Pfarrer, die nach seinen eigenen Aussagen die Eindrücke seiner Wanderungen mit Fakten und Sachkenntnis ergänzten, und denen dieses Projekt viel verdankt. Romane wie „Schach von Wuthenow" (1882), „Vor dem Sturm" (1878), „Effi Briest" (1894/95) und „Der Stechlin" (1897) sprechen von seiner tiefen Liebe zur märkischen Heimat und auch zu ihrem Adel, den er dennoch nicht unkritisch zu sehen vermochte.

31. Dezember 1813 / 1.1. 1814   Blüchers Schlesische Armee setzt, Napoleon verfolgend, in der Neujahrsnacht bei Kaub über den Rhein

Napoleon hatte nach der Niederlage von Leipzig mit seiner geschlagenen Armee nach Westen entkommen können. Dennoch zerfiel der Rheinbund, dessen Protektor er gewesen war, und auch die Fürsten, die ihm bisher politisch die Treue gehalten hatten, verließen ihn nun. So wurden die Bayern schon im Vorfeld der Schlacht seine Gegner und versuchten ihn unter dem Kommando von Fürst Wrede am 30. und 31. Oktober 1813 bei Hanau aufzuhalten. Sie wurden indessen besiegt. Danach ging Napoleon mit noch ca. 70.000 Mann und 200 Geschützen Anfang November über den Rhein. Nach langen politisch begründeten Verzögerungen und Verhandlungen in Frankfurt entschlossen sich die verbündeten Monarchen endlich, Blücher zu gestatten, was er so leidenschaftlich forderte: den Krieg nach Frankreich zu tragen und Napoleon eine endgültige Niederlage zuzufügen.

Herstellung und Verlag:
BoD - Books on Demand, Norderstedt
ISBN 978-3-7412-0818-8